岩波現代文庫／学術 354

ポピュラー文化がアジアをひらく

トランスナショナル・ジャパン

岩渕功一

岩波書店

文庫化にあたって

アジア地域のメディア文化とその国境を越えるトランスアジアな生産・流通・消費の研究は、アジア地域だけでなく世界各地で学部生や大学院生たちが熱心に取り組むテーマとして確立されている。いまや文化グローバル化研究のなかでも、もっとも盛んとなった研究領域の一つであるといえるだろう。本書(ならびに英語著書 Iwabuchi 2002)はその先駆的な研究として幅広く読まれ、参照され、また、学部や大学院の教科書として使われてきた。研究が行われたのは一九九〇年代中頃から終わりにかけてであり、時代の流れがますます速まるなかで、現象としてはすでに旧くなっていることは否めないだろう。しかし、未だにそれが読み続けられていることは、およそ二〇年前における研究が、いわば「古典」に通ずるような意義を少なからず有するようになっているためかもしれない。つまり、本書が検証した九〇年代の動向――冷戦終結後の歴史的社会的な文脈においてメディア文化の市場化がグローバルな規模で進展するなかで、日本と他のアジア地域の間で新たな関係性が生成していく過程――は、現在の状況と基底で結びつく問題群を提示しており、その理解は現在そして未来を考察するための重要な参照点となっていると思われるのである。

本書が考察した、一九九〇年代に起きたメディア文化のグローバル化に関する重要な事象として、具体的には四つの点を挙げることができる。

1　冷戦終結後の一〇年間は、メディア文化の市場化とグローバル化が欧米圏以外を含む世界各地で加速した時期である。脱欧米化とローカル化を同時かつ不均衡に推し進めるメディア文化のグローバル化の力学がまさに世界規模で作動するようになった。なかでも、日本をはじめとするアジア地域はそのもっとも顕著なケースといえる。

2　非西洋地域においてメディア文化は国境を越えて活発に流通し消費されるようになり、それがもたらす新たな文化交流とつながりがアジア地域内でも生成し、進展した。日本のメディア文化がもっともアジア地域で受容され、日本のメディア文化産業が日本文化をアジア地域へ積極的に発信し始めたのも九〇年代である。

3　特にアジア地域における日本の文化外交にとって、メディア文化活用の重要さが広く注目されるようになった。現在のポピュラー文化外交が実質的に始動したのもこの時期である。

4　アジア地域の経済的そして文化的な台頭は、自らの近代発展の度合いを測り、ナショナルアイデンティティーを構築する絶対的な他者としての「西洋」の重要性を弱め、アジア域内の出会いと交流、ならびに序列化と他者化をあらたに促した。バブル崩壊後のいわゆる「失われた一〇年」に入った日本では、台頭するアジア各国とあらためてどう向き合い、植民地主義の歴史の刻印が消えていないなかでどのような関係性を築いていくのかが、知識人、政財界、官僚、メディア文化産業、市民といった多様な主体によって幅広く論じられ、また実践された。

これらを実証的に検証して、文化のグローバル化が進展するなかで日本のメディア文化がアジア地域で広く受容されるようになった背景にある脱中心化と再中心化の力学を解題したのが本書である。それとともに、メディア文化が日本を新たなかたちでアジアへと、世界へとひらき、つなぎ、歴史的に構築されてきた「アジア観」があらためて喚起される一方で、新たな自己と他者の関係性が見直されて越境的な対話が芽生えていくさまをアジア回帰言説、メディア文化産業のアジア戦略、日本文化の(台湾を中心とした)アジア地域における受容、日本における他のアジア地域(特に香港)のメディア文化の受容から多元的に考察している。

出版から一五年を経た今、本書で扱っている事象にピンと来ない若い方もいるだろう。まだインターネットや携帯電話はさほど発展しておらず、ソーシャルメディアも誕生していないなか、国際的な衛星放送が本格的にはじまり、今ではほぼ消失したＶＣＤ（ビデオＣＤ）が国境を越える映画やテレビドラマ視聴の中心であった時代。日本のアニメーションの世界各地での浸透が驚きをもって熱く語られていた時代。日本のメディア文化産業がアジア地域への進出に慎重で、文化混淆のノウハウを売りにしようとしていた時代。韓国のメディア文化が国境を越えて受容されていなかった時代。中国の経済力がいまほど大きくなかった時代。アジア回帰が真剣に論じられていた時代。国境を越える文化の流動、混淆、交流が大きな注目を浴びて、グローバル化はポストナショナルな時代を形成していると論じられた時代。

本書を手に取る九〇年代以降に生まれた若い学生にとって、そのような時代の事象には、特に日々めまぐるしく変化するメディア文化についての事象には、現在との関連性が見出せないと思えるかもしれない。確かに、それほど急激な変化がこの四半世紀の間に起きたのである。デジタル・コミュニケーション技術のまさに革命的な発展はメディア文化の生産・流通・消費・アクセスを大きく変え、中国に代表されるアジア地域の政治経済力の劇的な台頭は日本におけるアジア諸国との関係性を大幅に変容させている。

より具体的には、本書の主な議論と呼応する二一世紀初頭以降に起きた大きな変化としては以下が挙げられる。

1　メディア文化の商品化が一層進むとともに、アジア地域内のメディア文化流動と越境消費がさらに発展して、メディアをとおした越境的なつながりはより多様かつ日常的となった。韓流をはじめとする他のアジア地域のメディア文化の制作力は大幅に発展して日本を凌駕さえしている。

2　市場化の進展は国際的な文化の流動、陳列、邂逅の場を飛躍的に増やすとともに、「クール・ジャパン」政策に代表されるように、メディア文化がソフトパワーやネーションブランディングの推進という政治経済上の国益の実用的な資源として見なされ、利用される潮流が世界的に顕著となった。

3　超大国としての中国の台頭は日本とアジア地域の関係性をおおきく変化させた。また中国だけでなく韓国とも歴史認識と領土問題をめぐって関係性が悪化し、韓国文化の日本での受容にも影を落とすとともに、排外的な嫌韓・ヘイトスピーチを活性化させた。

二一世紀以降のこうした変化については私自身も本書を出版したあとに考察し続けてきた(岩渕 2004; 2007; 2011; Iwabuchi 2015 など参照)。そこであらためて気づかされたのは、本書が取り扱った事象や議論と大きくかけ離れているように見えても、これらの新しい動きは九〇年代以降に起きた(もちろん、より広くは近代の歴史のなかで起きてきた)メディア文化とそれがもたらすアジアにおける越境的なつながりに関する変化と密接につながっており、その連続性と変化を照らし出すことが常に変わりつつある「現在」の状況の理解と考察には欠かすことはできないということだ。そして、それは越境的な対話の発展を阻む力が強く作動している現前の硬直している状況から私たちの意識を解き放して、よりひらかれた「日本」ならびに「アジア」の関係性を発展させる可能性を思い起こすことにつながっていくということであった。

グローバルな資本、人、モノ、メディアの止めどない流動とデジタル化による仕事やコミュニケーションのあり方の絶え間ない変容が形作る世界では、歴史のなかに生きていることを忘れさせる力が強く作用している。その過激な速さは過去から学ぶことを無意味に感じさせがちである。とりわけ、とても近い過去であればこそ、より今とのつながりが見えにくい、いやつながっていることはわかっても、大きな変化を経ている現在から目を向けることに意義が見出せないように思えてしまう。もっと前の時間、近代あるいはポスト近代なるものが始まったとされる時代は重要に思えても、そんなに近い過去から学ぶものなどないように感じてしまう。

しかし、歴史を振り返ることは、今当たり前と思っていることが決してそうではなく、様々な偶然と多様な主体の行為、そしてそれらの傘となる構造的な力学が織りなす歴史的変動の過程から生合したものだと気づかせる。そして、かつて見え隠れしていた様々な変化の可能性が、ある特定の方向へと推し進められてしまっており、そのなかで閉ざされてしまった、いまだ実現されていない進歩的な変化の可能性に目を向けさせる。社会や自己の生について今とは異なる別のありようを想像＝創造し、その実現に向けた自らの（ほとんどは私的かつ極めて間接的な）関与の仕方に、はっとさせられる瞬間との漸近をもたらすような思考が醸成される。過激な変化の波にさらされているからこそ、近い過去に目を向けることはそうした契機をもたらすだろう。グローバル化が再ナショナル化の機運を高め、アジア各地で内向きナショナリズムが顕在化しているなか、本書の文庫化がメディア文化をとおしたアジアの越境的なつながりと対話の進展の考察に新たな光を当てて、そうした現状を越える思考と実践を促すことにすこしでも役立てるのなら幸甚である。

本書を文庫化するにあたり、できるだけ原文を変えないようにしたが、頁数を削減する必要があったため、旧版の内容を一部変更している。旧二章（ハイブリディズム）と旧三章（ソフト・ナショナリズム）の一部を削除して一つの章として結合し、終章も若干縮減している。新たに書き下ろした付章では、ここで挙げた二一世紀以降の主な変化について本書が分析した内容とのつながりを解題するとともに、メディア文化をとおした相互理解と対話を進展させて「アジアをひらく」ことを視野に、今後さらなる研究が期待される主な課題に言及している。

なお、本文ならびにサブタイトルでは原著のまま「ポピュラー文化」という語を使用しているが、この「文庫化にあたって」と「付論」では「メディア文化」という語を使用している。「ポピュラー文化」がふさわしい語ではなかったというわけでなく、世界各地でメディアのグローバル化と文化の市場化が進むなかで、伝統文化やハイカルチャーを意識した「ポピュラー文化」ではなく、「メディア文化」が研究や教育の場で幅広く使用されるようになり、自分自身でも徐々にその語を使用するようになったことを示している。これもこの二〇年の間に起きた一つの興味深い文化の研究をめぐる進展と変化だといえるだろう。

目　次

序章　九〇年代

――グローバライゼーションのなかのアジア回帰――

一九九〇年代に入って東・東南アジア地域における日本のポピュラー文化の人気が年を追う毎に高まってきた。「アジアは今日本が大好き」、「日本文化にあこがれる若者急増」――。こうしたメディア記事を見てもさほど驚くことがなくなったほど、日本のポピュラー文化のアジア市場での人気は日本国内でたびたび報道され、広く認知されるようにもなった(例えば、『日経ビジネス』二〇〇一年一月一五日号、『Newsweek日本版』一九九九年一二月一七日号、『産経新聞』一九九九年六月二三日など)。そして新しい世紀を迎えても、その勢いはいまだ衰えを見せない。本書のもととなる研究を始めたのも日本のポピュラー文化が国際的に、特に東・東南アジア地域市場で受け入れられ、またそこに日本のメディア産業が進出しようとしているという『日経エンタテインメント!』の特集記事を一九九三年に読んだのがきっかけであった。しかし、そのときにまず私の関心を衝き動かしたのは私自身が覚えた違和感であった。私が驚いたのは、日本と他のアジア諸国とは、日本の帝国主義・植民地主義の歴史といまだに続く経済的搾取によって色濃く関係づけられているはずであり、アジア地域への日本のポピュラー文化輸出などはいかにも挑発的で反発を巻き起こすであろうと考えたからだ。むしろ、日本はアジア地域で「嫌悪」の対象であり、その文化的影響力は取るに足らないという議論の方が私のなかではしっくりくるように思われた。つまり、日本は顔の見えない経済大国で、金と技術はあっても文化的には世界、特にアジア地域で歓迎されることなどほとんどないという一般的なイメージを、私も暗黙のうちに了解していたのであった。

私のこうした日本文化に関する認識は、日本を「準第三世界国」と位置づける議論ともその基本的前提を共有している。大江健三郎はかつて「ホンダが偉大なのは皆よく知っているだろうが、ホンダなどはどうでもいい。問題なのは我々の文化生活があまりに世界で知られていないことである」(Bartu 1992: 189)と言って、日本の経済力と文化力の大きな隔たりを問題視した。いかに日本の経済力が強大なものになっても、文化的にも心理的にも依然として深く西洋に支配されているのであり、大江はそれを第一世界と第三世界を同時に内包した「あいまいな日本」のナショナル・アイデンティティーとして認識した(大江 1995)。同様の議論はサイードの『Culture and Imperialism』(Said 1994)にも見られる。西洋の帝国主義支配における文化の役割について明確に論じたその本のなかでサイードは、マサオ・ミヨシ(Miyoshi 1991)の、日本の圧倒的な経済力は日本の現代文化編制の不毛さを伴っているという議論にふれて、「ミヨシの診断は日本の驚異的な金融資源の獲得によってもたらされた新たな文化的問題点、つまり経済分野での革新性とグローバル支配に対して、西洋に従属して貧窮化している文化状況との絶対的な不釣り合いを言い表している」と、賛意を表明する。サイードにとっても、日本は非西洋の歪んだ近代を代表するような「異常な症候」として捉えられているのである。

もちろん、西洋の圧倒的な文化的ヘゲモニーのもとで形成されてきた日本の近代に関するこうした見方は説得力があり、否定することはできない。しかし、帝国主義と文化の議論の射程に、日本独自の帝国主義者としての軌道がさして見あたらないことには、あらためて注意が払われるべきであろう。日本が西洋文化に支配された非西洋国、準第三世界国として取り扱われることで、かつて唯一の非西洋帝国主義者・植民地主義者であっただけでなく、現在も経済的のみならず文化的にもアジア地域で少なからぬ影響力を持っているという、日本近代経験の特異な「二重性」の一方の側面は、グローバルに浸透する西洋の文化的ヘゲモニーの陰に隠されてしまうからである。私が日本のポピュラー文化のアジア市場進出を聞いたときに抱いた違和感も、日本が少なくともアジア地域において文化的な影響力を及ぼしてきたことが、私自身の死角に入っていたことを露呈したものだと言える。

九〇年代に入って日本の文化編制をとりまく情勢は大きく変化した。昨今の東・東南アジアを中心とする日本のポピュラー文化輸出の目覚ましい増加は日本が世界において文化的影響力を欠いているという私の思い込みを覆《くつがえ》し、歴史的に構築された日本の文化権力関係の二重性をあらためて真剣に受けとめるよう促すこととなった。本書の目的は、そのような問題意識に衝き動かされながら、活発化するアジア地域内のメディアとポピュラー文化交通のなかで顕著になってきた日本の文化的影響力と存在感、そしてそこに新たに立ち現れた日本と他のアジア諸国との間の不均衡な関係性を、九〇年代に起きた重要な歴史的変化の文脈、即ち、メディア・グローバライゼーションと日本のアジア回帰の潮流に照らし合わせて考察することにある。

香港を発信地とする汎アジア衛星放送・スターテレビの誕生（そして世界のメディア王と呼ばれるルパート・マードック率いるニューズ・コーポレーションによる買収）に代表されるように、九〇年代に入り、国境を越えた広大な地域への電波の同時伝送が活発化し、グローバルな規模での市場統合を目指す巨大メディア企業が出現した。九〇年代はまたアジア各国の目覚ましい経済成長で幕を開けたが、それとともに急速に拡大成長したアジア市場は巨大な金鉱としてグローバル・メディア企業を魅了した。アメリカ製のものを中心とした世界のメディア・コンテンツが一挙にアジア市場に流入し始め、各国政府がメディアの流れを国境において統制できるという発想を打ち砕くこととなった。日本市場もメディア・グローバライゼーションの動きから無縁ではありえなかった（例えば、水越1998; 1999参照)。九〇年代初頭には、スターテレビの電波が日本領域内にもこぼれ落ちて受信可能となったことをきっかけに、日本政府は越境放送の時代に対応すべく九四年に遅蒔きながら放送法を改正して、それまで禁じられていた国境を越える放送を送受信とも許可した。メディア・グローバライゼーションの衝撃は、さらに、一九九六年にマードックが電撃的にテレビ朝日の株式を取得して日本市場に参入したことによっていっそう大きなものになった。こうした一連の動きはしばしば、新たな「黒船」、「開国」になぞらえられて、日本のメディア市場が西洋に支配されるのではないか、といささか過剰反応気味に、そして防御的・悲観的に論じられることもあった(例えば、古木&樋口1996; 龍1996; 岡村1996など)。しかし、メディア・グローバライゼーションは日本市場の国際化、多数の海外メディア商品の国内市場流入を促す一方で、日本の文化商品の海外市場進出を推進することとなった。日本のメディア産業も急速に拡大するアジア市場に参入し始め、それとともにそれまで内向的であった日本の文化編制は九〇年代に再び外へ関心を向け始め、とくにアジアへの志向を強めたのである。

アジア地域におけるメディア市場の急速な発展が日本の文化的二重性を表面化させるようになったのは、九〇年代の日本において「アジア回帰」が盛んに議論されるようになったことと重なり合う。日本のアジア回帰がアジア諸国の経済成長に刺激されたためであることは明らかであるが、その影響は文化的な領域にも及び、戦後の長い退却期間を経て日本は再びアジアン・アイデンティティーを主張し始めた。冷戦後の世界秩序再編成、アジア地域の経済発展、あるいは文化のグローバライゼーションという力学が錯綜する文脈のなかで、日本はナショナル・アイデンティティーを(再)構築する必要に迫られ、「アジア」につながり、また日本主導で「アジア」をつなぐことへの希求を刺激するような日本の拡張的ナショナリズムの心象地図が再び立ち現れてきたのである。

本書では、九〇年代の日本においてグローバライゼーションの力学とアジア回帰というナショナルな衝動がいかに複雑かつ多層的に交錯したのか、そしてメディアとポピュラー文化の国境を越えた交通が盛んになるにつれて「アジア」という極めて包括的で曖昧な想像的空間《イメージ》が、どのような実質性を帯び、日本の知識人、文化産業、消費者がそれと向き合うことを余儀なくされていったのかを、日本における「アジア」をめぐる言説、アジア地域内の文化産業の市場戦略、メディア消費などの分析を通して照らし出してみたいと思う。

日本―アジア―西洋

アジアにおける日本の文化的影響力がこれまであまり議論されてこなかったことは、単なる偶然とは言えない。それは戦後日本における文化的な方向づけが変化したことと密接に関わっている。結論を先取りして言ってしまえば、日本が対外的に文化的影響力を持ち合わせていないというイメージは、戦後の日本において、排他的でユニークなナショナル・アイデンティティーを構築しようとする強い力が働いてきたことと深く関係している。

アメリカやフランスなどと異なり、日本は自国文化を世界に普及させようとしないとしばしば言われてきた。ハナーツ(Hannerz 1989: 67–68)が言うように、「日本人には誰もが日本人になれるという考えは奇妙に思われるのかもしれない。日本文化はそれを広めるよりも、絶対的な特異さを示すために展示会などの組織化された国際的接触の場で陳列される」のである。確かに自国文化のユニークさや国民の均質性などは日本人論と呼ばれる言説において本質主義的に論じられてきたし(Mouer & Sugimoto 1986; Dale 1986; ベフ 1987; Yoshino 1992; 河村 1982)、また、日本政府が世界の公式の場で紹介に努めてきたのが現在の日本の文化的状況とは切り離された「伝統文化」であったことも否めない。このような排他的、特殊的、均質的に表象された「日本」は、西洋のオリエンタリズムによって規定されたものだが、日本もそのイメージに照らし合わせて自らを表象してきたことは、多くの研究によって指摘されている。このセルフ・オリエンタリズムといわれる言説戦略は、西洋のオリエンタリズム言説を巧みに利用することで、日本のナショナル・アイデンティティーを本質主義的に語り、構築しようとする。そこでは「日本」

と「西洋」という実質性を欠いた文化的想像体の二項対立が強固なものとされてしまう。この意味で、日本はセルフ・オリエンタリズムをもって西洋のオリエンタリズムに対抗するどころか、その構図のなかに深く組み込まれてきたのであり、両者は深い共謀関係にあると言える(Sakai 1988; Ivy 1995; Iwabuchi 1994; Kondo 1997)。

しかしこのことは「アジア」が日本のナショナル・アイデンティティー構築に全く無縁であったということを意味しない。自らをもっぱら西洋と二項対立させる日本のナショナル・アイデンティティー言説がいかに強い規定力を持っているとしても、近代日本のナショナル・アイデンティティーは常に不均衡な三項関係、日本―アジア―西洋において構築されてきたことを忘れてはならないだろう。つまり、日本のセルフ・オリエンタリズムと西洋のオリエンタリズムの共謀は、不均衡な文化的権力関係を日本と西洋の間のものとしてもっぱら語ることで、日本と「アジア」との関係性をぼかしてきたと言えるのだ。この意味で、日本のナショナル・アイデンティティーに関するハナーツの観察が示唆するもう一つの重要な点は、敗戦を境に日本の文化的方向性が一挙に内向きへ転換したという歴史的断絶である。

「日本はアジアではない」と当たり前に言われるように、「アジア」は日本と切り離された心象地図として全体化されて日本で語られている。日本がアジアと呼ばれる地域に位置していることは疑いようはないが、日本が「アジア」という文化的想像体の外に存在することも同じくらい自明のこととして認識されている。しかし、この矛盾した認識が当然視されていること自体、アジアが日本のナショナル・アイデンティティー構築に深く関わってきたことを逆説的に示していると言える。簡潔に言ってしまえば、「西洋」が日本の見習うべき近代的他者であったなら、「アジア」は日本が乗り越え、葬り去るべき過去、日本の近代化・文明化の程度を知らしめる陰画として作り上げられ、認識されてきたのだ(Tanaka 1993; 姜 1996)。竹内好(1993: 96–100, 278–285)は戦前日本には脱亜と興亜という二つの大きなアジアへのアプローチ方法があったと論じた。竹内によれば西洋の帝国主義に抗するために他のアジア諸国との連帯を謳う興亜は究極的に日本の帝国主義的アジア支配を目指すなかで脱亜に呑み込まれ、形骸化されてしまった。つまり、「日本」と「アジア」が二つの文化的想像体として明確に切り離され主従関係として位置づけられたのは、日本が帝国主義の道を邁進する過程と密接に関連していたというのである。こうして見れば、「脱亜入欧」という有名な福沢諭吉のフレーズは、日本が実際に「アジア」という所与の実体を持った地域からの離脱を目指した企てとは捉えられなくなる。それは日本が西洋帝国主義に支配された世界秩序を受け入れつつ西洋に並ぶ強国・文明国としてのナショナル・アイデンティティーを構築するために、日本―アジア―西洋という三項の想像体を本質主義的に作り上げるなかで、「アジア」に対する、言わばオリエンタル・オリエンタリズムを発展させていった作業として捉えられるのである(川村 1993; Robertson, J. 1998a: 97–101)。

しかし、日本の「アジア」言説には、「西洋」との関係において日本と他のアジア地域を明確には分離しきれないというディレンマが常につきまとってきた。タナカ(Tanaka 1993: 3)が二〇世紀初めに発展した日本の「東洋」に対するオリエンタリズムに関して論じたように、日本のアジア言説は、西洋に与えられたオリエンタルという客観的な範疇から抜け出ると同時に、オリエンタルとしてのアイデンティティーを失わずに近代的主体になるという、極めて困難な問題をはらんでいたのである。一方では、岡倉天心の「アジアは一つ」に代表されるように、近代日本においては、日本を含めたアジアの同質性が文化本質主義的に語られてきた。これらの言説はすべてが必ずしも日本をアジアの盟主と見なしたものではなかった。しかし、日本の帝国主義的侵略の伸展とともにそれらは拡張的ナショナリズムに取り込まれて、日本と他のアジア諸国の間の「共通性と異質性」の問題はもっぱら「似ているが優っている」、「アジアに在りてアジアを超える」と解釈されるようになっていった。このいわば「内にして超 in but above Asia」とでも呼ぶべき日本のアジア観は、特に三〇年代以降に鮮明になる。地理的、人種的、文化的に隣接しているアジア地域を侵略し植民地化した唯一の非西洋帝国主義国家として、日本は「大東亜共栄圏」という汎アジア主義イデオロギーでもって、文化的・人種的類似性に基づく連帯の自明性を唱えながらその野心を正当化しようとした。そして、本書が明らかにするように、そうしたアジア認識は日本のポピュラー文化のアジア地域への浸透をめぐる言説や日本の文化産業のアジア市場戦略などにも脈々と受け継がれているのである。

敗戦とそれに続くアメリカによる占領は、外部、特にアジア地域に向けられていた日本の方向性を反転させた。アメリカの冷戦政策が日本の戦後再編を深く支配し、「日本のアジア」に代わって「アメリカの日本」(Harootunian 1993)が日本の自画像形成とナショナル・アイデンティティー構築に中心的役割を果たすようになる。「アメリカの日本」が戦後日本の自画像を強く規定するなかで、日本のアジア諸国との関係性は大幅に断ち切られることとなった。グラック(Gluck 1993)が言うように、日本はアメリカ支配のもとで形づくられた「戦後」意識に囚われることとなったのである。日本の侵略的行為による戦争犠牲者への公式謝罪と補償がいまだに未解決のままになっていることに如実に表れているように、それは日本自身をもっぱら犠牲者と見なして、戦前との歴史的断絶を強調することで自らの帝国主義的侵略・暴力行為の余波と真剣に向き合うことを回避させてきた。アメリカの傘のもとで、戦後まもない日本のアジア外交は、侵略の主な対象であった東アジアを避けて東南アジアを中心に展開するとともに、かつての日本の帝国主義支配を思い起こさせる文化的な側面は避けられ、経済面に焦点が当てられた。そこでは日本の戦争補償問題は日本が真摯に謝罪を表明する機会とは考えられず、経済協力の名のもと日本がアジア地域に新たな経済基盤を築く第一段階として巧みに利用された(石田 1995)。日本がアジアの盟主であるという発想は、文化的側面では押し殺されることとなっても、それは後の「雁行経済発展論」に示されるように、もっぱら経済分野において生き続けたのである。

日本が自らの帝国主義の歴史を忘却し、かつてアジアの他者を無理矢理に帝国臣民として同化させようとしたという事実を葬り去ろうという企ては、日本の文化的方向性を戦後内向きへと転換させていった。例えば、戦前は「和魂洋才」に見られるような西洋文化/文明の吸収や土着化と並んで、文化他者を帝国臣民に同化させる皇民化という意味を「日本化」は持っていた(Robertson, J. 1998a: 89–138)。しかし、第二章で詳しく見るように、「日本化」は戦後においては後者の意味がそげ落ちてもっぱらアメリカの資本主義的消費文化の土着化を意味するようになった。そして、その意味するところは日本の経済力の高まりとともに、「模倣」といった従属的地位を示すものから「飼い馴らす domesticate」、「奪用する appropriate」といった日本の積極的・創造的な西洋文化の混淆化能力を強調するものへと変化していった(Tobin 1992a)。そこでは日本の文化力はもっぱら西洋文化支配に対するドメスティックで内向的な交渉力として捉えられている。

日本とアジア諸国との関係性において文化的側面が見直されたのは、一九七四年のジャカルタ、バンコクなどでの反田中首相デモに見られるように、日本の経済搾取への抗議行動が東南アジア各地で展開されるようになってからであった。日本政府はいわゆる福田ドクトリンと言われる日本と東南アジアとの間の文化交流を推進し始めた。しかし、言うまでもなく日本とアジア諸国との間の文化交流とは、日本の戦争責任を明らかにしたうえで両国間で草の根の対話を促進することではなく、あくまでアジア地域における日本企業の経済活動を円滑にして国益を守るための方策として考えられていた。また、日本国内では戦後、アジア地域の文化や旅行などへの関心が大衆レベルで散発的に幾度か高まった時期があるものの(『アクロス』一九九四年一一月号参照)、日本とアジア諸国との間の文化距離は経済格差と比例するかのように依然遠く離れたものとして認識され続けてきた(村井 1990)。「アジア」はやはり何かが欠落したもの、貧しいものとして、日本とのつながりが希薄な後進の他者と捉えられながら、戦後日本のセルフ・オリエンタリズムと西洋のオリエンタリズムの共謀関係を陰で支えていったのである。

グローバライゼーションのなかの近代アジア回帰

「アジア」というアイデンティティーが日本で再び強調され始めたのは、アジア地域経済の急速な成長が注目を浴びた九〇年代になってからである。グラック(Gluck 1997)が日本の「戦後」が終わりを遂げようとしていると観察したように、九〇年代は日本が内外の画期的な変化に見舞われた時期である。アジア経済力の著しい発展は、冷戦構造の終焉という地政学的な大転換の文脈のなかで起きた。アメリカを筆頭とする西側諸国は冷戦時代の敵を失うと同時にアジア経済の上昇は西洋の世界的な支配力を相対的に低下させることとなった。ハンチントン(Huntington 1993)のようなアメリカの保守的知識人が二一世紀の世界紛争は文化/文明間の相違に起因するであろうと警鐘を鳴らしたのはこうした状況下であった。これに呼応して、マハティールやリー・クアンユーといった東南アジアの政治リーダーたちは、アジア的価値観こそがアジア経済成長・近代化を支えたものであるとして、西洋文化価値に基づいた近代の普遍性をいまだに疑わない西洋先進国の傲慢さを批判し始めたのだった(Zakaira 1994; Mahathir & Ishihara 1995)。EUやNAFTAなどの排他的な地域経済圏が出現したこの時期、アジア地域でもリージョナリズムの必要性が提唱されたが、アメリカ、オーストラリアなどを含めるアジア・パシフィック圏構想(APEC)と、西洋国を排除したアジア圏構想(EAEC)との間で論争が巻き起こった。日本は最終的にアメリカに従ってAPEC推進に手を貸すことになったが、いわゆるバブル経済の崩壊のあと長い景気後退に苦しむ日本にとって、経済力をつけたアジア諸国はもはや単に搾取の対象として見なされる存在ではなくなっていた。いかにして日本はアジアの一員となるのか、アジアに回帰するのかが緊急の課題となったのである。

九〇年代の日本において新たに台頭したアジア主義的言説は、戦前の汎アジア主義の影を依然として引きずっている。富士ゼロックス会長の小林陽太郎が、「かつてゴルバチョフはロシアが帰る場所はヨーロッパだと言ったが、日本の故郷がアメリカでもヨーロッパでもなくアジアであるのはあたりまえ」と言ったように、「アジア回帰」の経済的動機は人種的・文化的なきずなをもって懐古的に正当化された。また、反西洋意識は再びアジアの共通性を呼び起こすこととなり、新アジア主義も排他的・本質主義的に日本とアジアの連帯を訴えることとなった(例えば小倉 1993)。石原慎太郎はマレーシアのマハティール首相との共著『「Ｎｏ」と言えるアジア』(マハティール&石原 1994; Mahathir & Ishihara 1995)で、日本は歴史上一度も単一民族国家であったことはなく、多くのアジアの人種が混ざり合っているのであり、日本はアジアと自然に結ばれていると説いた。小熊英二(1995)が指摘しているように、このコメントは日本の単一民族であるがための優秀性を強調したそれまでの持論を安易に翻したものであり、この保守的政治家による狡猾な二枚舌は戦前の汎アジア主義・大東亜構想を彷彿させる。

こうした「アジアの時代」のなかで自らの位置を聞き慣れた汎アジア主義言説になぞらえる企ては、日本のアジア回帰の目的が他のアジア諸国との対話を推進することではなく、いまだに日本のナショナル・アイデンティティーを自己陶酔的に模索することにその眼目が置かれていたことを意味している(Hein & Hammond 1995)。日本の優位性と特殊性を同時に立ち上がらせるものとしての、互いに相いれない想像体の三項関係、アジア—日本—西洋という枠組みが、依然として日本のアジア回帰言説の土台となっているのである。しかし、日本が九〇年代に遭遇した「アジア」は、もはや伝統的、未発達、後進の隣人というイメージではもはや収まりきらなくなっていた。他のアジア社会もまた自らの「アジアらしさ」について自己主張を積極的にまた自信を持ってするようになっており、それまでの言説で構築されてきた「遅れたアジア」という全体化されたイメージと、急速に経済力をつけ近代化された個々のアジア諸国の現実との間のギャップに、日本は真剣に向き合うことを余儀なくされたのである(山室 1998; 佐藤光 1998)。

ここで強調すべきは、九〇年代にアジアという文化的地理がなんらかの実質性を帯びてきたとすれば、それは固有のアジア的価値観によってもたらされたのではなく、むしろグローバルに広がる資本主義構造がアジア地域にしっかりと根をおろしたためだということである。ダーリック(Dirlik 1994: 51–52)が言うように、「東アジアの儒教的価値の復活といった見方が説得力を持つとしたら、それは欧米に起因した価値観にとって代わるものを提供するからではなく、アジア地域の土着文化が資本主義の語りと見事に適合することを明らかにしたから」なのだ。いかにアジア的価値観が経済成長の秘密として論じられても、アジア資本主義の台頭は、西洋に起源を持つ資本主義近代のグローバルな蔓延が西洋—アジア(そして日本)といった境界線を引く作業を無意味なものにしてしまったのである。

この意味で、アジア的価値言説や日本のアジア回帰の企ては資本主義体制の枠組みにおけるグローバライゼーションの加速化という文脈のなかで考察する必要がある(Harvey, D. 1989 参照)。スチュアート・ホール(Hall 1995: 190)の簡潔かつ的を射た定義によれば、

グローバライゼーションは、分離されていた地球上の様々な領域が一つの想像的な「空間」のなかで交差するようになる過程である。西洋に支配された時間帯・時間枠のなかに個々の社会の歴史が召喚され、空間と距離がくっきりと区分けしてきたものが様々な連結(旅行、通商、征服、植民地化、市場、資本や労働、商品、利益の流通)によってつながった結果、「内部」と「外部」を明確に区別することは次第に不可能になっている。

グローバライゼーションの進展は、はっきりと区分けされたナショナルな文化の境界線を当然視する従来の考えをますます説得力のないものにしているのである(Appadurai 1990; Hannerz 1996)。

ホールが強調するように、グローバライゼーションは決して最近始まった現象でなく、西洋帝国主義の長い歴史のなかで推進されてきた。西洋に支配された世界近代の歴史のなかで、グローバライゼーションの過程は不均衡、不平等に経験されてきたのである。

しかし、かといってグローバライゼーションという歴史的過程は単純な世界の西洋化をもたらしてはいない。その世界構成へのインパクトは多様、複雑かつ矛盾したものである。疑いようのない西洋の文化、政治、経済、軍事的なヘゲモニーは確かに現代の世界システムとでも呼べるものを構築し、西洋資本主義社会(特にアメリカ)において編制された近代性《モダニティー》の影響力は世界の多くの地域を覆っている(Wallerstein 1991)。西洋近代のグローバルな広がりが非西洋に暴力的に特定の近代のあり方を押しつけてきたことは否定できない。しかし、その言わば強要された非西洋の近代体験は同時に様々な形の土着近代を産み出すこととなり、近代のあり方をもっぱら西洋世界の経験から論じることの不毛さを一層明らかにもしているのだ(Ang & Stratton 1996)。現在も進行中の西洋近代のグローバルな浸透が様々な地域で不均整な文化交渉をもたらした結果、世界のあらゆる文化が「我々」と同じであると同時に「我々」と異なるという状況を産み出した。そこでは「馴染みのある差異」と「奇異な同一性」が、不均衡なグローバル文化遭遇のダイナミックスのなかで、予測することの不可能な形で幾重にも節合化され、相互に連結されているのである(Ang & Stratton 1996: 22–24)。

本書の主眼点のひとつは、一層顕著になってきているグローバライゼーションのダイナミックな文脈のなかで、日本が高度な産業化、近代化を果たした、もしくは果たしつつある「アジアの隣人」とどのように遭遇したのかを考察することにある。前にもふれたように、日本の帝国主義の歴史とのつながりにおいて「アジア」との関係を絶ち切ろうとする強い力が作用してきたとしても、戦後、日本とアジア諸国との間の(一方的な)交通は決して断絶したことはなかった。多くの日本の知識人が抑圧された日本の帝国主義、植民地主義の歴史を繰り返し批判的に論じ、アジア諸国との連帯を訴えて活動してきた。また、日本の様々な文化商品、電化製品、資本がアジア地域に流入し、そしてアジア地域は日本のツーリズムの目的地として商品化されてきた。しかし、九〇年代がそれまでと大きく袂を分かつのは、アジア地域に多くの近代的都市空間が出現したことである。そこでは他のアジアの国々が高度な経済成長を遂げ、資本主義近代の文法を奥深く呑み込むにつれて、様々な土着化された近代が創り出されている。本書では、この新たな文脈における日本の「アジア」との新たな遭遇を、テレビ番組、ポピュラー音楽といった商業的ポピュラー文化に焦点を当てて多面的に考察する。こうした文化商品は紛れもなくアメリカの文化的創造・想像力に深く影響を受けながら、それぞれの社会・文化的状況のなかで「独自」の文化形態を創り出してきたのであり、それを検討することで、現在のアジアにおける複数の近代のありようとそれらの間に混在している同一性と異質性を照らし出すことができると思われるからである。

メディア・グローバライゼーションの進展は、東アジア域内のメディア/ポピュラー文化の流れを活発にしたが、その流れはトランスナショナル交通と呼ぶにふさわしいものである。ハナーツ(Hannerz 1996: 6)が言うように、トランスナショナルという語は、世界の隅々を覆うことを意味するグローバルよりも、誇張的でなく控えめで現実的な意味合いを持つ。さらには、「国際《インターナショナル》」が国民国家という単位を前提としがちなのに対して、「トランスナショナル」は国家の規制や拘束力を軽々と飛び越える資本や企業のマクロな動きと、移民やツーリズムによる人間の移動の加速化とメディア・コミュニケーション技術の発展がもたらしている、統制することの困難な人・モノ・情報・イメージのミクロなつながりの双方を視野に入れており、ナショナルの枠組みでは捉えきれない新しい国境を越えた文化の流れとつながり、そして想像力が生成され続けていることが強調される(Appadurai 1996)。メディア/ポピュラー文化に関して本書の主題に引き寄せて言えば、「国際」という語は国家間の友好関係を育むための「国際文化交流」か、国家市場もしくは企業の間の合法的な商業交易である「国際流通」として国境を越える流れを規定する。しかし、実際には様々な多国籍資本の間の連携によって文化の国境や国籍は無視され、メディア商品の海賊版の横行は国際外交と市場のルールを蔑《ないがし》ろにしている。さらには、ポピュラー文化は、生産と消費の場における絶えまない文化の混淆と奪用によって特色づけられ、そこにはもはや起源や所有者を特定の国に見出そうとする行為そのものがあまり意味を持たなくなってきている。もちろん、国家の規制力が依然として強いことは否定できないが、グローバライゼーションが促す錯綜した文化の流れは幾多の方向性を持って国境を蔑ろにしながら交錯するよどみない、不均整な「交通」なのである。

こうしたメディア／ポピュラー文化のトランスナショナルな交通は、九〇年代の日本の「アジア」との携わり方、つながり方に関して相矛盾する影響力と想像力を形づくってきた。一方では、日本の文化権力、つまり文化の領域における日本と他のアジア諸国との間の不均衡な力関係が(再び)可視化されるようになった。日本発の交通量の圧倒的多さが示すように、日本と他のアジア地域間のメディアとポピュラー文化の交通は明らかに不均衡なものである。日本の文化編制が西洋文化へゲモニーに付随したものでありながらも、まさにその西洋文化を受容して新しい文化を再編制していくなかで、日本のメディア商品は他のアジア地域へのトランスナショナルな浸透力を獲得したのである。ポピュラー文化を通した日本と他のアジア社会との遭遇は、日本の帝国主義の歴史が培《つちか》ってきた関係性とアジア認識によっても強く規制されている。日本と他のアジア地域との間の不平等な文化交通は、日本のアジア侵略の歴史を正当化し、また抑圧する形で、ただちに日本の文化的優位性の見地から解釈され、日本の「アジア」を見下《みくだ》す態度が頭をもたげる。そこでは、トランスナショナル交通の錯綜性は無視されて、「日本に憧れるアジア」の図式がナショナルな枠組みのなかで自己陶酔的に物語られてしまう。つまり、ここでは「トランスナショナル」が「ナショナル」を新たに立ち上がらせてしまうこととなる。

　他方、グローバライゼーションの力学は、日本と他のアジア諸国との間に新たな関係性が立ち現れる可能性を照らし出す。西洋に匹敵する高度な産業化を果たした唯一の非西洋国として、日本は「ローカル」と「グローバル」(西洋)を巧妙に文化混合してきた希有な経験者としての立場を享受してきた。しかし、これはもはや日本の独占的経験ではなくなり、都市部を中心とした多くのアジア地域のありふれた光景となりつつある。ここには、相対的な身体的・文化的な近さに加えて、西洋に支配されたグローバル資本主義近代との交渉という共通項によって日本とアジア諸国のつながりが新たに形づくられる萌芽がある。それは、アジア地域における異なる近代編制の発見を促し、「遅れたアジア」という認識を揺るがして日本の近代のあり方を批判的に見直すことへの契機となりうる。しかしながら、グローバライゼーションは一方でアジア地域内の持てる人々と持たざる人々の間の格差を拡大しており、そこでは「遅れたアジア」が再生産されてもいるのである。

　つまり、東・東南アジア地域でのトランスナショナルなポピュラー文化交通は、歴史的に構築されてきた日本と「アジア」の関係、文化的近似性と発展的時間差の認識、そして西洋文化との折衝過程が互いに交錯し、新たに節合化されるような場として捉えられるのである。アジア地域における日本の文化権力がいかなるものかを検討しながら、

「アジア」という想像空間へ投射されるトランスナショナルな欲望に衝き動かされて実体化していく日本と「アジア」のつながりが、歴史的に培われてきた不均衡さに深く刻まれながらもいかに日本のオリエンタリスト的観念によって表明される以上に多様で、矛盾に満ち、両義的なものとなってきているのかを描き出すこと、これが本書の目論見である。

本書の構成

最後に簡単に本書の構成を概略したい。第一章ではまず日本のトランスナショナル文化権力をグローバライゼーションの理論的枠組みのなかで検討する。グローバライゼーション過程が特定の絶対なる権力中心(アメリカ)を分散化するなかで、日本の文化的存在感、影響力は逆説的に増してきた。日本の文化権力の台頭を複雑な脱中心化をもたらすグローバライゼーション過程のなかで捉えることを試みる。

第二章以降では三つのテーマを論じる。それらは日本の文化輸出・影響力増大に伴うナショナリスティックな言説、日本のメディア産業によるアジア市場での「ローカライゼーション」戦略、そして東アジア地域内における相互のポピュラー文化消費である。

第二章では、日本の文化力の国境を越えた広がりを国民主義的に語るトランスナショナリズム言説を検討する。まずは日本の異文化受容能力を本質主義的に規定するハイブリディズムと呼べる言説が、アメリカ支配のもとで戦後日本において内向的に語られてきたのに対して、九〇年代になってグローバライゼーション理論や文明論の台頭のなかで再び外向的なものに変化していったことを指摘する。この傾向はとくにアジア経済の台頭と日本のアジア回帰のなかで顕著になり、日本のアジア地域におけるリーダーとしての地位がその異文化受容能力の観点から様々に語られるようになった。そしてそこでは、日本のポピュラー文化のアジア地域への普及が都合の良い例として安易に担ぎ出されるようになった。かつてのアメリカ文化へゲモニーに匹敵するような日本の文化力の昂揚を論じたり、アジア地域における日本の国家イメージを高めて文化外交を促進することに期待を寄せるなど、いずれも日本のメディア／ポピュラー文化輸出をもっぱら「国益」に還元させて理解しようとするために、脱中心化されたトランスナショナルな文化交通がいかに錯綜しており、矛盾に満ちているかに注意を払いそこなってしまうのである。

第三、四、五章は東・東南アジア地域内におけるメディア／ポピュラー文化交通についての実証的考察である。フィールド調査は一九九四年一〇月、九七年一一二月、九八年三一四月に東京で、九六年一月と一二月にシンガポールで、九六年一月にクアラルンプールで、九六年一二月一九七年一月と九七年五月、九八年六月に台北で、九七年二一三月に香港でそれぞれ行なった。各都市では延べ一〇〇人を超すテレビ、音楽、出版、広告産業の第一線で働く人々に、東・東南アジア地域における日本のテレビドラマ、ポピュラー音楽と日本における他のアジア地域のポピュラー文化のそれぞれの市場におけるマーケティング戦略、流通、受容に関するデータ収集とインタビューを行ない、シンガポールとクアラルンプールではテレビ番組『アジアバグース！』の制作過程と収録を参与観察した。また、台北と東京では好意的に日本と香港のメディアを受容している人々に対面で聞き取り調査を行なった。台北では日本のテレビドラマ、ポピュラー音楽の受容に関して二〇人の視聴者に、東京では香港を中心とした映画、音楽の受容に関して二四人の視聴者からその魅力についてそれぞれ話を聞いた。第三章ではまず九〇年代前半に日本のメディア産業、特に音楽産業が行なった景気づくアジア市場参入への戦略を分析する。多数のグローバル・メディア企業が文化、言語、民族、宗教、人種の多様なアジア市場でいかに商品をローカライズ(現地化)するかにしのぎを削るなか、日本の音楽産業は汎アジアのポップスターを日本のイニシアティブで発掘し、育てようと、最大市場の中国を中心にアジア地域でのオーディションを行なった。そうした戦略はアジアの現在を日本の過去に回収してしまう点で、歴史的に構築されてきた「内にして超」の日本のアジア認識を反映している。しかし、日本の音楽産業のローカライゼーション戦略は現実にはその限界を露呈する。替わって顕著になってきたのは香港・台湾を中心とする東アジア地域において、日本のポップスとテレビ番組がこれまで以上に広くかつリアルタイムに消費されるようになったことだ。この動向は、マーケティング戦略において東アジアのメディア産業・市場がますます密接に相互関連してきたことを示している。日本のポピュラー文化を浸透させる原動力となっているのは、香港や台湾のメディア産業であり、アジア市場における日本の文化商品のローカライゼーションの意味合いは、日本によるアジアローカルスター発掘から東アジアローカル産業による「日本」を売る市場戦略へと重点が移っていったのである。

市場戦略がメディア商品流通に大きな役割を果たすことは否定できないが、第四章では日本のメディア・テクストに他のアジア地域の消費者がどのような魅力を体感しているのかを、台湾における日本のテレビドラマ受容の実証的調査から分析する。私の実地調査では、多くの台湾視聴者は日本のテレビドラマの魅力を両国の文化的距離の近さから説明しようとした。また台湾視聴者のそうした文化的近似性の認識を本質主義的に捉えずに、歴史的、政治的、経済的な様々な力学が交差する文脈において、ある特定のメディア・テクストの消費を通して節合化されるダイナミックな過程として分析する。経済格差の消滅、高度な都市化とトランスナショナルなメディア情報やイメージの同時的な流通といった要因は、台湾視聴者に日本との同時間性の共有感覚 coevalness (Fabian 1983) を産み出しており、それが文化的近さの認識を支えているのだ。つまり、文化的近似性は「近時性」の側面からも考える必要性があるのである。

第五章では、第四章とは逆の流れ、つまり日本における「アジア」消費を分析することで、東アジア地域間における文化交通がいかに不均衡に経験されているかを消費の場からえぐり出す。日本のテレビドラマの台湾視聴者が日本との同時代性・同時間性を強調したのに比べて、九〇年代半ばから後半にかけての日本のアジア消費におけるキーワードは、〈ノスタルジア〉であった。それは「元気」な他のアジア社会に日本がかつては有していた社会的活力・未来への希望を見出そうとするものであり、他のアジア社会を理想化しながらも、日本と同時間に生きていることを否定するものと言える。しかし一方で、日本の香港ポピュラー文化ファンの実証的調査が示したのは、その元気さ、活力は日本の「過去」としてではなく、日本の近代編制と対をなすものとして捉えられていたことである。そこでは日本の優位性、先進性は拒絶され、同時間を生きる異なるアジアの近代性《モダニティー》を通して自らの日常、社会を変革する契機にしようという意志に衝き動かされている。

各章の東・東南アジア内のポピュラー文化交通に関する諸分析が照らし出すのは、日本とアジア各国の土着化近代間の多面的・多層的関係性である。そこでは日本の「アジア」という心象地図が、トランスナショナルな磁力によってナショナルな枠のなかから引っ張り出されたときの矛盾、歪み、そして綻《ほころ》びがえぐり出されるのである。

第一章　「ジャパナイゼーション」再考

──グローバライゼーションとローカライゼーションの相克──

日本が経済大国であることは誰もが認めるところであろう。七〇年代に西洋の学者が高度経済成長を果たした日本に学べ、「ジャパン・アズ・ナンバーワン」と謳ったのは記憶に新しい(Dore 1973; Vogel 1979)。また、産業構造が、大量生産方式からより細かく差別化された商品生産へと重点が移るなかで、柔軟な生産方式のポスト・フォーディズムの一つの模範として、例えばトヨタイズムが議論されるようにもなった(Dohse et al. 1985; Lash & Urry 1994: ch. 3; Waters 1995: 82-85)。日本の経済力の高まりとともに、主に日本式経営、労使関係、組織文化の海外輸出・移転の観点から、日本の対外的影響力が時に「ジャパナイゼーション」という名のもとで語られたのである(Oliver & Wilkinson 1992; Bratton 1992; Elger & Smith 1994; Thome & McAuley 1992)。

これに比べて、世界における日本の文化的影響力は取るに足らないものと考えられてきた。テレビ・映画・音楽など日本のメディア産業が及ぼす海外への影響力は、その成熟ぶりの割には、アメリカはもちろんのこと、インドや香港と比べても見劣りするものとされてきた。しかし、八〇年代末から九〇年代初頭になると、日本のメディア産業の海外市場における輸出量と存在感は大幅に高まり、内外の注目を集め始めた。それは、ソニーと松下がハリウッドの映画製作スタジオを買収して傘下に収め、また日本のアニメーション映画『AKIRA』(一九八八年)が欧米で高い評価を得るようになった時期である。さらに、九〇年代になると、アジア地域ではすでに八〇年代から人気を博していたアニメ、マンガなどに加えて、日本のテレビドラマ、ポピュラー音楽がそれまで以上に盛んに若い層の間で消費されるようになっていった。それに伴って、日本国内のみならず英語圏でも、様々な雑誌、学術誌、著書が日本のポピュラー文化の海外市場への浸透に注意を向け始めた(『Mediamatic』五巻四号、一九九一年、Wark 1991; 1994; Morley & Robins 1995; Schodt 1983; 1996; Levi 1996; 五十嵐 1998; 白幡 1996)。

これらの一連の変化をどのように解釈すればよいのであろうか？　日本の文化力は遂にその経済力に匹敵するようになってきたことを示しているのであろうか？　仮にそうだとして、日本の文化力とは果たしていかなるものなのか？　それはアメリカの文化へゲモニーと同等のものなのか、それとも全く違う性質のものなのか？　――本章ではこうした問いを中心に、メディア／ポピュラー文化の領域において日本が海外で影響力を増していることを、文化グローバライゼーションの文脈のなかで考察する。日本の文化輸出の増大は、文化帝国主義からグローバライゼーションへとトランスナショナルな文化交通と文化的ヘゲモニー分析の理論的パラダイムが転換しつつある文脈のなかで捉え直す必要があることを提唱したい。

文化的無臭商品

アニメやゲームソフトなどの日本の文化商品の世界市場への輸出が特に八〇年代後半以降に顕著になったとすれば、ビデオデッキ、ウォークマン、カラオケ、デジタルカメラ、ビデオなどの日本製の消費者用メディア・テクノロジーは長らく世界中に輸出され、消費されてきた。世界市場で圧倒的なシェアを誇るそれらの日本製品が世界に与えた文化的影響力は計り知れないものがある。ジョディー・バーランド(Berland 1992)の言葉を借りれば、それらは「文化テクノロジー cultural technologies」として新たなメディア・テクスト、消費空間、消費者を相関的に構築してきたと言える。新しい消費者用メディア・テクノロジーの誕生は、消費者の需要・欲求を貪欲に搾取しようとする市場論理に導かれながら、それに見合ったテクストとその消費の仕方の新たな可能性を引き出して、コミュニケーション空間のさらなる資本化をもたらす。例えば、ビデオデッキはメディア・テクスト消費の時間的そして空間的な伸展、ズレをもたらすことで、様々な情報・イメージが国境を越えて流通することを促進した。当初、アメリカの映画会社は自らのメディアソフトの海賊版の横行を懸念して、ビデオデッキ販売に強い異議を唱えていた(Lardner 1987 参照)。しかし、実際にはレンタルや輸出を通してそれらの商品をさらに世界中へ広めるという形で新たな市場が開拓されていった(O'Regan 1992; Gomery 1988)。そして、その結果、(主に発展途上国)視聴者はそれまでの国内メディア娯楽に飽きたらなくなり、多くの政府は「ナショナル」な視聴者を海外メディアから取り戻すために国内メディア産業の市場化・民営化を推進せざるをえなくなったのである(Ganley&Ganley 1987; Boyd et al. 1989; O'Regan 1991)。

消費者の側に目を向けると、日本の消費者用メディア・テクノロジー製品は、レイモンド・ウィリアムス(Williams 1990: 26)が「移動性のある私的領域化 mobile privatization」と呼んだ傾向を推し進めてきたと言える。新しいコミュニケーション技術商品の誕生によって、公共空間は個人消費の場と様々な形で交錯するようになり、そこでは移動性の拡大と私的領域への閉鎖性という矛盾する動向が結びつくこととなった。例えば、ラジオ、テレビ、ビデオなどは、我々が家庭に代表される私的空間にいながら外部とつながり、世界中で起きていることを体験できるようにした。そして、ウォークマンやカラオケ(そして最近では携帯電話)は逆に、社会的な公共空間のなかに私的なコミュニケーションの場を新たに作り出したのである。いずれにしても、粉川哲夫(Kogawa 1984;

1988)が指摘したように、なぜそのような「個人主義的」メディアが「集団主義的」と言われる日本の企業によって発達させられたのかは興味深い点である。粉川は日本の社会関係・共同体意識が徐々に電子コミュニケーション技術を介して成立するようになっていること自体、その基盤の脆弱化を表していると指摘するとともに、新たなコミュニケーション技術は個人の社会統制からの解放と規制の巧妙化という両側面の可能性を持っていると論じた。チェンバース(Chambers 1990: 2)も同様に、ウォークマンは「自主性と自閉性」の間を行き来する両義的文化活動をもたらしていると述べている。それは個的に分断された自由しかもたらさない社会規制からの逃避という側面がある一方で、国民共同体を縛る大きな物語に対抗し、打ち壊す私的な小さい物語の増殖を促進させてもいるのである(Chow 1993 も参照)。

こうした実際の影響力に比べて、日本の消費者用メディア・テクノロジーのグローバルな日常生活への広がりが、日本の文化的存在感と結びつくことはあまりなかった。このことはある国地域の「文化」イメージとの関連において語られる商品のシンボリックなイメージは、その機能性や影響力とは別の次元で作用することを示唆する。ホスキンス&マイラス(Hoskins & Mirus 1988)はアメリカ映画・テレビ番組の世界市場支配に対して、海外における日本の文化的影響力の少なさを、テレビ番組などのメディア・テクストが異文化間で流通する際に生じる「文化的減価」という概念で説明した。これは、ある文化に深く根ざした番組は同様な文化を有する地域では積極的に受け入れられるものの、それ以外の地域では視聴者は異なる文化のスタイル、価値、信念、制度、行動様式に違和感を覚えるため、その文化が逆に番組の魅力を損なうことになるというものである。この説によれば、アメリカの文化的普遍主義、西洋文化の現代世界での歴史的な優勢、英語の浸透ぶりはハリウッド商品の「文化的減価」を少なくするが、日本の場合は、文化的特殊主義、日本語の非流通性などから他の文化圏では受け入れられがたいということになる。そして、日本が世界に消費者用メディア・テクノロジー商品を送り出すことができたのは、それらがどこの国で作られたのかということが消費の方法やそれから得る満足度とは関係しない「文化的に中立な」商品であるからだというのである。

ホスキンス&マイラスの議論は日本の文化輸出に関して有効な視座を与えてはいるが、「文化的中立性」という概念はいささか不適切に思われる。前述したように文化商品の日常生活における影響を考えれば、あらゆる商品も文化的に「中立」ではありえないし、たとえ消費者に認識されえなくともそこには生産国の文化編制の痕跡が刻み込まれていると思われるからである。むしろ、私は世界の視聴覚メディア文化市場で流通する主な日本の文化商品を、「文化的無臭性」という言葉で言い表したい。「文化的に無臭」というときに私が強調したいのは、ある商品が「日本らしさ」を実際に体現しているか、もしくは欠いているかということではない。特定の生産国の、多くはステレオタイプ化された、文化的特徴・ライフスタイルのイメージが、その文化商品・シンボル消費において肯定的に結びつけられるかどうかということである。それは時としてサムライ・芸者などの異国情緒と結びつくが、ここで問題にしたいのは、むしろ近代的で先進的な国・文化のイメージである。「文化的臭い」が特定の商品の魅力を喚起することと密接に関連しているというのは、それは単にある商品が「日本製」であることを消費者が知っているだけでは不十分であり、また「日本製」であるが故に高性能が期待されるというような機能・品質的な関連性とも異なる。「マクドナルド」がアメリカの消費文化の代名詞となったのは、ファーストフードという徹底した合理化、標準化による新しい食文化を世界に広めたからであろう(Ritzer 1993)。しかしそれは同時にハンバーガーを食べることで「アメリカ」という強大で文化的に魅力ある国のイメージを消費し、それに自己を一体化させることの快楽とも深く関係している。アメリカのポピュラー文化、消費文化が世界に広まった背景には、日本も含めた世界の消費者にとってそれらが映し出す物質的に裕福な「アメリカンライフスタイル」というイメージの魅惑があることを見過ごすことはできないのである(Featherstone 1995; Frith 1982: 46)。日本にマクドナルドが最初に開店したころの宣伝文句の一つが「ハンバーガーを食べ続けるとあなたも(髪の毛が)ブロンドになる!」(Creighton 1992)であったことは、この点を明らかに示している。食の合理化、標準化といった世界への計り知れない影響は、学会やジャーナリズムの重要な「分析」の対象ではあるが、それは「アメリカ」という国民文化のイメージとは消費の段階では直接的には結びつかないだろう。つまり、商品が与える機能性・文化的影響力ではなく、消費の場における「産出／製造国」のイメージとそれをめぐる言説こそが文化商品に「文化の匂い」を醸し出すのである。

ある国地域における異文化の存在感・影響力は、受容国のナショナル・文化アイデンティティーや国益に脅威を与えるもの、もしくは逆に憧憬の対象として解釈され、言説化されてきた。いずれの場合にしても、文化商品を輸出する側と受け取る側の間の不均衡な力関係が「文化の匂い」を通じて認識され、問題とされてきたと言える。このような、ある優勢な文化による異文化支配といった議論を長らく形づくって来たのは、「アメリカナイゼーション」もしくは「文化帝国主義」といった概念である。サイード(Said 1994: 387)が言うように、これまでの人類の歴史において今日のアメリカほど異文化にたいして圧倒的な影響力を及ぼした国はなかった。アメリカの文化へゲモニーは、政治、経済、軍事にまたがるそのグローバルな権力の重要な構成要素として作用してきた。広く知られるように、冷戦時代には共産圏とのイデオロギー闘争に打ち勝つためにアメリカ政府はアメリカ社会の近代性、民主主義、裕福さのイメージを普及させようとし、メディアや消費文化の輸出は世界のアメリカナイゼーションの重要な方策と考えられた。アメリカの保守的政治学者、ジョセフ・ナイ(Nye 1990: 18)は、アメリカが世界的なヘゲモニーを打ち立てるためには、このようなシンボリックな資源を通して、言わばソフト力で他者をコントロールすることの重要性を強調している。「もしアメリカの文化が魅力的に映るなら他国民はよりすすんでアメリカに服従する」と考えられたのだ。

それに比べて日本は経済面に限られた一元的なパワーしかもっておらず、その商品がいかに世界中に出回ったとしても、それらの魅力は特定の文化的価値観の提示とは概して無関係であるとナイは言う。確かに、日本が世界に向けて輸出、発信している主な文化商品は「三つのC(consumer technologies, comics/cartoons, computer/video games)」で表すことができ、それら日本発の文化商品の世界市場への進出は、アメリカ文化の場合のようにはっきりとその文化的影響・脅威が日本の文化イメージと密接に結びつけられることは少ないと言えるだろう。前述のように、音楽の聴き方、都市空間のありようを変えたウォークマンが、ソニーという日本企業によって作られたことはよく知られている。最近ではイギリスのオープン・ユニヴァーシティのカルチュラル・スタディーズのテクストがウォークマンを代表的グローバル文化商品として選び、その多層的・多面的な文化的影響力を分析している(du Gay et al. 1997)。そこでは、「日本らしさ」は決して本質的なものではなく言説によって構築されたことに留意しながら、ウォークマンはオーディオ機器の「小型化」、「ポータブル化」という日本のイメージをあらためて連想させたと論じられている。しかし、そうした「日本らしさ」の認識は分析上は重要であっても、ウォークマンを消費することで「日本」という国・文化のイメージを肯定的に連想させたり、それと一体化する快楽を味わわせることはあまりないであろう。

「文化的無臭性」はまた、生産国の人種的、身体的特徴とも関係している。日本の3C商品はそうした特徴が消されるか薄められているため、その生産国である「日本」のイメージが強く消費者に意識されないという共通点がある。アニメやゲームソフトはよく「無国籍」と言われ、特定の国の文化的文脈・人種的特徴を欠いているとされる。世界的にも高名なアニメーション監督、押井守は日本のアニメーターは魅力的なキャラクターを描こうとするとき、意識的にせよ無意識的にせよ、「現実的」な日本人像を避けてきたと指摘し、彼の場合は多くは白人をモデルにしてきたという(押井他 1996)。

このように、商品が常に生産国の現代的ライフスタイルのイメージと密接に関連しているアメリカの商品とは異なり、ウォークマンが高品質な洗練された日本商品であることを知っていても、また、日本のアニメを観ている海外視聴者がそれが日本製であることを熟知していたとしても、フェザーストーン(Featherstone 1995: 9)が言うように、それは認知された「日本的身体」によって体現される日本の生活様式を売り物にはしていない。そしてさらに重要なのは、第三章で論じるように、世界市場をにらむ日本のメディア産業自身がこのことを十分に意識して、積極的に「日本臭」を消すことをその海外進出戦略に組み入れてきたのである。

ジャパナイゼーション？

しかし、こうした日本の文化的無臭商品の世界市場輸出はその影響力を無視することができなくなるほど勢いを増してくる。日本の世界文化市場における台頭を象徴的に示したのが一九八九年のソニーによるコロンビア映画、一九九〇年の松下によるＭＣＡという、二つのハリウッドスタジオの買収劇であった。ビデオ、カラオケ、ウォークマンなどの消費者用視聴覚メディアに関する日本の技術力の圧倒的優位は、アメリカのコンテンツ制作能力と対照的に考えられてきたが、これらの買収劇はそれまでの日本はハード、アメリカはソフトという明らかな役割分担を打ち壊してしまった。これに対し、アメリカのメディアは日本がアメリカの魂を金で買ったとヒステリックに反応した。例えば映画『ブラック・レイン』のなかで、主役のマイケル・ダグラスが高倉健に対して、こうした日本の大企業の金によるアメリカへの侵略をなじるシーンがある。高倉健はこれに対して「音楽や映画の制作はアメリカが得意とするところだが、我々日本はその代わりに機械を作るのだ」と答える。もちろんこのコメントはアメリカの制作者の考えを反映したもので、ここにはハリウッドの自らのソフト・コンテンツへの偉大さと、所詮テクノロジーしか作ることのできない日本への侮蔑という支配的イメージがあらためて表明されている。しかし逆に見れば、このことがあらためて表明されたこと自体、そのイメージが現実にそぐわなくなってきていることを証明していると言えるのである。

その後、松下はハリウッドから撤退し、ソニーも赤字を出すなどグローバル・ソフトビジネスの展開に苦しんだ(Negus 1997参照)(ただしソニー傘下のコロンビアは九七年にハリウッドの興行収入記録を塗り替えて日本経営がハリウッドと両立することを示した)が、日本発のアニメやコンピューターゲームが世界中にさらに浸透するなど、日本の文化的無臭商品が「メディアはアメリカ製」(Tunstall 1977)という時代の終焉を告げる兆しが広く認知されてきている。『ポケモン』『セーラームーン』『ドラゴンボール』はアジアだけでなく、欧米の子どもたちにも高い人気を得てきており、『AKIRA』が欧米で大ヒットしたあと、いわゆる「ジャパニメーション」(Japanとanimationの造語)は世界市場で一定の評価を得るようになった。『攻殻機動隊 GHOST IN THE SHELL』がアメリカでビデオ売り上げ一位になり(『Billboard』一九九六年八月二四日号)、一九九六年のアメリカへの日本のアニメーションとコミックの輸出額が七五〇〇万ドルにのぼっている(『産経新聞』一九九六年一二月一四日)。また、ビデオゲーム市場は日本の三大手、任天堂・セガ・ソニーにほぼ独占されるようになった。テクノロジーとメディア・テクストが次第に深く関わってきているなか、ソフトの分野でも『ポケモン』『スーパーマリオ』『ソニック』の大ヒットが示すように日本製のものがかなり受け入れられている。ある調査によると、アメリカの子どもたちの間ではあのミッキーマウスよりもマリオのほうが知名度が高いというほどである。

しかし、こうした状況をもって、世界的に「一級」の文化的地位が日本に与えられたと見るべきかどうかについては、依然として否定的な見方が多い。日本のメディア・文化商品が世界各地の日常生活において多大な影響を与えていることを重視して、日本が世界を「植民地化」していると論じられる場合でも、そこに「日本文化」が及ぼす影響力を見出すことはやはり難しいため、その「植民地化」には「密かな」という形容詞がつけられることとなる(ボッシュ 1997)。いくら日本発のウォークマン、カラオケ、アニメが世界に出回っても、それは日本の文化イメージやライフスタイルの連想を積極的に産まないため、それを「ジャパナイゼーション」とは呼ぶことにはやはりためらいを感じさせている(カラオケに関してはMitsui & Hosokawa 1998)。同様のことはアジアへの文化輸出に関しても論じられている。ウィー(Wee 1997)は、例えばシンガポールにおいて日本の商品は経済的に大きな存在となっているが、その影響力は「日本」というアイデアを欠いているために「ジャパナイゼーション」と呼ぶことはできないと言う。たとえ日本の文化商品がファッション、テレビ番組、ポップスに亙っていても、それらは所詮アメリカ文化を模倣・アレンジした消費主義的なものであり、特段に「日本的」な影響力を見出すことはできないとされる(五十嵐 1998も参照)。

確かに、「ジャパナイゼーション」を「アメリカナイゼーション」と同質のものとして対比させ、日本の世界における文化へゲモニーを見出そうとするのは事の本質を見損ねていると言わざるをえないだろう。しかし「ジャパナイゼーション」という語が与える違和感をもって日本の文化影響力を否定的に捉えるのではなく、むしろその違和感を従来のアメリカナイゼーション概念に代表される文化的なへゲモニーのあり方を再考するきっかけにすることができるのではないだろうか。つまり、世界市場における日本の文化輸出の増大と日本のメディア産業の台頭を真剣に受けとめるならば、それはトランスナショナルに錯綜する文化交通において、不均衡な力関係の立ち現れ方に変化が生じていることの一つの兆候と読めることに気づかされるのである。日本の文化輸出がこの一〇年あまりの間に顕著になってきたのは単なる偶然ではないであろう。それはいわゆる文化のグローバライゼーションの進展が様々な側面で加速化した時期である。巨大多国籍企業によるグローバルな規模での市場と資本の統合、世界のあらゆる地域を瞬時に結ぶコミュニケーション技術の飛躍的進歩、非西洋圏における豊かな中間消費層の誕生、移民・ツーリズムによる人々の越境的移動の増加。こうしたなかでトランスナショナルな文化交通はより複雑、不整合、予測不能なものになり、これまでの中心―周縁という単純化された図式では捉えきれなくなってきている(Appadurai 1990)。日本のトランスナショナルな文化力に関してもこのような理論的パラダイムの転換の文脈のなかで検討する必要があるのである。

グローバライゼーションにおける脱中心化の力学

ここ一〇年来のトランスナショナルな文化交通に関する大きな理論的転換として、従来のアメリカナイゼーション、文化帝国主義言説の妥当性が深く疑問視され、それに代わってグローバライゼーションの視座が台頭してきたことが挙げられる。文化帝国主義言説はある特定の中心から他の周縁に向かっての一方的な文化支配を強調するが(Schiller 1969; 1976; 1991; Mattelert et al. 1984; Hamelink 1983)、八〇年代から特にその実証的な論拠に関して疑問が投げかけられてきた。トムリンソン(Tomlinson 1991)が鮮やかに論じたように、文化帝国主義言説は政治経済的観点を重視するあまり、人々が意味構築のレベルで「文化支配」されるという経験を実証的に見ることなく議論を進めてしまっているのである(Kuisel 1993も参照)。つまり、ある国地域のメディア市場がアメリカ産のポピュラー文化に席巻されている場合でも、文化帝国主義言説で論じられたように、数量的なアメリカ文化支配という図式を消費という行為に自動的に当てはめることはできないことが明らかになってきた。例えば、実際には多くの海外市場において最も人気のあるものはローカル製のメディア商品にほぼ独占されている。さらには、非西洋の視聴者はアメリカのメディア・テクスト受容に当たっては、受動的に支配文化のイデオロギーに「洗脳」されることなく、自分の置かれている文脈によって様々な創造的解釈・流用・抵抗をしていることが受容する消費者のエスノグラフィーによって明らかにされてきている(例えば、Ang 1985; Miller 1992)。アメリカのポピュラー文化が世界に遍在するからといって、それを短絡的に絶対的な影響力や支配の行使と結びつけることはできないのである。

急いで断わっておけば、これらの議論はアメリカを中心とする文化的な力関係の不均衡性を否定するものではない。むしろ、生産、表象そして消費がせめぎあう場において世界の文化的な権力構造がどのように織り込まれ、作用しているのかを精緻に見ていくことが求められているのである。グローバライゼーションの視座は、近代化が根本的に世界における様々な資源配分の不均衡を助長しながら進展する企てであるという認識を抑圧することなく、それまでの文化帝国主義論よりも複雑で奥行きのある見方でトランスナショナルな文化交通に立ち現れる力関係を捉えようとする。特にグローバライゼーション論で強調されるのは、文化的な権力構造が流動的になり脱中心化しながらも、不均衡性が再編制されていることである(Appadurai 1990; Ang & Stratton 1996)。

脱中心化の力学は、例えば、日本を含めた非西洋国の多国籍企業が新たなグローバル・プレーヤーとして台頭しており、アメリカの文化ヘゲモニーは相対的に低下していることに見て取ることができる。多国籍大企業資本の国境を越えた提携・協力が、メディア産業・市場のグローバライゼーションを推し進めた結果、トランスナショナルな文化ネットワークはこれまでのアメリカの圧倒的・独占的一国支配構造からより分散化されたものになってきている(Morley & Robins 1995: ch. 8; Barker 1997; Tomlinson 1997)。しかし、この場合も日本企業のハリウッド進出やアニメ・ゲームソフトの世界的普及は、アメリカの直接的な文化的ヘゲモニーを失墜させる一方で、メディア・グローバライゼーションという大きい文脈のなかでそれを強化しているともいえる。経済的そして文化的なグローバライゼーションが進展するにつれて、国家は自由化もしくは規制化の主体として文化商品流通を管理しようとしてきた。アメリカメディアの国内への「侵入」を阻害するために、WTO交渉で視聴覚文化商品市場の開放・規制をめぐって輸出国のアメリカ政府と輸入国のヨーロッパ各国が激しく争ったり、アジアの数国が衛星放送視聴を統制する政策をとったことなどはその一例である。しかし、文化交通における権勢は国家からますますグローバル資本や欧米を中心とする先進国の多国籍企業・メディア産業の手に移ってきている。この動きを加速化しているのが、ソニーのハリウッド進出に象徴的に示されるように、非西洋企業の台頭によってもたらされた、西洋と非西洋のグローバル・メディア産業間の世界的な協力・統合の推進である。ここでは多種多様なメディア商品がごく少数の多国籍複合企業の傘下で生産・配給されるという「包括的な文化のパッケージtotal cultural package」化(Schiller 1991)が促進されている。ソニーのみならず、最近の日本商社、テレビ・映画産業のハリウッドへの投資は、言うまでもなく映画制作に日本の影響力を強めて日本文化を世界に浸透させるためではなく、巨大な資本投下によって、より優れたアメリカ映画を手中に収めて世界中に配給することでさらなる利益をあげることを目的としている(Herman & McChesney 1998)。つまり、日本企業はアメリカの魂を殺すどころか、ハリウッドを(自らのハード機器とともに)より遍在化させようとしているのであり、世界中の多国籍企業によって推し進められている一層の「アメリカナイゼーション」に日本も積極的に荷担しているのである。前述の『ブラック・レイン』の一幕は、グローバルに暗躍するメガ多国籍企業の時代においてソフトとハードの明確な区別が危機に瀕しているにもかかわらず、グローバライゼーションを従来のアメリカナイゼーションの枠のなかに取り込もうとしたために、この点を勘案し損ねたものと言える。

同様に、日本アニメの海外進出を推進しているのは、メディア・グローバライゼーションが市場統合と国境を越えたメディア産業の提携を促した結果でもある。グローバル、リージョナル、ナショナル、ローカルといった様々な段階の市場に同時に食い込むためには、パートナーの発掘、提携もしくは吸収合併が不可欠であり、国際的な流通経路を確立していない日本アニメ産業界にとって、世界進出にはアメリカを筆頭とする欧米の配給力が重要となっている。一九九五年の『攻殻機動隊』の日英米同時公開では英米資本のマンガ・エンターテインメントが大きな役割を演じ、九五年にディズニーが宮崎駿アニメ作品の世界向けの配給を決定したことも、いわゆる「ジャパニメーション」がアメリカナイゼーションの力を借りてグローバル化したことを象徴している。世界の文化交通の加速化とメディアの激増は、西洋にとどまらない世界中の魅力ある文化商品の発掘をも促している。先進国のメディア産業によって世界中の文化がその商品価値を物色されているなかで、日本のアニメはその可能性が欧米に認められたのである。ソニーのハリウッド買収がアメリカの一流のコンテンツ制作力につけ込んだとすれば、日本アニメの世界進出はアメリカに支配されている配給ネットワークに非西洋の文化コンテンツが組み込まれたことを意味している。

このように、強大な支配力を有するアメリカを中心とするグローバルな文化商品の生産・流通構造に、日本を始めとする非西洋の多国籍企業が加わることで、相互の文化商品の世界市場への提供はより迅速で効果的なものになってきている。最近のイギリスの女性ポップグループであるスパイス・ガールスや日本の『たまごっち』『ポケモン』が素早く世界に紹介されて出回った(そして多くはあっと言う間に消え去った)のは、情報・メディア産業と商品市場が世界規模で統合化・同時化されてきていることの好例であろう。つまり、実際に起きていることは、世界のパワーバランスの根本的な変化ではなく、不均衡で不平等なグローバライゼーションのプロセスがより強固なものになってきているということである。

アメリカのグローバル文化へゲモニーの変容

グローバライゼーションの脱中心化の力学が、アメリカの文化へゲモニーを相対的に低下させると同時により強固にしているという矛盾は、その質の変容にも見ることができる。一九七七年に『メディアはアメリカ製 The media are American』を書いたタンストール(Tunstall 1977)は、そのおよそ二〇年後に、「アメリカは依然として唯一のメディア・スーパーパワーであるが、その力は世界のなかで相対的に徐々に弱くなっている」という見方を示した(Tunstall 1995: 16)。アメリカのメディアがもはや支配的ではなくなっている理由としてタンストールは、アメリカのテレビ番組よりも現地制作の番組の方が一般に好まれて視聴されていることに関して、アメリカ発のテレビ番組フォーマットが世界各地で「ローカル化」された結果、多くの独自性のある現地番組が制作されアメリカ番組を凌駕していると言及している。しかし、アメリカのテレビ番組の世界での人気が低下しているとしても、多くのアメリカ発のメディアコンセプト・フォーマットが世界各地で「現地化」されることによりアメリカの文化へゲモニーはさらに深くグローバルに浸透していると見ることもできる(Morley & Robins 1995: 223-224)。この点をテレビのフォーマットにとどまらず、アメリカ文化が体現してきた消費文化の世界的普及へと発展させて考えれば、ベル&ベル(Bell & Bell 1995: 131)が言うように、「アメリカ」は社会的・文化的近代化の過程そのものを象徴するようになってきたと見ることができるであろう。吉見俊哉(1997)が日本のディズニーランドに関して論じたように、アメリカの消費資本主義文化はシンボルから不可視なシステムへと変容していったのである。ボードリヤール(Baudrillard 1988: 76)は、八〇年代の終わりにアメリカはモダニティーの原型であり、ヨーロッパはその「吹き替え版・字幕版」にすぎなくなっていると宣言した。

アメリカは世界中の誰もが参照する想像上の権力軌道となった。競争、ヘゲモニー、帝国主義という観点ではアメリカの力は確かに低下しているが、「典型」という意味では以前よりも強固になっていると言える。ボードリヤール(Baudrillard 1988: 115)は、アメリカの文化ヘゲモニーは、「物事が慣性で発展し続けて、直接の原因が消え去ってもその効果だけは強く残る」という新たな段階に入ったと言うのである。

しかしながら、これをもってアメリカのグローバル文化権力が頂点に達したと見るのか、それとも崩壊と見るのかについては意見の分かれるところである。スマート(Smart

1993)は、ヨーロッパとアメリカの比較をしただけでは、西洋のモダニティーモデル自体の普遍性に疑問が投げかけられていることを見過ごすことになりかねないと、ボードリヤールを批判した。誰も対抗できないような絶対的なモダニティーのモデルとしての地位をアメリカがもはや失ってしまったという現実の変化に、意識的であるにせよないにせよボードリヤールは目を向けていないとして、スマートはポストモダン時代の新たなモデルとして日本の可能性に言及する。しかし、世界におけるアメリカの文化へゲモニーの変容が提示している重大な点は、ある文化的中心が他の中心にとって代わられるという発想の前提とされている、特定の国・文化がグローバル文化交通の中心にいるという見方そのものを覆す必要性なのである。近代化論が盛んにたたかわされたとき、非西洋社会の近代化は西洋モデルに収束するのかそれとも異なる道を辿るのか、はたまた西洋社会が日本のような非西洋近代化モデルに逆収束するのかが議論された(Dore 1973; Mouer & Sugimoto 1986 参照)。しかし、二〇世紀終わりにはそのような他の社会が参照し追随するような絶対的な社会モデルが存在しているとは断言できなくなってきている(Scott 1997)。

スパーク(Spark 1996: 96–97)はこの点に関して、イギリスの文脈から、アメリカという絶対的中心は空中に霧散してしまったのではなく、それ自体がグローバル資本主義システムに取り込まれたと論じる。

アメリカナイゼーションは現代消費資本主義を表すものとして認識したほうがよいであろう。「アメリカン」という語はそのモデルの最初で主要な特徴を言い表しているのだ。この意味で、アメリカは異文化を支配しようとはしていない。それは近代化のグローバライゼーション過程のひとつであり、また、イギリスの経験が示すようにそれは(アメリカからの一方的なものではなく)相互的な過程でもあるのだ。

スクレア(Sklair 1995: 153)はさらにこの点を発展させて、アメリカナイゼーションとメディア／文化帝国主義を同一視する見方を批判する。

> そうした議論は、もしアメリカの影響が排除されればあたかもメディア／文化帝国主義がなくなると言っているようであるが、これは純粋な概念の定義上でしか当てはまらない。アメリカナイゼーションはむしろグローバル資本主義、文化イデオロギーとしての消費主義の進展過程における支配的な一形態と捉えるべきである。

スクレアの議論は、絶えずその手の届く範囲を広げようとする資本の論理が、グローバライゼーションを衝き動かしている根本的な力であることを見抜いており、それに関して異議を唱えるものは少ないだろう(Tomlinson 1997: 139–140)。しかし、彼の議論はトランスナショナルな文化交通をあまりに資本の論理のもとで一般化・抽象化してしまい、ローカルの実践がもたらす矛盾・両義性を捉えきれていない。ホール(Hall 1991)の議論は、この点でグローバライゼーション過程がもたらす脱中心化をもっと鋭敏にえぐり出している。ホールは世界中に蔓延する「グローバル・マスカルチャー」がアメリカ文化支配のもとで構築されているとしながらも、それは世界中の文化差異を破壊せず、むしろ尊重しながら「奇妙な形」で均質化を図ると言う。「グローバル・マスカルチャーは、文化差異を認識したうえで、それらを基本的にアメリカの世界観によって形成されている大きなすべてを覆うような枠組みのなかに吸収しようとする」。つまり、資本は差異を消し去るのではなく、それを通して作用しており、多国籍企業は文化的多様性と差異を巧妙に搾取し資本化しようと試みているのである(Hall 1991: 28)。

構造化される文化差異

ホールの議論が示唆するのは、資本の集中によって促されるグローバライゼーション過程が照らし出す脱中心化のもう一つの側面である。前述のように、先例を見ない規模の多国籍企業による資本の集中は確かに同一商品の世界市場への流通を加速化している。しかし、グローバライゼーションは、単に同一商品・価値観・イメージが西洋の中心から伝播されて世界の均一化を促すだけの過程ではなく、常に様々な差異・多様性をも新たに生成しているのである(Robins 1997)。このことは、我々の分析の視座をローカルという意味構築の場におけるトランスナショナルな文化交通との交渉過程へと向けさせる。

プラット(Pratt 1992)の「トランスカルチュレーション transculturation」という概念はこの点で示唆に富む。ローカルにおける不平等な異文化間遭遇において「支配されている人々は支配文化からやってくるものを自分たちでコントロールすることはできないが、それでも何を自分たちのものとして吸収し、それを何のために使うのかを決めるのは彼らなのである」。プラットの議論は「コンタクト・ゾーン contact zone」という植民地支配下での異文化交渉過程に関してであるが、ホール(Hall 1995)が指摘したように、それは非西洋が西洋の支配的文化との交渉から独自のモダニティーを作り上げてきた方途を理解するのに役立つ。それは世界が西洋支配のもとで均質化に向かっているという議論に対して、ローカルで意味が創造的に濫用され、消費されるという異文化との交渉過程、そしてそこから常に何か新しいものが生まれてくることを重視するのである(Hannerz 1992; Lull 1995; Ang 1996)。

西洋に支配された近代資本主義のグローバルな広がりは、多くの非西洋地域の近代経験を、帝国主義・植民地主義的暴力と文化交通の圧倒的な構造的不均衡として刻印してきた。しかし、一方でこの非西洋における強制された近代経験こそが、ローカルという場において複数の土着化された近代を産み、文化の多様化と新たな差異を繁殖しているのである。しかし、この文化差異が生成される過程はいかなる構造的規制力からも自由であるということではない。むしろ、グローバライゼーションの均質化する力は、予測できないような「文化差異の組織編制」をし続けていくものとして捉えられる(Hannerz 1992)。モーレー&ロビンス(Morley & Robins 1995)は「グローバル―ローカル連結」という語でこのグローバルとローカルの錯綜する文化的なつながりと相関性を表現し、グローバライゼーションは実は(再)ローカライゼーションの新たなダイナミックスと深く関連していることを強調した。また、ロバートソン(Robertson 1992; 1995)も、彼の見方が単純な機能主義的モデルと同一視されないように注意しながら、グローバライゼーションとはグローバルレベルで様々な相互連結が組織化され、新たな「特殊性」が制度化される過程であると定義した。

ここで重要なのは、文化帝国主義言説のように「ローカル」は「グローバル」から明確に分離してそれに対抗するものとして理想化されたり、本質主義的に定義されはしないという点である。「ローカル」という概念をもって、文化的に末端に置かれた人々が自由で創造的な実践をしていると単純に手放しでもてはやすことはできない。ローカルにおける文化的実践はあくまでグローバライゼーションの均質化の力学によって構成され推進されているのである。このことが端的に現れているのは、ローカルとグローバルの文化交渉によって特殊主義やローカリズムが新たに創造された一方で、多様性・差異の主張そのものを可能にする共通の型が世界中に普及していることである。ピータース(Pieterse 1995)は、「異文化混淆化 hybridization」の視座は我々の文化概念を特定の地域に根ざした静的なものからトランスローカルな流動的な運動へと転換させると論じながら、グローバライゼーションを「グローバル混合物 global mélange」を絶え間なく産み出す混成化の過程と定義した。彼は異文化混淆化を、多様なモードの組織・機関が出現したことで様々なハイブリッドな形態が促進されるという構造的な側面と、そのようなハイブリッド形態が新たなトランスローカルな文化表現をもたらすという文化的側面に分けた。しかし、彼によればこの両側面において果てしなく繁殖される異文化混淆化は実はトランスカルチュラルな収斂を証明するという。つまり、異文化混淆化という過程が行なわれること自体、差異が相対的なものであることを示しており、さらに言ってしまえば、その差異は実は類似性に裏打ちされたものであるというのだ。同様にモーリス・スズキ(Morris-Suzuki 1998b: 164)は、日本の文化的特殊性をグローバライゼーションの枠組みで論じながら、グローバライゼーションは、ローカル間の差異が調整されるような一連の共通枠組み・規則をフォーマット化するとして、その構造化を推進する側面を強調する。

ウィルク(Wilk 1995)が言うように、グローバルな文化システムはグローバルに蔓延した共通の型を通してそのヘゲモニーを体現し、それは同時に多種多様な文化的差異・文化モダニティーを世界各地で生成し続ける過程でもある。つまり、グローバライゼーションの影響力はローカルという交渉の場においてのみ発揮されるものであると同時に、ローカルの文化的創造力もまたグローバライゼーションの文脈の外では考えられなくなってきている。グローバライゼーションのなかで文化的なヘゲモニー、不均衡な力関係がどのように発現しているのかを考察するには、グローバル―ローカル、均質化―混淆化、同質性―多様性といった様々な相反する力学が同時にまた相互に複雑に絡み合う過程の分析が不可欠となっているのである。

グローバルな眼差しから見た日本の文化的プレゼンス

このようなグローバライゼーションがもたらす脱中心化は、トランスナショナルに広がる日本の文化力を従来のアメリカナイゼーションとは違った視座から捉え直すことを可能にする。繰り返して言えば、グローバル・パワーが脱中心化したからといって中心が全く存在しなくなったわけではない。世界の文化交通を取り仕切る「型」の供給者は依然として西洋に独占されているし、文化商品やイメージの生産者も日本を含めたごく少数の先進国の多国籍企業に限られており、いまだにそれらを享受できない経済状況に置かれた人々が世界に多数存在することも忘れてはならない。しかしながら、グローバライゼーションが促す文化ヘゲモニーの再配置は、不平等な文化配分・交通の痕跡を明確にするのが徐々に困難になり、イメージや商品のオリジナルな所有者を突き詰めることがあまり意味を持たなくなってきているなかで起こっている。アング(Ang 1996: 13)はポストモダン時代に起きている重要なテレビ視聴の変化として、視聴者《オーディエンス》の能動性は単に理論的に取り組むべき問題にとどまらず、現実生活において人々が多種多様なメディア・テクストから能動的に意味をこしらえていくことが日常的に要請されるようなメディア環境となってきていることを指摘した。同様に、グローバルに瞬時に広がるイメージや商品が繁殖し、そのスピードが加速化するなかで、ローカルという場においてグローバルとの交渉・土着化から独自の差異を構成・主張していくことが常に求められる状況になってきていると見ることができる。ミラー(Miller 1992: 181)が、トリニダードトバコにおいてアメリカのソープオペラを受容することで新たな「ローカル」文化が生成していく過程を分析しながら論じたように、ローカル文化の真正さや特異さは決して所与のものではなく、あくまで後天的に、起源ではなくローカルにおける交渉結果によって獲得されていると見るべきなのである。

こうしたなかで、非西洋のモダニティーが西洋のそれから派生的に引き出されたという歴史的事実が忘却されることはもちろんないまでも、「我々」のモダニティーはどこかで既に起こったものを借用したものであるという自嘲的な感覚(Chatterjee 1986; Chakrabarty 1992参照)は、少なくとも都市部のメディアの生産者と消費者の間では薄まっているといえるのではないか。代わって生まれてきているのは、「我々」のモダニティーは今どこでも起きているものという遍在感覚である。言い換えれば、アメリカを中心とする西洋の文化的な支配が依然として強大であるにもかかわらず、これまで非西洋のモダニティーの具体的、言説的構築を支配してきた西洋の眼差しは、西洋による文化帝国主義、文化支配への非難をはぐらかし、西洋優勢文化への賞賛・憧れを見当違いな認識にしてしまうようなグローバルな眼差しに取って代わられようとしているのである。ラッシュ&ウリー(Lash & Urry 1994: 29)の言葉を借りれば、中心から発せられる不平等で一方的な文化的交通は、確かに「そこに存在し、広く浸透しているが、それは賛意を示したり、抵抗するといった判断の対象にはならない」。そして、この変化は現実世界を反映していると同時に、我々の解釈的枠組みを再検討することを促している。非西洋社会全体に一般化することは決してできないものの、トランスナショナルな文化消費をもっぱらある特定国・文化とそのライフスタイルやアイデアへの憧れや抵抗を産み出すものとしてとらえる「アメリカナイゼーション」の時代は終わりを告げつつあるのである。

もし日本の文化輸出の増大がグローバライゼーションの分析に新たな視座を提示しうるとしたら、西洋の眼差しから脱中心化されたグローバルな眼差しへの転換のなかで、多様な土着化されたモダニティーが生成されているという文脈においてである。つまり、トランスナショナルに展開する日本の文化力が可視的になったのは、逆説的ではあるがシンボリックな文化的権力が特定の文化中心に属さなくなり、ローカルの土着化過程に深く組み込まれたことと深く関連しているのである。「異文化」から来たとされる商品・イメージが、多様に奪用され、混淆化され、土着化されるにつれて、日本商品に限らず国境を越えて流通するイメージや商品は、その起源がローカル消費による文化変容に呑み込まれたという点で、文化的に無臭になる傾向を見せている。確かに、マクドナルドは依然としてグローバルに蔓延するアメリカ資本主義的消費文化の象徴と目されているし、イスラム原理主義者などの反アメリカ勢力の攻撃対象となっている(Barber 1996)。しかし、例えば一定の近代化を遂げた東アジア地域の若者にとって、それはことさらアメリカを象徴することなく、ローカル文化シーンの一部として消費されてもいるのである(Watson 1997)。

多様なモードの土着近代が増殖するにしたがって、一方では、日本の西洋文化受容の経験は他の非西洋の一モデルとして考えられるようになる。模倣・擬態は、二流の薄っぺらいものではなく創造性・オリジナリティーを有した文化生産に結びつけられるようになり(Taussig 1993参照)、日本の借り物を土着化する文化経験が見直されるようになったのだ。例えば、タンストール(Tunstall 1995)は、前述のアメリカの相対的なヘゲモニーの減少に関する議論のなかで、アメリカのオリジナル文化の「日本式」な土着化・現地化を、中国やインドといった新興国が辿るであろう非西洋国のテレビ産業発展のパターンとして挙げていた。さらには、第四章で詳しく見るように、ローカルでの土着化の経験は意識的にソニーなどの日本多国籍企業のグローバル・マーケティング戦略に取り込まれ(Aksoy & Robins 1992; du Gay et al. 1997; Barnet & Cavanagh 1994)、また日本の異文化土着化能力はグローバライゼーション理論のなかで再評価されるようになった。そこでは、メディアのソフトとハードを融合しながら、世界中の様々な地域に適したローカル商品サービスを目指す「ソニーイズム」が注目を浴びた(Wark 1991)。そして、フエザーストーンが言うように、後者のグローバル・マーケティング戦略はジャパナイゼーションに新たな意味を付与したのである。

もし、ジャパナイゼーションという語が何らかの意味を持つとしたら、それは土着化、グローバリズムという概念をもとにした市場戦略に関してのことである。それは統一化された商品やイメージを押しつけるのではなくローカル市場の需要に即したものを提供しようとするものだ。この戦略はローカリズムのスローガンを掲げようとする世界中の多国籍企業の間でポピュラーな戦略にもなっているのだ。(Featherstone 1995: 9)

次章で論じるように、このようなジャパナイゼーションをグローバリズムに短絡的に結びつける議論は説得力に欠けるだけでなく、日本のナショナリスティックな言説と共謀的に作用してしまう危険性がある。しかし、「日本発」のグローバル・ローカライゼーション、もしくはグローカライゼーションという戦略が九〇年代の多国籍企業の合い言葉になったことは確かである(Robertson, R. 1995)。それはローカルの交渉とグローバルな構造的、資本的支配を同時に動員したものであり、特定の国・文化のイデオロギー的、シンボリックな支配によってというよりは、ローカル色のカモフラージュによって多国籍企業が利潤を産み出そうとしていることを示している。

東・東南アジアにおいて再配置される文化的不均衡

しかし、国境を越えたポピュラー文化交通における日本の文化力は、東・東南アジアという特定の地域で最も有効に発揮されていることを忘れてはならない。たとえソニーがグローバルレベルでの企業活動を行なっていても、ソニーミュージックなどの日本のメディア産業のグローバル・ローカライゼーション戦略はアジア地域に限定されている。さらには、ポピュラー音楽やアニメーションを含めたテレビ番組の輸出も、やはり東・東南アジアに向けたものが圧倒的に多いのである(五十嵐 1998)。九〇年代に入ってアジア市場への日本のポピュラー文化輸出量は大幅に増大した。例えば、日本のテレビ番組輸出量は一九八〇年の四五八五時間から九二年には二万二三二四時間へと飛躍的に増えたが(川竹&原 1994)、平成九年度版の『通信白書』(郵政省 1997)によると、九五年のテレビ番組総輸出量のおよそ半分がアジア地域に向けられている。これらが示唆するのは、日本式の土着文化モダニティーは、多国籍企業のローカライゼーション戦略の雛形として認識されているだけでなく、それを体現した日本のポピュラー文化それ自体もアジア市場においては決して無臭ではなく一定のシンボリックな魅力を発していることである。

日本のポピュラー文化が主にアジア地域で消費されていることは、グローバライゼーション議論に関する一つの重要な警告を思い出させる。それはグローバルとローカルという二つの相対的な概念を現実に照らし合わせることなくもっぱら抽象的に使用することで、トランスナショナルな文化交通が世界各地で与えるインパクトを脱文脈化して必要以上に誇張する危険性である(Chua 1998; Ferguson 1992)。そうした議論は、グローバライゼーションがもたらす様々な交通が横断する空間は常に歴史的、文化的に配置されていることを見過ごしてしまうことになる(Ang & Stratton 1996: 28)。たとえグローバライゼーション過程が混沌的、脱中心的であり、従来の中心—周縁モデルでは説明ができないと認識されていても(Appadurai 1990; Lash & Urry 1994)、アング&ストラットンが言うように、そのような錯綜した文化交通のあり方は、長い帝国主義、植民地主義の歴史のなかで培われてきた既存の地政学的な権力関係に深く刻み込まれている。文化帝国主義言説がその説得力を失い、戦後五〇年の年月が流れ、かつての植民地、韓国・台湾が日本のポピュラー文化輸入に関して寛容になり規制を緩和したとしても、それは日本の過去の侵略行為が忘却されたり、歴史的に構築されてきた文化的な権力関係がもはや問題とはならなくなったわけではない。アジア地域内の文化交通に焦点を当てることによって、複雑、重層的に絡み合うグローバライゼーション過程が、東・東南アジアという特定地域において日本の文化権力をどのように新たに刻み込んでいるのかを理解することが求められているのである。

日本の文化輸出が東・東南アジア地域に集中していることは、もう一つのグローバライゼーションの脱中心化過程の側面を照らし出している。アメリカ文化ヘゲモニーの相対的な失墜は、アジアに限らず非西洋地域内のメディア文化交通を活性化させ、日本、そしてブラジルやエジプトといった新たな地域《リージョナル》センターを産み出している(Straubhaar 1991; Sinclair et al. 1996a; Lii 1998)。前述のように非西洋と西洋との間の文化交通は依然として不均衡であることから、こうした地域センターの誕生は西洋に支配された権力幾何学 power geometry (Massey 1991)を根本的に変革してはいないと言える。にもかかわらず、地域内交通の分析は、ある非西洋の土着モダニティーが文化的・地理的に隣接する国に対して放つ「ローカル性」という魅力の分析に我々の視線を向け、グローバライゼーションをアメリカナイゼーションと同一視するような短絡的言説とは違った、よりニュアンスのある見方を提示しうる。

「ローカル性」に関して本書が特に関心を払うのは、不均衡な力関係が文化距離の時空間認識にいかに深く刻み込まれているのかという点である。日本のテレビ番組が一部のアニメーションや『おしん』などの例外を除くとほとんどが東アジア地域のみで消費されていることは、日本のテレビ番組の東アジア市場における「ローカル性」を自明なものにしているかに思える。しかし、ここで注意すべきは、他の東アジアの視聴者・消費者が日本のメディア・テクストを消費する際に享受しているとされる「文化的近さ」という語意の曖昧さである。メディア産業にとって、あるメディア商品が特定の地域内の多くの視聴者を惹きつけた理由を一言で説明してしまう「ローカル性」、「文化的近さ」という便利な語が、トランスナショナルな文化受容において何を意味し、どのように視聴者・消費者に経験されているのかを我々は真剣に問わなければならない。なぜなら、日本の文化的権力は西洋の文化へゲモニーの亜流として見過ごされてしまうと同時に、「文化的近さ」という語が内包する時空間的距離の近さの自明性の中に見失われてしまいがちだと言えるからだ。この点においても、非西洋地域内のメディア文化交通の研究はこれまでの脱中心化されたグローバル文化権力研究の視座を建設的に発展させることができるであろう。

ローカル性、文化距離感覚は決して先天的なものとして捉えることはできない。東アジア内における空間的近さの認識が、西洋近代への時間的近さの序列に容易に置き換えられてしまいがちなことは、日本の帝国主義・植民地主義の歴史経験が雄弁に語るところである。自らの「オリジナル」な近代を構築し、語ることが常に西洋の圧倒的支配力のもとで行なわれてきたという歴史体験は、非西洋諸国間の共通点である。それにもかかわらず、その西洋近代の土着化・奪用化の程度はもっぱら日本と他の東アジア諸国の間の同時間性(Fabian 1983)を否定する発展的時間差として解釈され、そこから文化的・民族的優劣が語られてしまった。第二、三章で見るように、そのような傾向は依然として日本の文化輸出に関する言説や日本のメディア産業のアジア市場戦略に見出すことができる。

昨今、日本のポピュラー文化が東・東南アジア市場へとかつてない広がりを見せていることは、多くの国地域で一定の近代化が達成され西洋近代土着化の時間差が消滅・減少するにつれて、西洋と比べての空間的文化の近さの認識がアジア地域内で次第に表面化してきている可能性を示唆する。つまり、西洋発のグローバル資本主義に根ざした近代の蔓延に伴って東・東南アジア地域内における文化的距離感覚が縮まっているなかで、日本のメディア商品はより親近感のある近代のあり方を具象するものとして肯定的に消費されるようになってきているのではないだろうか。そして、まさにこの親近性の認識にこそ、アメリカのポピュラー文化とは異なる形で日本のトランスナショナルな文化力の発現が見え隠れしていると見ることができるのである。第四、五章で詳しく検証するように、日本と他の東アジア諸国との間の「親近な」文化交通に立ち現れる不均衡はその量において示されるだけではない。それは双方の消費過程において近隣他者のモダニティーがどのような発展時間的な枠組みのなかで認識されているかといった点にも見出されるのである。

昨今、近代化とモダニティーに関する理論的枠組みの西洋中心主義が批判にさらされてきている。西洋の経験を普遍的なものと見なして、それを土台にした発展的時間軸からの視座で近代化の程度が語られ、非西洋の異なる近代経験という空間的次元の考察が蔑《ないがし》ろにされてきたことの歪みが遅蒔きながら真剣に議論されるようになってきた。日本を含む多くの非西洋諸国が一定の近代化を達成した現在、西洋の近代化経験に完全に回収されることができない非西洋の経験を真摯に受けとめて、様々な近代化・モダニティーのあり方を分析する必要があることがはっきりしてきたのである(Featherstone et al. 1995)。

しかし、単純な西洋文化支配による世界均質化論が否定されながらも、文化の混淆化過程の具体的な分析は、依然として西洋対非西洋の枠組みを越えておらず、西洋中心主義から抜け出てはいないのが現実である。例えば、メディア文化のグローバライゼーション研究では西洋(アメリカ)の揺るぎない支配力・影響力を前提に、それに対して非西洋がいかに反抗し、模倣し、都合よく自分のものとするのかを中心に議論が展開されてきた。そのなかには、グローバル—ローカルのダイナミックスを二項対立図式に当てはめることなく、非西洋地域でのアメリカのメディア／ポピュラー文化消費をローカル文化(再)構築の過程におけるグローバルとの対話と捉えたすぐれた研究も出てきている(例えば、Miller 1992; 1995)。しかし、これらの研究においても、もっぱらグローバルは西洋、ローカルは非西洋と同一視されてしまい、グローバル—ローカルのダイナミックな相互作用は相変わらずいかに非西洋(ローカル)が西洋(グローバル)に反応したかという図式で扱われがちである(Ong 1996 参照)。

たとえ、日本のソニーのハリウッド進出やテレノベーラと呼ばれるブラジルのソープオペラの世界各地への輸出など、新興非西洋圏メディア産業の台頭が研究者の注目を集めても、そうした新興勢力は、西洋文化支配構造とそれにまつわる西洋中心主義的言説を打ち壊す「好例」として真剣に受けとめる必要があると指摘されるにとどまり(ほとんどの場合、それらの西洋文化へゲモニーへの脅威は実際は取るに足りない程度のものであるからであろうが)、それらの文化力が脱中心化されたトランスナショナルな文化の流れのなかでどのように作用しているのかの分析には至っていない。この点で、西洋支配の脱中心化を謳うグローバライゼーション論は、その意図とは裏腹に、かつてのポストモダン論と同じように、もっぱら西洋からの視座で西洋中心パラダイムの批判を先取りすることで、西洋中心主義を再生産してしまう危険性をはらんでいると言える。

以下の各章では、日本の観点からアジアの複数の近代性《モダニティー》をめぐる不均衡でダイナミックな文化交通の諸相を分析することで、グローバライゼーションがもたらす脱中心化過程と、錯綜するトランスナショナルな文化権力の研究に新たな光を当ててみたい。

第二章　「アジアを席巻する日本ポピュラー文化」の語られ方

具体的な日本ポピュラー文化輸出について見る前に、本章では、一九九〇年代に入って日本の文化指向性が徐々に内から外、特にアジアへと再び向き始めていくなかで、日本のポピュラー文化のアジア地域での浸透に目が向けられていったことを見ていく。以下では、日本の異文化土着能力を本質主義的に語るハイブリディズムと呼べる言説をハイブリディティー概念と対比して定義した後、近代日本におけるハイブリディズム言説の発展を簡明に辿り、戦前と戦後の大きな相違点をえぐり出す。それはアジア帝国主義者・植民地主義者から、アメリカの冷戦戦略のもとで経済大国へと転身するなかで、人種的混淆化の視座が抜け落ちると同時に極めて内向的なものへと変化したことである。しかし、一九九〇年代になると、言説の対象が日本文化から日本文明へと移っていき、日本の対外的影響力が次第に見直されるようになる。そこでは、日本は西洋近代を最も巧みに吸収した非西洋国であり、それは他のアジア諸国と共通の近代体験であるとともに、見習うべき非西洋近代のモデルとなっていると認識され、アジア地域での日本のポピュラー文化の人気はその好例として言及される。あるいは、それが体現する日本とアジアの間の共通性は、アジア地域での日本のイメージを改善する文化外交に役立つと期待されるようになった。いずれの場合も、トランスナショナルな文化流通と受容の複雑さに十分に目を向けられることなく、近代の歴史に刻印された日本のアジアへの欲望が、越境する日本のポピュラー文化をとおして投射されているのである。

ハイブリディティーとハイブリディズム

「ナショナル」な文化やアイデンティティーは決して所与のものではなく、言説によって構築され、発明され、想像されてきたことはもはや当たり前のように議論されるようになった。こうした発想はある国の文化的伝統、ナショナルアイデンティティーそしてナショナリズムの「起源」をめぐる多くの優れた研究によって明らかにされてきたが(例えばHobsbawn & Ranger 1983; Anderson 1983)、極めて人工的かつ近代的な「ナショナル」がはらむ不安定さは、グローバライゼーションの進展によってますます明らかになっている。世界中が複雑かつ矛盾に満ちた形で相互に連結し、関係付けられた結果、「純潔」なナショナルアイデンティティーを自明化することはもはやできなくなってきているのである(Appadurai 1996; Hall 1995)。「ハイブリディティー」という概念は、異種混淆化がもたらすアイデンティティーの二重性、境界性、中間性を重んじ、排他的な「想像の共同体」や文化の純粋性、真正性を強調する本質主義、民族絶対主義などへの対抗概念として、ポストコロニアル理論において発展してきた(Bhabha 1994; Papastergiadis 1995)。ハイブリディティーは、文化変容や翻訳によってアイデンティティーが常に多面的に作られている過程にあることを明らかにして、自己と他者、植民者と被植民者、マルチカルチャリズム概念がしばしば無批判に想定する文化的多様性、といった国や文化の境界を鮮明に区切ろうとする様々な二項対立の構図を、建設的に打ち壊してきたのである。

現代のトランスナショナルな文化の流れや文化的グローバライゼーションの研究においても、ハイブリディティー／ハイブリッド化はクレオール化(creolisation, Hannerz 1991)、土着化(indigenisation, Appadurai 1996)などとともに、不均衡ながらもダイナミックで創造的な文化相互連結、境界侵犯、異文化奪用、異種混淆化過程を照らし出す概念として論じられている。メディアイメージが世界中を瞬時に駆け巡り、移民など国境を越える人間の動きが加速化するなかで、国民国家というはっきりと区切られた文化的まとまりの境界線の透過性の高さが浮き彫りにされ、その虚構性が照らし出される。ハナーツ(Hannerz 1996: 18)がいうように、それぞれの文化を鮮明な縁を持つ地域的独立体の集まりと見なす、「文化モザイク」という世界像は、決して現実に適合してはいないのである(Gupta & Ferguson 1992; Buell 1994も参照)。

ハイブリディティー理論がこのように有機的に統合されたまとまりとしての国民文化を問題化してきたとしても、日本近代の文脈において、文化のハイブリッド化は強いナショナリスティックな衝動を伴って語られてきた。日本文化の不純性は、異文化を同化、吸収してきた近代経験によって明瞭視されているにもかかわらず、その経験は日本のナショナルアイデンティティーを本質主義的に構築するかたちで語られてきた。フリードマン(Friedman 1994: 209)は、雑種的なアイデンティティーを確立し、維持していくことは、単なる文化的事実の反映ではなく、社会的実践の結果であると論じたが、近代日本においてはまさに文化借用、奪用、土着化能力といった異文化交渉経験が、戦略的にナショナルアイデンティティーの重要な構成要素として表象されてきたのだ。ハイブリディズムと私が呼ぶこの言説は、「流動的な文化本質主義」によって特色付けられる。もし、静的な文化本質主義が「異文化影響によって汚染されてしまうような、純粋で、均質な内部を持ち、真正な土着文化」(Morley 1996: 330)を想定しているなら、流動的文化本質主義は、日本を常に異文化を吸収しつつもその本質を変えないスポンジのようにとらえる。吉本光宏(Yoshimoto 1994: 196)もグローバル化・アメリカ化がすすむなかでの日本の文化状況を批判的に検討した論文のなかでハイブリディティー概念が持つ批判的鉾先が日本においては「ナショナル」に回収してしまうことにふれて(彼はハイブリディズムという語は使っていないが)、その問題点は「土着文化の特異性への執着とオリジナルへの無関心」という二つの相矛盾する日本の文化創造の基本原理が合わさることにあるとしている。つまり、異文化をその起源にこだわることなく熱心に取り入れようとすると同時に、その異文化を日本の土壌に適するように変型し、あらたな「日本文化」を創造するという異文化交渉能力そのものが極めて日本に特異なもの、伝統的な文化行為として認識されてしまうのである。ハイブリディティー概念は境界侵犯性・文化の翻訳性とともに、異種混淆化の行為がもたらす翻訳不能なるものの存在が引き起こす両義性・複雑性にも目を向けて、安定したアイデンティティーの存在そのものを疑問視した(Bhabha 1994)。しかし、ハイブリディズムは、文化の翻訳において消化しきれない残滓が発生することを容赦なく抑圧・忘却し、すべてのものが日本の「文化土壌」に回収されてあらたな息吹きを与えられると想定する。そして、近代日本のハイブリッド化経験は、日本のナショナルアイデンティティーを有機的、汎歴史的に本質化するかたちで語られ、「日本文化」の境界線を強固なものにしてしまう。

異民族同化からシンボリックな文化混淆能力へ

ハイブリッド化から「ナショナル」をたち上げる言説は、トランスナショナルな文化遭遇、異種混交化がエスカレートするなかで均質的な国民国家を建設しようとする近代のプロジェクトにおける要請であったともいえる。しかし、日本近代において異文化吸収は常に肯定的に捉えられていたわけではない。時に、その言説は否定的、自己防御的そして自嘲的な形を取ることもあった。例えば、明治維新後の急速かつ選別的な西洋化(Westney 1987)の一方で、和魂洋才という語が示すように、精神的日本化の必要性が同時に唱えられたことは良く知られている。ここでは、強者たる西洋文化を受容するという「不純」な側面は、日本の「純粋」な人種的、言語的、文化的な本質性の探求によって補完されていた。そうした「純粋性」への衝動は近代日本史を貫いているものともいえ、後に日本人論という形で広い層に広まっていくことになる(南 1994; Yoshino 1992)。

日本が帝国主義の道を邁進するなかで、日本の異文化吸収・土着化能力に関する言説は徐々に自信にあふれたものへと変貌していった。中国、朝鮮やインドといった異文化を土着化してきたという長い歴史は、大日本帝国を象徴する偉大なる能力と解されるようになったのである。例えば、白鳥庫吉や後藤新平などの指導者は日本の異文化土着化能力をもって西洋より優れていると主張し(小熊 1995; 姜 1996)、また、「国体の本義」においては、その能力をもって今度は西洋文化を吸収し、あらたな、より優れた日本文化を創造することが世界における日本の使命であると明記された。ここで注意すべきは、戦前の異文化土着化能力言説には必然的に人種同化が含まれていたことだ。この点は特に、西洋と東洋の日本における融合という発想が、アジア地域の盟主たらんとする帝国主義国家日本のイデオロギーにおいて、どのような位置を占めるようになっていったかを考察する際に重要である。小熊英二(1995)が論じたように、日本民族は古代より雑多な人種が混合されて形作られてきたという議論は明治初期から存在していたが、それは20世紀にはいると他のアジア地域の植民地支配を正当化していく言説に取り込まれていった。それによれば、日本の長い歴史が証明する(アジアの)異文化そして異人種同化能力からして、近隣アジア人を天皇の慈悲のもと日本臣民として調和良く同化させることはごく「自然」のことであり、その過程には、西洋が非西洋を植民地化するときのような人種差別などは存在しえないと自己正当化されたのだ(小熊 1995; Peattie 1984; Duus 1995; Morris-Suzuki 1998b)。もちろん、そのような人種的ハイブリディズムイデオロギーが、過酷な人種差別が行われた現実の日本植民地支配と大きく隔たっていたことは周知の通りである(駒込 1996; Weiner 1994)。

ハイブリディズム言説は戦後にも引き継がれたが、敗戦は日本がもはやアジアの異民族を同化させる必要を消滅させた。その結果、戦後日本の異文化土着化能力言説は人種同化の観点が抜け落ちてシンボリックな文化混淆に焦点が置かれ、内向的な国民主義的言説になっていった。序章で述べたように、アメリカ占領は日本がその帝国主義・植民地支配の歴史と真摯に向き合うことを回避させ、日本にとっての「戦後」は主に敗戦者、犠牲者としての立場から語られることとなる。戦後のハイブリディズム言説は日本と西洋という二項対立を軸に展開され、それは非西洋植民地者という日本の二重性を覆い隠すことにも手を貸してきた。戦後日本で流行したいくつかの「ポスト」論——postwar, postmodern, poststructualism——は、すべて日本の限定的な西洋との対峙からもたらされたものであり、日本のアジア侵略の歴史とあらためて真摯に向き合うことを促す「ポストコロニアル」の視座はつい最近まで隅においやられてきた。絶対なる他者としてのアメリカの存在が、戦後日本の姿を照らし合わせる鏡となるなかで、日本は過去にアジアの異人種を無理矢理に同化させようとした事実を闇に葬り去り、アメリカとの間の相互の共謀的な他者化言説によって、人種的均一性を前提にした「日本」という文化的有機体をあらたに想像／創造していったのである。

戦後日本のハイブリディズム言説の先駆けとなったのは、一九五五年に発表された加藤周一の雑種文化論であろう。加藤はその論文のなかで、明治以来の日本文化に関する言説が、西洋化による近代化を徹底すべきという議論と、その反動としての伝統的日本文化への回帰というノスタルジックな議論の、二つの極端な「純粋」文化論に引き裂かれてきたことを批判した。そして、日常生活に見られる日本文化が雑種的であるという事実を肯定的に捉えなおすことで、より現実に則した第三の道を見出そうと試みたのである。加藤の議論は、当時の自民族中心主義的な日本文化論への批判になり得たという点で評価されるべきである(佐藤毅 1999: 258)。しかし、吉本光宏(Yoshimoto 1994: 196)が指摘したように、加藤は一見相対する二つの純粋文化論が、実は双方ともナショナリスティックな衝動に駆られている点で一致していることを見過ごしていた。そして、加藤が二つの純粋文化論が実はナショナリズムというコインの表裏であったことを暴かずに二項対立するものとして捉えてしまったのは、加藤の文化概念もまたそれらの純粋文化論と同じように本質主義的な前提に基づいていたことと無関係とは思われない。例えば、加藤は日本文化の雑種性をシンガポールなどの他のアジア文化と比べてユニークなものであるとするが、それは旅行での印象から直感的に導き出されたものであり、精細な議論なくして文化の雑種化が現代日本文化の特異な基本的要素であると見なされてしまう。加藤は確かに、日本近代の雑種文化的状況を伝統復古や西洋化というかたちで純粋化することの無効さを見抜いており、その意味で安易にナショナリスティックな感情を喚起する議論と同等視することは決してできない。しかし、彼の総体的な国民文化概念は一方で、彼の意図とは裏腹に、日本文化を「純粋化」しようとする言説を根本的に脱構築することはできなかったのである。

日本の異文化受容はその後も多くの日本研究者のテーマとなり続けてきた(例えば丸山 1961; 1984; 鶴見和子 1972; 小坂井 1996)。それらは日本の異文化受容能力をもてはやすものばかりではなかったが、経済発展とともに日本の異文化受容は再び肯定的に、そしてナショナリスティックに見なされるようになる。加藤の論文が発表された一九五五年も、戦後の高度成長がまさに始まらんとした時期で、西洋文化に影響された雑種性を肯定する議論は、加藤の意図にかかわらず人々に自国文化への自信を取り戻させたといえる(南 1994; 青木 1990)。しかし、この傾向は一九七〇年代後半以降になってから特に顕著になっていった。これは日本の経済大国としての地位が不動のものとなり、国益をさらに増進させるために国際化を推進しようというナショナリスティックなスローガンが盛んに謳われるようになった時期である(Yoshimoto 1989; Iwabuchi 1994)。この時期、日本企業はますます国際的に活動することが求められ、強大な経済力を背景に日本人の海外旅行が飛躍的に増大し、世界中の文化・商品がかつてないほど日本国内に流通するようになった。アイヴィー(Ivy 1995: 3)がいうように、国際化とは文化差異・他者と真っ向から対峙することなしに消費可能な記号に変えることで、その「ナショナル」への脅威を削ぎ落とそうとする戦略といえる。日本と文化的他者との遭遇が頻繁になるなかで、「我々」と「彼ら」の間のはっきりとした区切りを失うことなく西洋文化を吸収するために、日本の異文化土着化能力をナショナルアイデンティティーの重要な要素として見直そうとする衝動が高まったのである。国際化の時代のなか、日本が「擬態の天賦の才」(Buell 1994)を持つという肯定的な見方は、様々なメディアを通して日本の広い層に浸透し、ユニークな国民性と見なされるようになる。例えば、吉野耕作(Yoshino 1992: 114)が日本で行った日本人論受容の実証的調査では、およそ半分の返答者が「異文化への積極的な受容とそれを日本文化と合わせて固有の文化を更に作っていく能力」を日本のユニークさの一つとして挙げている。また、東京ディズニーランドのアトラクションにも、日本の文化借用の長い歴史というお馴染みの語りが用いられている。ブランネン(Brannen 1992)が論じたように、「ミート・ザ・ワールド」という東京ディズニーランドのオリジナルアトラクションでは、日本がこれまで遭遇した中国、西洋などの他者の文化をいかに巧妙に取り入れてユニークな文化を育んできたかが説明される。日本の異文化土着化の「伝統」は日本の繁栄の秘密であり、ナショナルなものの真髄と見なされるようになったのである。

西洋を飼い慣らす日本

同じ時期、日本の異種混淆化のスペクタクルは英語圏学会の関心を引くようになる。特に注目されたのは、日本が異文化を吸収・土着化しながら「日本」という文化的境界線を巧みに(再)構築していく過程であった。前にも述べたように、ここでもっぱら注目されたのは日本の「西洋文化」受容であり、「日本」と「西洋」という想定された二項軸のなかで、日本の異文化土着化能力は検証されていく。いかに日本が西洋に出会ったのかというテーマのもと、日本の異文化受容は、日本は果たして西洋を飼い慣らしたのか、それとも西洋に植民地化されたのかという二項対立的な問いに回収されがちとなる。確かに、近代日本は西洋文化の最も熱心な輸入者のひとつであったかもしれないし、異文化を土着化しようという強い力が日本社会に働いていることも否定できないだろう。しかし、国際化時代のなかで日本が試みてきたナショナルアイデンティティーの維持と再構築を、もっぱら巧妙かつ有効なものであったと受け入れてしまうことで、こうした議論は日本と西洋他者との境界線をより強固なものとして錯定してしまう。透過的でありながら安定した不変の本質を持つ有機的文化体たる、「日本」という研究対象が本質主義的にたち上げられてしまうのである。この意味で、この種の議論は日本のハイブリディズム言説と共謀的作用を引き起こしてきたといえる。

Re-made in Japan(1992)はこうしたテーマを扱った論文集である。編者のトビン(Tobin 1992a: 4)は冒頭で、日本に遍在する西洋の文化的影響力の痕跡をもって日本を西洋化の消極的な犠牲者と見なすのでなく、日本がいかにエキゾティックと見慣れたもの、海外と国内、現代と伝統、西洋と日本を創造的に統合し続けているのかを照らし出すことがその本の目的であると書いている。こうした視座は一九八〇年代から高まった文化帝国主義言説への批判に対応しており、また昨今の人類学における、西洋に支配されたグローバル文化交通がいかにローカルで消費されているかの研究テーマとも重なっている(Miller 1995; Howes 1996)。しかし、このような文化消費研究における理論的転換と軌を一にしているにもかかわらず、Re-made in Japan は、日本の西洋との境界線引きに重きを置いているという点で際だっている。様々な分野で日本の西洋文化の「飼い慣らし」かたを興味深く描いていながら、多くの章は文化の異種混淆化によって引き起こされる日本の社会・文化的変動の動的過程や、「ナショナル」の領域に決して回収されることのないような日本内の様々な文化差・境界線に留意していない。その結果、「日本」はあたかも不変の文化体であるかのような印象を与えてしまっている。例えば、前述のブランネン(Brannen 1992)はディズニーランドが日本に移入されたときに巧妙に再文脈化されたことを明晰に論じながらも、それをもっぱら日本と西洋の間の線引きというアイデンティティー構築の観点から分析する。

西洋の同化の過程、西洋の模倣/擬態の(日本における)再文脈化が示すのは、日本人が西洋のイデオロギーに支配されたということではない。それらをとおして日本人は西洋から自らのアイデンティティーを差別化しており、日本人の文化的ユニーくさ、優位性、そして日本のヘゲモニーとでも呼べる感覚を強く持つことになっている。

彼女はこうした過程を「特異に日本的な形での文化帝国主義」と表し、異文化との交渉過程は日本においては絶え間なく日本と他者の区分けを強化し、エキゾティックをエキゾティックのままにさせておくことにもっぱら利用されていると解している。ブランネンの議論は「西洋化」という単純化された異文化間交渉の図式を乗り越えており、確かに説得力を持っている。しかし、吉見俊哉(1997)が批判したように、彼女の議論の限界点もやはり日本の文化的、歴史的状況を所与で不変のものと捉えてしまいがちな点にある。そこで想定されているのは、西洋文化との遭遇、交渉のなかで、もっぱら後者を飼い慣らしながらその本質を変えることなく雑種的な「日本らしさ」を絶えず再生産する「日本」という主体である。こうした日本による西洋の飼い慣らしかたという分析の枠組み自体が、実は日本を「日本的」なものにとどめてしまう危険性を真剣に考える必要があるといえる。

日本の経済力の高まりとともに、日本における西洋文化との異種混淆化は、日本と西洋の競争関係といった見地から扱われてしまうようになった。アイヤー(Iyer 1988: 410)はその高く評価された文化グローバライゼーションに関するエッセー集、*Video Nights in Kathmandu* で、アジア各地でのアメリカ・西洋支配文化との創造的かつ矛盾に満ちた交渉過程を描いた。しかし、日本に関しては、彼の観察はそうした視点を離れて、「日本は西洋を乗っ取るために、西洋を取り込もうとしている」という見方に支配されている。アイヤーは野球を例に取り、日本がロサンゼルス五輪でアメリカを破った際に、アメリカの元プロ選手が日本はアメリカよりもアメリカらしくなった発言をしたことに言及する。西洋文化に基づいた文化競争で日本が勝ってしまったことは、非西洋地域で多く見られる西洋文化との異種混淆化は、あくまで西洋が見て楽しめるようなカーニバルとして存在するという西洋中心的なポストコロニアルの原則(cf. Buell 1994: 11)を破ってしまったのだ。非西洋で唯一、西洋以上の産業化を果たした日本は西洋をうまく飼い慣らした特別な例として考えられ、それはある意味では西洋のオリエンタリズムを揺るがすものとなる。しかし、こうした議論が西洋と日本というはっきりと区分けされた境界線の存在を鵜呑みにしているがために、両者の内部の差異は抑圧されて、二つの文化体が本質主義的に想定され、再生産されてしまう。

文化から文明へ――グローバル化における日本の異文化受容能力

一九九〇年代になると、日本の異文化受容経験は、西洋中心の近代観を揺るがす有用な対抗例として英語圏のグローバライゼーション理論においても積極的に評価されるようになった。グローバライゼーション理論では、文化が相対的であり常に進行中である点を強調し、「社会」というくっきりと他から区分けされたまとまりを示す概念の妥当性に疑問が投げかけられる。例えば、フェザーストーン(Featherstone 1995: 137)は、社会学は社会をひとつの統合された総体と見なしてその社会内の側面ばかりを重視するあまり、国境、文化を横断し連結するような観点が比較的蔑ろにされてきたと批判する。同様のことは人類学の「文化」概念にも適用される。ある(未開の)社会の固有の文化パターンの理論化に執心するあまり、文化間の交渉によって引き起こされるダイナミックな文化変容にはあまり目が向けられてこなかったという。フェザーストーンは社会や文化が相互に複雑に連結していることを強調しながら、社会学や人類学で長らく当たり前とされてきた社会・文化を統合体と見なすパラダイムの転換を促す代表例として日本の異文化交渉・文化混淆の歴史に言及する。

西洋の飼いならし論と異なり、グローバライゼーション論は日本の異文化受容経験を単に日本国内の問題にとどめず、そこに普遍的な意義を見出そうとしている。近代からポストモダンへ、生産から消費へ、そして互いに分離されたまとまりとしての社会からグローバルな相互連結へと理論パラダイムが転換するなかで、日本の経験は他の国、文化へのモデルとして認識されていった。ボードリヤール(Baudrillard 1988: 76)は日本にポストモダンイメージを見出し、起源にも真正さにもこだわらずに与えられた状況を最大限に活用する「重量のない人工衛星」と表して、世界の将来を握るのはそのような無重量衛星であると論じた。ボードリヤールの誇張的な議論を一般化することはできないが、西洋における日本の模倣、擬態への認識がグローバライゼーション時代における歴史的ダイナミックスの新たな解釈のなかで、否定的なものから徐々に肯定的なものに変化していったことは否めないだろう。モーレー(Morley 1996: 351)も、近代初期における西洋技術の発展はイスラム文明世界の技術を模倣、改良したことによってもたらされたというシンガー(Singer)の *History of Technology* にふれて、この近代初期の関係は二〇世紀終わりの日本と欧米の技術力の関係と酷似しているとする。さらに社会理論家のロバートソン(Robertson 1992: 96)は日本の異文化受容能力は見習うべきお手本であると強調する。

日本が社会学的に大いに関心をもたれるのは、それがユニークであるとか成功した社会であるためではない。それはむしろ、他の社会の指導者達がいかに多くの社会から学習するかを学習できるような現代世界における社会の機能を日本が全うしているからである。そのことが、日本をその自己主張とは逆にグローバル社会たらしめているのである。

グローバライゼーション理論の高まりの中、日本の文化異種混淆化は奇しくも歴史の檜舞台にたたされるようになったのである。

しかし、こうした議論は日本の排他的ナショナルアイデンティティーが異文化受容能力をめぐる語りによって構築されてきたことに目を向けていない。さらには「ネイションン」を所与の分析単位と錯定しながら日本の異文化受容の経験を語ることで、歴史を超越した「日本」という文化的有機体をたち上げてしまう危険性にも自覚的ではない。この点で、酒井直樹による David Pollack の *The Fracture of Meaning* (1986) への批判が思い出される。日本が異文化との交渉・混淆の絶え間ない歴史を持っていても、そのような過去は日本が近代国家たるアイデンティティーを構築する中でナショナルな言説に取り込まれていき、「土着性への固執と起源への無関心」があたかも日本独特の伝統であるかのごとく非歴史的に語られてきた。フェザーストーンも外部との関係性に注意を払わずに特定の国や社会の固有の文化パターンを見出そうとする西洋社会学・人類学の視座を批判するが、その一方で異種混交化という日本固有の文化パターンを非歴史的に想像してしまっている。

このような議論は、日本国内でのハイブリディズムへの再評価と重なっている。しかし、新たなハイブリディズム言説は文化論としてではなく、文明論のなかで展開されるようになった。日本文明論は、加藤の「雑種文化論」とほぼ同時期に発表された梅棹忠夫の「文明の生態史観序説」(一九五七年)がそのはしりである。梅棹は、それまでの西洋中心観を否定して、その生態的文明進化から見るに、日本はアジアとは分類されずヨーロッパと同じ文明形態を辿ってきたと論じた。梅棹の議論も日本の文明を肯定的に捉え直し、「遅れた」アジアから日本を切り離したという点で、加藤の議論同様、戦後の自己否定的ムードを払拭した著作であったといえる(青木 1990: 70–76)。梅棹の議論は、西洋を文明の先頭とする世界史観やマルクス主義の一元的な社会進化論を退けて、日本を西洋と同等に扱うという点で、その後の文明論に大きな影響を与えてきた。そして、一九九〇年前後には、日本文明は日本において大きな注目を浴びるようになる(Morris-Suzuki 1993; 1995; 1998b 参照)。文明論の語り口は多様であるものの、共通の前提がそこには見出せる。一つは、世界の様々な文明創造における歴史的ダイナミックスや地理空間的相違を強調しながらも、「文明」概念は往々にして、はっきりと他から区別された所与の有機的統合体という、本質主義的な「文化」の定義を拡大解釈していたことである(Morris-Suzuki 1998b: 152)。さらに重要なことに、「文化」と「文明」はそのような前提を共有しながらも、その対外的影響力に両者の相違点が見出されている。つまり、「文化」がある社会集団の生活様式だとすれば、「文明」は特定の文化が歴史的進化のなかで達したより高次元の段階を意味し、異なる文化/文明に少なからず影響を及ぼしうるものなのだ(上山 1990: 42; 川勝 1991: 22–24; 平野 1994: 31; Morris-Suzuki 1998b: 143–144 も参照)。山崎正和(1995: 18; Yamazaki 1996: 115)によれば「文化は頑固に変わりがたいが支配の範囲は狭く、文明は広く伝播しうるが意識的に捨てることもやさしい」という。文化は何か特殊的なものを表すが文明は他の文化、文明がすすんで採用するような普遍的な理念として考えられているのである。

この特殊的「文化」から普遍的「文明」へのパラダイム転換に伴って、一九九〇年代にハイブリディズム言説は外向的なものへと変化していく。つまり、この時期の日本文明論者の主な関心は、日本と西洋の間の文明進化の歴史的パターンに類似点を見出すことから一歩進んで、世界に発信できるような日本特有の文明パターンを提示することへと移っていったのである。「文化とは社会の変わらない性格を強調するとき」に多く使われるのに対し、文明は自らの文化的輸出能力への「自信に裏付けられて外にあふれだしていくような能動的な性格」、外向性によって特徴づけられるとの認識に基づいて(角山&川勝 1995: 231)、一九九〇年代の日本文明論は日本を人類の歴史の中心に位置づけ、あらたな世界史創造の指導的理念を提示していくという意志に強く触発されたものとなった。モーリス・スズキ(1998b: 178)がいうように、こうした変化は、「日本社会の固有な特徴はもはや国内だけの問題ではなくなり、かつてエジプト、ギリシャ、ローマの文明が世界史に多大な影響を与えたように、他の社会が追従するようなパターンを提示する」という考えが日本国内で強まっていったことを如実に示しているのである。

このような拡張的文明論は、日本文明論の指導的研究者である上山春平(1990)の文明観と袂を分かつ。上山は西洋文明と日本文明を異文化、異文明から学ぼうとする態度で区別し、前者は他者に影響を及ぼそうとするのに対し、日本文明はそとからの影響への受容能力が高いものとして理論化しようとした。角山榮(1995: 32)は、上山のこの議論は、梅棹のように日本と西洋を同等視するどころか、日本の産業文明があたかも西洋文明の亜流であるかのごとくの印象を与えると批判した。また、上山が日本文明の固有性を天皇制の発展のしかたに見出そうとしたのに対して、川勝平太(1991: 23-24)も、天皇制はあまりに日本に特殊なものでありすぎて文明的枠組みのなかで扱うのはそぐわないという。角山と川勝にとっては、いかなる文明も単なる他文明の副次的なものにとどまらず、必然的に国、文化を超えた偉大なる影響、衝撃を産み出すものとして認識されなければならないのである。そして、世界中の文化/文明の良い部分を選別、同化吸収して自らの文化、文明を作る能力こそが、世界に発信される日本文明の中心理念と解されるようになる。川勝(1991: 244-247)は、日本の優れた異文化・異文明受容能力はいまこそ新たな文明創造のパラダイムとして世界に向けて発信していくべきだと力説し、日本は世界中の文明が共存する「世界の生きた博物館」、偉大なる実験場として捉えられるようになったのである(川勝 1995: 81-82)。

一九九〇年代に日本文明論が台頭してきた背景として、二つの相関した要素が挙げられる。まず、日本文化の特殊性を本質主義的に語ってきた日本人論の凋落と時期を同じくしていることである。日本文化のユニークさを肯定的かつ本質的に定義してきた日本人論言説は、一九八〇年代終わり頃から日米間の貿易摩擦のなかで、アメリカ側からの批判の的となるようになった。かつては経済繁栄の秘訣ともてはやされた日本特殊文化は、一転して、貿易における市場開放の不公平さを正当化することに使われており日本はまさに非人間的、非民主的な社会構造においてまさに異質であるとアメリカのリビジョニスト達に非難されたのだ(Fallows 1989; Wolferen 1989)。こうしたなかで、日本文化の特殊性を強調するナショナルアイデンティティー言説は姿を消すことはないにせよ、以前ほど重宝がられなくなってきた。これに関連して、アジア地域の経済発展とアメリカを中心とする西洋のヘゲモニーの相対的下落という冷戦終結後の世界秩序の変化も、日本のナショナルアイデンティティー言説が内向的文化から外向的文明へと矛先を転換していったことの大きな理由のひとつであった。冷戦終結後の一九九〇年代初頭には、アメリカのハンチントン(Huntington 1993)の「文明の衝突」論に代表されるように、東洋―西洋という敵対関係が議論されるようになっていく一方、経済の急速な発展のなかで自社会に自信を深めたアジアの指導者達が「アジア的価値」が経済成長の秘密であるとの自己主張を西洋に向けて表現し始めた。

こうした文脈のなか、梅棹(梅棹&川勝 1998: 276)が川勝との対談のなかで強調したように、日本に求められているのは特殊性の強調でなく、日本文明の普遍的な部分を世界に広めていく努力であるとされ、日本のハイブリディズム言説は再び外向的になっていった。次第に冷戦後の世界秩序が混沌としていくなかで、西洋と東洋の間の緊張を緩和し、架け橋となるという日本の使命を再強調するとともに、「内にして超」という日本のアジアにおける位置が再び主張され、そこでは日本の消費・ポピュラー文化のアジア地域への浸透ぶりがその都合のよい例として盛んに言及されたのである。

アジア文明と日本のポピュラー文化

文化から文明へ、内向的ハイブリディズムから外向的ハイブリディズムへの転換は、他のアジア諸国との文化共通性をとおして日本の文化優位性を主張しようとする動きを活性化させた。これは序章ですでにふれたように、歴史的に構築されてきた日本の「内にして超」という両義的なアジア観がいまだに根深く作用していることを示しているが、チン(Ching 2000)がいうように、岡倉天心に代表されるような戦前の汎アジア主義と一九九〇年代のナショナリスティックな新アジア主義とでは大きな相違が見られる。アジア主義言説の主な対象がハイ・カルチャーの審美性から商業的消費・ポピュラー文化へと移り、それにしたがって日本とアジアの共通性もアジア的価値観よりも西洋文明・文化を受容吸収するという近代経験に見出されるようになったことだ。

この点は先に述べた、特殊性と普遍性の違いで表された文化と文明の定義とも関連している。山崎(1995)は、あらゆる非西洋国は自国文化・文明のうえに世界文明たる西洋文明をいだく二重構造をしているとして、東アジア文明の誕生を普遍的西洋近代文明の土着化に見出す。山崎によれば、アジアの歴史を見れば、西洋と異なり地域中を覆う大きな文明が欠落していたために、様々な文化が乱立していたことは明白であり、「アジア」が地域的実質性を持ち得たとすれば、それは所与の文化的共通性ではなく西洋近代文明という傘の到来によるものであるという。そして、佐伯啓思(1998: 26)が要約したように、山崎の論によれば「アジアの「近代性」とは、歴史の一直線的な解釈のなかで位置づけられるある段階なのではなく、普遍的なものを(その出自を問わず)瞬く間に吸収し、さまざまなものを同化し、それぞれの「文化」と何食わぬ顔で折衷し、利便さと快楽の基準に合わせて配置してしまう貪欲さ」によって特徴づけられるのである。

船橋洋一(Funabashi 1993: 77)もアジアにわたる近代都市文化の誕生を重要視して、一九九〇年代にアジア社会が「アジア」を積極的に定義するようになったことは反動的、回顧主義的なアジアの「再アジア化」ではなく、もっぱら肯定的、前向きな「アジア化」であると論じる。アジアはその経済力のおかげで歴史上始めて西洋の陰から脱して自らに実質性を付与できるようになったのであり、そこに見られる「アジアらしさ」とは職場での実用主義、活気を帯びる中間階層の社会的覚醒を意味しているというのだ。船橋はさらに、あらたにたち現れた「アジアらしさ」は、アメリカポピュラー文化を消費することで形成される都市文化によっても特徴づけられたと指摘する。貴族階級文化のような共通の文化遺産を持たないアジアは、中間階層のグローバリズムの温床としての実質性・共通性を帯びたのであり、様々なアジア諸国の中産階級は消費主義とエレクトロニックコミュニケーション技術の進歩によって文化的に強く結ばれるようになったと論じる。つまり、アジアの都市部に広がったこうした中間階層文化こそは、日本が他のアジア諸国となにかを共有していることを証明することとなる。それゆえ、「ヌーボーリッチ」なアジアらしさは真のアジアの誕生(小倉1993)を意味し、日本とアジアが歴史上始めて持った「共通性」(青木1993)として肯定的に考えるべきものと評価されたのである。

しかし、こうした西洋化されたポピュラー文化共有の主張は、一方では時として本質主義的な文化的同一性、アジア的価値観の再検討、再確認へと反動的に結びつけられてしまう(小倉1993)。さらに本章にとって重要なのは、西洋近代の土着化が日本を含めたアジアの共通項になってきたと論じられる際に、多くの場合、日本の消費・ポピュラー文化のアジア市場への浸透ぶりがその都合の良い、手軽な証拠として持ち出されるようになっていったことである。山崎の議論は、西洋近代文明とアジア文化(価値)とを対比させて東西文明・文化を排他的に定義づける文明の衝突論を批判したものであった。そこでは、日本が古くにすでに異文化・文明を巧みに取り入れるという文明の二重構造の原型を有していたことが言及されてはいるが、アジアにおける日本の文化的・文明的位置な優位性は論じられてはいない。しかし、日本ポピュラー文化のアジア地域への浸透は、しばしば「日本に憧れるアジア」という図式に安易に結びつけられて、世界の文化パワーがアメリカから日本へ移っていることの根拠として持ち出されてしまう。例えば、石原慎太郎はすでに『「Ｎｏ」と言える日本』のなかで次のように述べている。

日本のポピュラーソングは東南アジア中で歌われており、これは戦後アメリカが日本に与えた影響力とよく似ている。私達もアメリカのトップテンに聞き入りアメリカのライフスタイルに憧れてアメリカ式の大衆消費社会を作ってきたのです。（盛田&石原 1989: 151）

石原は、まさに日本がかつてアメリカに憧れたのと同じように、他のアジアの人々が日本の裕福さ、技術力、ポピュラー文化に心酔していると論じる。そこでは、近代アジア諸国が日本の後塵を拝するという直線的進化論が前提とされているのである。

戦前のアジア主義と同じように、日本のアジアへの文化的優位性の主張はやはり文化的同一性の主張によってカモフラージュされる。それは、マハティールとの共著、『「ＮＯ」と言えるアジア』における石原の論調の変化に見て取ることができる。石原（マハティール&石原 1994: 129）は、日本ポピュラー文化のアジアでの流行が示しているのは「同じアジア人としての血の中に眠っている目には見えないが歴然たる共通項です。懸命に説得しなくても通じる精神風土が現にある」として、「憧れ」を「文化的近さ」へとすり替えている。確かに、テレビ番組、ポップアイドル、ファッションなどの日本のアジア地域への文化輸出商品が西洋市場で受け入れられるのはごく希れである。アニメでさえ、アジア地域で絶大なる人気を誇る『ちびまる子ちゃん』や『ドラえもん』などの作品は西洋市場ではほとんど受け入れられていない(小野 1992; 1998; 川竹 1995)。しかし、こうした「事実」は矛盾に満ちたトランスナショナルメディア消費の詳細な検証を経ることなく、安易に日本の「内にして超」のアジア認識に利用されてしまうのである。

日本が魅力的な文化商品を作り輸出し、またアジア地域の文化の混血化を促進して文化圏創造への指導的役割をはたすことは、日本のナショナルアイデンティティーに大きな意味を持ち始めるようになったことを示している。日本とアジアの間で近代的共通性認識が育まれていることを強調するために、日本のポピュラー文化のアジア地域への浸透が言及されるのである。例えば、船橋(Funabashi 1995: 223–224)は消費文化・ポピュラー文化が日本と他のアジア諸国との間の文化融合や相互理解を促進させているとして、『おしん』や『ドラえもん』のアジアでの浸透をその主な証拠として言及している。さらに青木保(川勝他 1998)は、日本の異文化吸収能力は異文化との共生が課題となる国際化の時代には妨げとなるという従来の自身の議論を発展させて、アジアでの日本のポピュラー文化浸透は日本が特殊的な国の殻を打ち破る絶好の機会だと論じた。青木にとって、アジアでの中間層によるポピュラー文化の共有は、アジア内の横のつながりを強固にするのみならず、これまで自己充足していた日本の文化システムがアジアで普遍化することを可能にする機会でもあるのだ。この点は外務省の文化交流部長によってより鮮明にされている。『外交フォーラム』の座談会の中で彼はアジアにおける『ドラえもん』、日本のキャラクターグッズ、テレビドラマ、東京ディズニーランドの人気の高さにふれて、日本は新しいアジア近代文明の姿を提示していると論じた。

こういう普遍的に受け入れてもらえるものを新たに作るようになった日本というのは、伝統に加えて新しい自分のアイデンティティーが作られたと思うのです。最近では、東洋型の近代文明を日本の社会が持っているとも言えないでしょうか……、アメリカ型の近代文明とは違った、アジア型の近代文明みたいなものが、日本を中心にしてできつつあって、それがいま日本のナショナルアイデンティティーの一部になりつつあると思うのです。(『外交フォーラム』1994 no. 74: 64)

このようにポピュラー文化は「日本文明百貨店」の重要な一商品として組み込まれることになったが、問題なのは、日本のポピュラー文化が体現するとされるアジアとアメリカ近代文明の相違とは何なのか、また、日本におけるポピュラー文化の編制はどのように、日本がアジア近代文明創造の中心的役割を果たすことと関連しているのかである。この点について角山(1995)は、自説の西洋物質文明のアジアにおける「変電所」としての日本文明の重要性を応用解釈してみせる。物質文明という概念は、川勝(1991; 1995)によって日本特有の文明史を説明するにあたり用いられている。川勝によれば、すべての国や民族集団がその社会の物的資産の総体である「物産複合」を持ち合わせており、それは「文化複合」と呼べる固有の文化的気風、価値を体現しているという。角山(角山&川勝 1995)は川勝の議論を応用して物産と商品とを区別化した。物産は確かにある国地域の文化を表しているが、それがその領域を超えて流通することはないため、ある特定文化の普遍性を示すのは国際的に流通する商品によると角山はいう。この段階で、特定の文化が普遍的な文明へと進化するというのだ。角山(角山&川勝 1995)は、砂糖、綿、茶などのアジアの物産は、確かに一七世紀における西洋生活様式と産業革命に大きな影響を持ったものの、これらの物産を世界商品に変えたのは、一九世紀以後の資本主義の進展に伴う近代物質文明の到来であったことを強調する。物産と異なり、商品は消費者を階級、人種、文化で選別することはなく、誰にでも消費されうることに意義があり、それ故世界における日本文明の意義を考えるには、その消費財がいかに日常生活における機能的至便性という普遍的魅力をもって世界に浸透したのかを考察しなければならないというのである。

角山(1995: 98–114)はさらに、日本文明の世界史的意義は、西洋に発した近代物質文明を商品を廉価で手に入りやすくすることでアジア市場に適合したものに変換したことに顕著にあらわれていると論じる。彼によれば、西洋商品を巧みにアジア消費者の嗜好、物質的条件に合うようにアレンジしたという意味で、日本は「文明の変電所」としての機能を果たしてきたというのだ。角山は、高度な西洋物質文明の土着化能力は日本をあらたな(逆)発電所としてたち上げ、西洋に向けて多くの消費財を輸出するに至ったとしながらも、日本文明の意義を語る際にはアジアでの文脈に立ち戻って、他のアジア諸国が追随すべき雛形としての日本の文明的役割を強調する。

それでは日本文明は果たして何を貢献できるのか。日本文明といっても、欧米からはせいぜい西欧文明の模倣と延長としか映じていないのかもしれない。しかしいままさに、熱いまなざしで日本をみつめ、身近な憧れの国として仰ぎ見ているのは、他ならぬアジアの人々たちである。とくに急速な工業化に成功した戦後、その日本経済の推進力となった日本企業及び企業文化は、いまや彼らにとって身近なモデルになっている。(角山 1995: 189)

角山は、この「変電所」図式を産業化にとどまらず、アジアにおける日本ポピュラー文化の浸透にまで拡大する。

いったい日本のポピュラー文化といっても、そのもとはアメリカ原産のポピュラー文化であることは明らかである。日本はアメリカ原産のポピュラー文化の影響をうけて、これを日本人の心情にあったポピュラー文化に作り変えた。日本人のプリズムを通じて「濾過」されたために、東アジア、東南アジアの人びとにも親しみやすいものとなったのである。日本という変電所をつうじて変化した電圧によって、いっそう東アジアの若者にも受け入れられる普遍的なポピュラー文化になったのである……アメリカ原産のポピュラー文化が、日本人をつうじて無国籍化されたために普遍性をもって受け入れられたのである。（角山 1995: 191）

「無国籍」という言葉はもともと一九六〇年代にあらわれた『シェーン』などのアメリカ西部劇をパロディー化した一連の日活映画作品を新聞批評家が表したものだが（児井 1989: 290）、その後、一般的に使用されるようになるなかで、二つの互いに関連する意味を持ってきた。それらは、様々な文化起源をもつ要素を混ぜ合わせ、融合することと、民族的・文化的な特徴を不可視にするか消し去ろうとすることである。アニメーションやコンピューターゲームに関して言われる無国籍は主に後者の意味であるが、角山が用いているのは前者の意味である。そのうえで、角山は日本の「伝統的」文化はアジアで評価されていないことに注意しながら、西洋ポピュラー文化をアジアの土壌で現地化する日本の能力こそがもてはやされており、「日本はアジアの若い人びとの心の中に憧れの国として戻ってきた」（角山 1995: 191-192）と断定する。そこにも、日本とアジア諸国の間の文化的同一性から日本の文化的優位性を導こうというナショナリスティックな欲望が発動しているのを見誤ることはできない。

角山の「無国籍」文化議論の最大の問題点は、他のハイブリディズム言説と同じように、他の国・地域の文化混合、異種混淆化の様式を正当に評価し損なっている点にある。無国籍な日本文化商品にユニークな「日本らしさ」を付与するとき、角山は日本をグローバル文化交通における最初で最後の「有意義」な土着化が行われる地点として立ち上がらせてしまう。そこには、世界中で絶え間なく行われる文化の土着化、奪用、混淆がいかに多種多様で矛盾に満ちたものであるのかを検討しようという姿勢は見えない。また、異種混淆化の結晶としての「日本文化」も、トランスナショナルな文化流通過程のなかで様々に消費、奪用そして土着化されていくことに注意が払われることもない。日本の異文化受容行為以外に、一体どのような魅力的な「日本らしさ」が日本のポピュラー文化に体現され、それがアジア地域で受容されているのかは不問とされてしまうのである。もしも、日本のポピュラー文化が「日本らしさ」がないがためにアジア地域で受け入れられているのなら、どうして「日本」はアジアの消費者の憧れの存在となりうるというのか。また、角山は、アメリカ文化が日本の文化フィルターを通して「アジア化」されたためにアジア消費者に魅力的に受けとめられていると、ごく当たり前のように論じている。しかし、一体「アジア化」とは何を意味するのか？　後章で見ていくように、他のアジア地域の視聴者にとって日本ポピュラー文化消費における文化的近さの認識過程は、複雑かつダイナミックなものであり、日本への憧れという一言で簡単に片づけてしまうことはできない。

こうしたトランスナショナルな文化交通の錯綜性は、日本ポピュラー文化のアジア浸透を日本の異文化受容能力の高さの手軽な証拠として引用する文明論者には関心を抱かせない。なぜなら、このような言説は文化グローバライゼーションがもたらす諸々の矛盾を無視することでのみ、日本のその中における文化的優位性が語られうるからである。後で見ていくように、一九九〇年代に異文化受容能力をとおして日本文化・文明的意義を混沌とした世界秩序のなかで再評価し、日本のアジアにおける優越性を提唱しようという動きは、文明論者のなかだけに見られるものではない。同じような響きはアジア市場進出を狙う日本文化産業の戦略にも見受けられる。同時に、この後で論じるように、日本ポピュラー文化のアジア市場での流通、消費に関する実証的検証は、その前提の限界、虚偽性をも暴くことになるのだ。

アジア文化外交——使命としての日本文化輸出

一九九〇年代は日本のアニメーションやゲームソフトなどによる欧米を含めた世界市場での席巻ぶりが大きく注目された一方、アジア市場における日本ポピュラー文化の受容も日本国内で関心を集めるようになった。しかし、そこでは日本と他のアジア諸国間の欧米文化を受容吸収してきた非西洋国としての近代体験の共通性が文明論とは異なるかたちでも語られている。アジア地域における日本ポピュラー文化の浸透をナショナリスティックにもてはやす「アジアのジャパナイゼーション」説に対して、多くの批判的な学者やジャーナリストは疑問を投げかけ、反論した。その理由の一つは第一章で見たように、日本の文化輸出はその圧倒的な経済力を反映したものにすぎず、文化的影響力はあまりないのではないかというものであったが、その懐疑はまた日本と他のアジア諸国の間の文化的近さを強調する議論とは違う意味で、日本のアジア地域への文化輸出が「無臭」とはなりえないこととも密接に関連している。つまり、日本のアジア地域への文化輸出は、否が応でも、いまだに戦後日本が真摯に直面していない日本の帝国主義、植民地主義支配と経済搾取の歴史、そしてそのなかで培われてきた消すことのできない「アジア」との不均衡な関係と向き合う必要性をあらためて日本人観察者に突き付けてくるのである。

例えば、五十嵐(1998: 17–8)はアジアにおける「ジャパナイゼーション」現象について、高度に物質主義的影響力に偏っていると指摘したあと、日本人観察者として自らに疑問を投げかける。

あそこにも日本のポピュラーカルチャーの影響が、ここにもその痕跡が、と考えるのは、日本人たちの素朴なナショナリズムか、あるいは自意識過剰、日本人の「大国意識」のあらわれではないだろうか。ジャパナイゼーションという問題を考えるときに、とくに日本人は自己のなかにあるこの落とし穴に気をつけなければならない。

第三章で詳しく論じるように、アジアの消費者が日本ポピュラー文化にどのような魅力を見出しているのかを検討すれば、日本ポピュラー文化のアジア輸出を、もっぱら物質主義的観点から解釈するのは妥当ではないと了解される。しかし、かつての侵略国でいまだに経済搾取を続けている日本の文化がアジア地域で好意的に受容されるはずがない、少なくとも日本人観察者がそうした現象を無批判に論じるのは危険である、という五十嵐の自戒を安易に退けることはできないだろう。

そのような日本のアジア侵略の歴史に自己批判的でありながら、東・東南アジア地域における日本の影響力の大きさを論じた代表作として、吉岡弘のノンフィクション、『日本人ごっこ』(一九八九年)があげられる。『日本人ごっこ』は、一九八〇年代中頃にタイで日本人総領事の娘のふりをして周りのタイ人を欺いた一四歳のタイ少女の足取りを辿りながら、タイにおける日本の圧倒的な経済的、そして消費文化的存在を考察した力作である。吉岡はこの事件を丹念に調べるうちに、本当に「日本人ごっこ」をしていたのは、少女ではなくだまされた人々だったのではないかと思うようになる。事件の背後に日本とタイの間の疑いようのない経済格差、あふれんばかりの日本商品のタイ社会への流入を目撃した吉岡は、かつての反日運動盛んなりし頃とは対照的に、無邪気に日本商品・ポピュラー文化を消費・模倣しているタイの若者の「健康さ」、「屈託のなさ」に大きな「空白」を感じとる。それは、彼らが自らのタイ・アイデンティティーが大国に脅かされているにもかかわらず、その喪失感・空白感に気づかずにいることを示していた。彼らが無意識のうちに「日本人ごっこ」をしていること自体、タイ社会が日本という先進国に圧倒されていることを象徴しているのではないかと、吉岡は罪意識にも似た懸念を抱くのである。

吉岡の議論も文化帝国主義言説と同じように、果たしてある国の消費者が大国のメディア・消費文化によって「意味のレベル」で支配されるとはどういうことなのか、そのようなことは実際に起こりえているのかという問いに対して、納得のいく答えを提示してはいない。しかし、こうしたジャパナイゼーションの脅威は日本の侵略の歴史を忘却することなどできないアジアの人々の間でより鮮明に表明されていることは否めない。例えば、韓国では、一九九五年に行われた世論調査でおよそ半数の人が日本文化輸入解禁に反対の立場を取ったし、半数以上の人が日本の映画を見たり音楽を聞くことに抵抗感があると答えている(『朝日新聞』一九九五年七月二九日)。また、インドネシアのジャーナリストは、日本を「アジアのアメリカ」と呼び、日本が経済的、文化的影響力を増すにつれて、徐々に他のアジア諸国に対して傲慢になってきていると批判している(Choi

1994: 148)。たとえ、アジアにおける日本の文化的影響力はアメリカのそれとは到底比べられることはできない程度だとしても、他のアジア諸国の人々、特に知識人にとって日本の影響力は過去も現在も取るに足らないものであると一蹴することはできないのは事実である。

こうした見方に呼応するように、日本のアジアへの文化輸出に関する言説は、日本のポピュラー文化による日本のアジア地域における文化外交の推進を強調する形を取って表れた。日本のジャーナリスト、学者、官僚の間では日本のアジア地域への文化輸出を、日本とアジアの「不幸な」歴史を克服するという「国益」に結びつけようとする議論が巻き起こったのである。アニメーションやゲームソフトの世界流通が、日本のグローバルパワーとしてのプライドをくすぐり、日本産業界の明るい兆しと受けとめられたのに対して、日本の東・東南アジアへのポピュラー文化輸出はビジネス機会というよりは、その地域での日本のイメージを向上させ、ひいては日本の侵略の歴史の後遺症をやわらげ、抹殺してくれる可能性が注目されたのだ。日本のテレビ番組、ポップアイドルがアジア市場で受け入れられていることは、それらが日本の帝国主義の歴史を乗り越えて、なんらかの魅力を体現しているからであり、それは特に戦争を知らない若い世代の間に現代日本の「人間らしい」面を広めると考えられた。つまり、日本ポピュラー文化は日本の文化外交を高めるという使命を推進するのに有用であると考えられたのである。

一九八八年に竹下首相が検討会を創設したのを初めとして、日本政府は日本の国際理解を「是正し」、「深める」ために、テレビ番組のアジア地域への輸出に関心を払ってきた。なかでもＮＨＫのドラマシリーズ『おしん』はその目的にもっとも適うものとして注目を浴びた。一九八四年にシンガポールで放映されて以来、およそ五〇カ国もの国・地域に『おしん』は輸出されてきたが、ほとんどの場合、国際交流基金の文化交流プログラムのもとで無償で行われた。その多くの輸出先である非西洋国では、『おしん』は世界を席巻したアメリカのソープオペラ『ダラス』や『ダイナスティ』などよりも高い視聴率を誇った(Singhal & Udornpin 1997; Lull 1991)。世界における『おしん』の好意的受容を受けて、国際交流基金の月刊誌、『国際交流』(一九九四年六四号)では電子メディアを通しての日本とアジアの間の国際文化交流の可能性を特集した。また、ＮＨＫインターナショナルは一九九一年に日本で『おしん』に関する国際学会を開催して、その記録を出版した。そこでは『おしん』に代表される日本のテレビ番組の普遍性と、それを通じて日本の「人間らしい」イメージを世界に発信していくさらなる可能性について議論がかわされている。

もし、日本のアジアへの文化輸出が、日本の文化的存在感を否が応でも際だたせてしまうのだとすれば、それはテレビドラマがアニメーションなどと違って、「現実」の日本の風景のなかで「日本人」によって演じられていることとも関係している。ＮＨＫインターナショナルの会議ではこの点が強調され、『おしん』の海外での人気が意義深いのは、それまで日本といえば車や電化製品しか思いつかなかった人たちが、日本人の「本当」の生活を知るきっかけになったからであると論じられた。例えばメディア学者の伊藤（NHKインターナショナル 1991：99）は、アニメーションは無国籍なので、日本の「民族性」と無関係なため、その輸出は日本文化輸出にはつながらないのに対して、『おしん』はまさにそれに根ざした日本文化を体現しているがために、その輸出について「真剣に分析する必要がある」と述べている。いうまでもなく、『おしん』がアニメーションでは伝えられない日本の「現実」を世界に発信するという議論は、何が果たして「本当」の日本で、誰がそれを規定するのか、それは果たしてメディアによって表象されうるのか、そしてそれらのイメージは海外でどのように（矛盾した形で）受容されているのかという、やっかいな問題を不問にしている。重要なのはそうした考察をすることではなく、『おしん』が海外の日本イメージ向上に貢献しているという確信を裏付けしてくれる実証的データを提示することであった。テレビ番組輸出が日本文化外交の役に立つという目的から遡及して、何が日本の人間らしい本当の姿なのかが定義されてしまっているのである。

具体的には、『おしん』がアジアで高い人気を得た主な理由は、視聴者が『おしん』に表象されている忍耐、勤勉、家族愛を肯定的に受けとめたためであることが実証的観察から指摘された。そして、このような『おしん』に見られる価値観は、日本とアジアの文化的・民族的共通性を、あらためてアジアの視聴者に認識させて、日本のイメージを「人間らしい」ものとして向上させたとして、高く評価されるのである(高橋 1991; 隈元 1993a)。非西洋たるアジアの共通性はまた、過酷な近代化という歴史経験にも求められた。脚本家の今村洋一(1995)によれば、『おしん』がアジアで受け入れられたのは、近代化、民主化、伝統と近代性間の相克という過程の中で産み出された社会矛盾を提示したからであり、それはほかのアジア諸国が同様な問題に今直面しているからにほかならないという。今村はさらに、アジアに深く残る日本への疑念を払拭するには、日本は自らも他のアジア諸国と同じような近代化の苦悩、難儀を経験したという事実を知らしめるべきだと強調する。しかし、ここで注意すべきは、『おしん』が近代日本の近代史を女性の視点から描いているということである。日本の過去と文化的価値観はもっぱら女性の平和主義者的視座で表象され、戦争がもたらした日本人への災いをいかに克服したかが強調されている(Morris-Suzuki 1998b: 134-5; Harvey 1995)。このようなジェンダー化された文化・歴史の語りが、アジア近隣者への暴力という日本近代の否定的な側面をうまい具合に葬り去ってしまっていることはいうまでもない。

日本テレビ番組などのポピュラー文化が日本とアジアの和解に結びつくという議論は、『おしん』のような歴史的ドラマに限ったものではない。現代日本の都市部の生活ぶりや最新のポピュラーミュージックもまた、日本とアジアの若い世代の間の文化的対話を促進するものとして期待された。外務省が発行する月刊誌、『外交フォーラム』では、一九九四年九月号、一一月号でアジアの若者に広まる日本のポピュラー文化現象を取り扱った日本の論文と、それに返答する形でシンガポール、タイ、香港からの論文を掲載した。日本の論文では本多史朗(1994)が、日本のポピュラー文化が日本とアジアの若い世代の間の交流を活発にしていく可能性を示す論拠として、二つの点に言及している。一つはアジア地域における日本のポピュラー文化浸透は日本のイニシャチブでは起きておらず、東アジアの中間階層の若者が自分の意志で日本ポピュラー文化を選び取っていること。アジア消費者による自発的な日本文化受容は、日本が戦前のアジア侵略のときのように、文化を押しつけていないことを証明するという点で重要なのである。もう一つは、日本のポピュラー文化の「無国籍性」である。本多も、白幡洋三郎のように日本文化のアジア地域での普遍性を、押しつけがましくない「無国籍性」に見出しているが、そのニュアンスは角山の意味に近く、アメリカのオリジナル文化の影響を深く受けながら土着化されたものととらえられている。本多は、そのようなポピュラー文化の「無国籍性」は、特異性を強調する日本伝統文化と違ってコスモポリタンな魅力を持ち、戦前の抑圧的なイメージを打破するのに貢献するのではないかという希望を表明する。アジア地域における中間階級の台頭が、日本の都市部のライフスタイルを表象する日本ポピュラー文化の浸透を助長したとしながら、本多は、日本の現代的で自由かつ進歩的な顔が描かれている日本のポピュラー文化はアジア地域の若者の間に共通の話題を提供するだけにとどまらないだろうという。日本を中心とするそうしたポピュラー文化の流れが、日本と東・東南アジアの若者の間に、これまでない規模と親密さをもって対話を育んでいく可能性に期待を寄せているのである。

公平を期すためにいえば、本多は日本の文化土着能力の文明的優位さを説くために「無国籍性」に言及しているのでもないし、日本と他のアジア地域との人的な双方向交流を将来の文化対話の基本として認識している。にもかかわらず、本多の希望的観測にも、メディアに媒介されたポピュラー文化交通が、一体どのような国境を越えた対話を促すのかについての検討は、十分になされていない。そのような対話は、日本と他のアジア諸国との間の不均衡な文化的な権力関係にどのように左右されているのか、そこではどのような「アジア」が新たな文化地理として日本のなかで立ち上げられ、日本はそこでどういう位置を占めているのか。日本のポピュラー文化の「無国籍性」は、もっぱら日本の文化外交に役に立つものとして解釈されてしまっているため、こうした問いには十分な注意が払われていないのである。

「アジアの日本化」？

次の章からは日本とアジア諸国の間のポピュラー文化交通を実証的に考察していくことで、アジア地域での日本のポピュラー文化浸透に関するナショナリスティックな言説を越えた複雑さに目を向ける。本章を終えるにあたり、アジアにおける「ジャパナイゼーション」現象を描いた一九九三年の日本映画『卒業旅行──ニホンから来ました』の、テクスト分析から、アジアにおける日本ポピュラー文化の消費が浮き彫りにする、トランスナショナルな文化交通の矛盾、両義性の諸相を示唆してみたい。

映画では主人公の日本の男子大学生が、大学の卒業旅行にかねてから歴史遺跡などに関心があった東南アジアの架空の国、チトワン王国へ行くところから話が始まる。チトワンは日本ブームのまっただ中で、彼はそこで会った日本人の芸能ブローカーにそそのかされて、音楽オーディションに出場し、一躍国民的大スターになってしまう。アジアの国における歪んだ「日本」消費というモチーフのもと、この映画では「アジア」が「日本」のポップアイドルだけでなく、食べ物や日本語なども曲解したかたちで消費している姿が描かれている。

映画は一方で、日本とアジアの間の文化交流、対話という安易なきれいごとを製作者が拒否したものと見ることができる。矛盾に満ちたメディア消費・文化交通に、文化外交や対話の契機を求めるという見解が、いかに薄っぺらで、うそっぽいかが映画ではコミカルに描かれる。異文化コミュニケーションギャップを描きたかったと脚本家の一色伸幸がいうように、映画は、日本がアジアの憧れの対象になっているという主張と一線を画しており、アジアの日本消費を冷めた視線で見つめている。一色は、この脚本を書いたきっかけは、彼がタイや香港を訪れたときに、日本のイメージが歪められ、誇張されているのを見ているうちに自分の過去を思い出して恥ずかしくなったことだと言う。それは一九八〇年代初頭に、カリフォルニアに住むアメリカ人は皆かっこいいサーファーに違いないと信じていたという、彼自身のアメリカ幻想にとりつかれていた姿である（『朝日新聞』一九九三年九月二二日）。一色のこのコメントには、日本が文化的に優位に立っているという自負が見え隠れしているが、メディアや商品の流通・消費を通して「本当」の日本が海外に紹介され、受容されるという考えの虚偽性を認識しているといえる。

そこでは、アジアの「日本ブーム」は日本の文化的支配とはなりえないものと捉えられている。映画が表象しているのは、日本の文化編制が深くアメリカ文化の模倣に根ざしており、アジアで日本が文化へゲモニーを持っているというのは根拠のないものだと読むことができるのである。映画の最初のシーンで、主人公がまだ子どものころの一九七九年、近くの電気屋の前で熱心に当時の流行歌、『ＹＭＣＡ』を西城秀樹の振り付けに合わせて歌う。『ＹＭＣＡ』はアメリカのゲイポップグループ、ビレッジピープルの歌が日本でカバーされたものだが、日本のＹＭＣＡからはオリジナルのゲイカルチャーの臭いは一掃され、日本の若きアイドルがさわやかに元気に踊って歌って、大ヒットとなったのである。日本からの素人学生アイドルがチトワンで歌う曲がやはり『ＹＭＣＡ』であり、そこに象徴されているのは、やはりアジア地域で消費されているのは西洋文化を「アジア化」した日本ポピュラー文化であることである。しかし、アメリカ文化の土着化を日本の文化・文明的優位性と解釈した角山の「無国籍」議論と異なり、映画では日本のポピュラー文化編制がオリジナルの「アメリカ」文化へゲモニーに深く刻み込まれていることが、一層前面に出されている。もし西洋の模倣が現代日本文化の重要な決定要因になっているとすれば、アジアにおける「日本」の文化的な優位性を証する確固たるものなど実はないのではないか。映画に表象されているのは日本が持つといわれる文化力の基盤の脆弱さである。

しかし、この映画は日本を歪んだ形で消費する「アジア」に主体性を与えてはいない。焦点はむしろ、主人公がいかにアジアの期待に沿って歪んだ日本像を演じきるかに当てられている。映画は、「「西洋の日本」ごっこ」戦術と同様の、他者が「日本」を客体化するさまを楽しむ見物人の視座を取ることで、他のアジア地域の人々が日本文化と交渉する場において、日本の主体としての地位を保とうとしているといえるのである。日本版YMCAがアジア地域で受容される様をあえてデフォルメされた形で描かれたことも、映画がアメリカ—日本—アジアの間の錯綜した文化的な不均衡性に関して「皮肉的なわけしり顔」をしようとしていると読むことができる。つまり、日本の文化力が模倣に由来しているという不安定さ、居心地の悪さを、アジアの日本化現象が暴いてしまうことから、目をそむけようとしているようにも思われるのだ。

この点は、デフォルメされた日本版YMCAによって隠蔽されたもう一つの事実、つまり、日本ポピュラー文化は東・東南アジアで歪んだ形で消費されたり奪用されているだけでなく、「忠実」に模倣されていることに目を向けることで一層明らかにされる。バーバ(Bhabha 1985)は、「擬態」(mimicry)という概念で、被植民地者が支配者文化をグロテスクに模倣することで、その文化的な主従関係が不安定、不確かなものなることを論じたが、アジア地域での日本ポピュラー文化の直截的模倣は、日本の文化力は日本に「由来」しないことをあらためて暴いてしまうことになる。例えば、日本ポップシンガーの歌、ダンス、ヘアースタイル、ファッション、表情、そして名前などが台湾、香港、韓国、タイなどのアイドル達に大いにコピーされたことはしばしば観察されている(森枝 1988; 篠崎 1988; Ching 1994 など)。こうしたアジアの快活な日本の擬態は、日本も結局は恥ずかしいほど「アメリカ」を演じているのだということを、日本観察者にあらためて知らしめることになる(篠崎 1990a; 鴻上&筑紫 1992)。文明論で主張された日本の異文化受容能力をとおしての文化的優位性は、ひとたび具体的な文化商品の形を取ってアジア市場で消費されるや霧散し、トランスナショナルな文化交通で日本が主人たる地位を占めるというのは、幻想にすぎないことを浮き彫りにしてしまうのである。

同時に、そのようなアジアの日本擬態は、日本とアジアが常に進行中の文化異種混淆化過程にいるという共通性を際だたせることにもなる。例えば、吉岡はタイで日本の圧倒的経済的・消費文化的存在力を目撃しながらも、タイが日本製品・文化をコピーする真摯さに、忘れていた自分の過去の姿を見出して親身さを感じる。ここでは、アジア他者の日本擬態は、ソフトナショナリズムでは抑圧されていた、日本以外の地域における ローカル文化変容のダイナミックさをクローズアップして、日本が異文化(西洋)を最も巧みに土着化することができるという、ハイブリディズム言説を揺るがすことになる。異種混淆化は日本特有のものではなく、不均衡な文化遭遇におけるごく「ありふれた」弱者の戦略になっていることを露呈するのである。

しかし、アジアの「日本化」が日本によるアジアの文化的支配を意味しないとしても、日本と他のアジア諸国の間の文化交通はやはり不均衡さによって印づけられており、それは同等の対話という希望的見方に絶えず影を落としていることを見落としてはならない。吉岡のコメントや『卒業旅行』に描かれた二段階の文化擬態が暗示しているように、文化異種混淆化という共通の体験は、同時にアジアと日本の発展的時間差を照らし出して、「アジア」が日本と同時間を生きていることを否定するような認識を再生産してしまうことにもなる。この点は第三、四章で論じるように日本と台湾、香港との間の双方向文化交通に目を向けることでより鮮明になる。こうした点を詳しく分析する前に、次章では日本のトランスナショナリズム言説にあらわれる様々な矛盾、両面性、曖昧さが、いかに日本文化産業のアジア市場戦略に反映されているかを見ていきたい。

第三章　グローカライゼーション
――日本メディア産業の東・東南アジア市場戦略――

前章までは日本の文化輸出に関する国民主義的言説を見てきたが、この章では九〇年代になって経済成長とともに急速に拡大したアジアの視聴覚メディア市場に向けた日本のメディア産業(特にテレビと音楽)の参入戦略を実証的に考察する。

経済力の高まりに伴うアジア諸国のメディア市場の規模拡大は、日本のポピュラー文化の輸出を増加させる好機とみなされ、日本のメディア産業も東・東南アジアへの進出に乗り出した。しかしながら、九〇年代初めの市場戦略では、日本のポピュラー文化商品を直接輸出するよりも、アジア市場で様々な「ローカル」商品を開発することに重きが置かれていた。どんなに日本商品が現在人気を得ても、日本がアメリカ文化の影響を吸収してローカル商品を発展させたのと同様に、アジア市場においても、すぐに海外文化影響をもとにした独自のローカル商品が制作され、日本商品を凌駕すると考えられたのである。この発想は、標準化された商品を多くの地域に普及させるためにローカル市場の嗜好や特定性を勘案することを重視する「グローバル・ローカライゼーション」と呼ばれるマーケティング戦略に則ったものである。ここでは、自らの経験に基づいた異文化(特にアメリカ)を土着化するノウハウを提供することが、日本のメディア産業の現地化戦略の中心に据えられている。

この現地化戦略は、日本の異文化吸収能力に関してハイブリディズム言説と重なるところが少なくないが、本章ではそうした考えが現実化されたときの限界と矛盾をも検証していく。一言で言ってしまえば、日本の現地化戦略は決して首尾一貫したものではなく、その成功はせいぜい部分的なものに過ぎなかった。そして、それを尻目に顕著になってきたのが、東アジア市場における日本のポピュラー文化の人気であり、その裏にはローカル産業による強力な宣伝活動があった。つまり、日本のポピュラー文化のアジア市場における現地化の意味が、日本式の文化混淆化のノウハウの提供から日本の市場動向に敏感なアジアのローカル産業による日本の文化商品の積極的な売り出しへと移行していったのである。このことが示唆するのは、日本を含む東アジア市場のメディア産業が徐々に相互に提携し、市場動向が同時間的に連結されるようになるという構造的変化である。

アジア・メディアウォーズ――日本の出遅れ

これまでに指摘したように、九〇年代半ばになると、日本のポピュラー文化のアジア市場輸出が大幅に伸びていることが頻繁に指摘されるようになった(例えば、『日本経済新聞』一九九五年一一月五日、『読売新聞』一九九四年一〇月二七日、『朝日新聞』一九九六年一月一一日、『広告』一九九五年五―六月号など)が、その道のりは決して直線的なものではなかった。確かに日本のメディア産業は、一九九〇年に入って日本商品のアジア市場開拓に向けて様々な試行錯誤を始めたが、全般的に西洋や他のアジアのメディア産業と比べて消極的なものであったと言える。これはテレビ産業において特に顕著で、多くの業界人・知識人が日本のアジア市場進出の出遅れを嘆き、苦慮したのであった(例えば、『日本経済新聞』一九九四年一一月二六日、『朝日新聞』一九九七年一一月一四日、島 1994)。こうしたテレビ業界の消極性の背景にはいくつかの構造的要因が挙げられる。まずは、日本の帝国主義・植民地主義の負の遺産である。それは日本のテレビ産業のアジア進出を躊躇させただけでなく、日本の植民地とされた韓国・台湾では、つい最近まで日本語ポピュラー文化の放送が禁止されており、日本のアジア侵略の歴史は文化輸出を困難なものにしていた。アッパデュライ(Appadurai 1990: 5)が言うように、韓国政府にとっては、日本文化よりアメリカ文化の流入のほうが文化的侵略の危険がはるかに低いと考えられたのであろう。日本側もそれを察知しており、例えば多くの日本企業は、アジアでの市場拡大を目指すに当たって、商品広告から日本のイメージをなるべく排除しようとした（川竹1995）。一九九四年に日本政府は遅蒔きながら国境を越える放送法の改訂をして日本からの国際放送を合法化した。それを受けてＮＨＫはすぐさまヨーロッパ向けの放送開始を発表したが、アジア向け放送に関しては文化帝国主義の誹《そし》りを恐れて懸案事項とされた（『日本経済新聞』一九九四年七月一四日、『朝日新聞』一九九四年九月七日）。

日本のテレビ業界は、文化帝国主義の非難に過敏になりながら、手探り状態でアジア市場への輸出を増やしていった。一九九四年一一月に京都で開かれたＡＢＵ（The Asia-Pacific Broadcasting Union）総会は、そうした日本側の懸念を払拭する一つの契機となった。この会議で日本のテレビ産業を驚かしたのは、アジア各国の越境放送への政策が、頑なに西洋メディアの侵入を押しとどめようとする保護主義から、国内産業を育成し自らも海外へ電波発信をしていくという積極的姿勢へと切り替わりつつあったことであった。そこではあらためて、海外発信において他のアジア諸国にも遅れをとってしまいかねないという、日本のアジア市場への出遅れへの危機感が喚起されることとなった（『日本経済新聞』一九九四年一一月二六日）。この変化は、西洋の文化侵略を迎え撃つためには、アメリカメディアよりも魅力のあるメディア商品を国内で制作する方が効果的であることを、多くのアジアの政府が認識し始めた結果もたらされたものである。徹底した「危険な外国の情報取り締まりから文化制作を奨励するスポンサー」になることへの政策転換が、九〇年代半ばのアジア地域の趨勢となってきたのである(Wang 1996: 14)。しかし、この転換は、いかにアジアの政府が西洋の退廃的な消費主義に毒されたメディアイメージと情報の侵入を毛嫌いし、「アジア的価値観」なるものを掲げて対抗しようとしても、それ自体、西洋において発展してきた資本主義的なメディア文化生産モードを取り入れることでしか守ることができないことを、皮肉にも示すこととなったと言える(Dirlik 1994)。まさに、文化帝国主義言説はグローバル資本主義の到来によって駆逐されたのである。

アジア侵略の歴史に加えて、日本のテレビ産業のアジア市場への積極的参入を阻む理由として、二つの構造的・財政的要因が挙げられる。ひとつは、海外放映への著作権をクリアする難しさであった。国内放映だけを念頭に培われてきたこれまでの放映権・著作権慣習では、海外での二次・三次放映権をカバーすることは念頭に置かれていない。例えば、テレビ局はあるドラマを海外に売る場合、出演者、脚本家、音楽担当者などすべての関係先に個別に承諾を得て初めて輸出ができる仕組みになっていたのである。それには最低でも国内での番組終了から半年はかかると言われ、またいくつかのタレント事務所は高額な著作権料を要求してくるために、海外輸出がままならないドラマが何本か出てきた(津田1996；小田桐1996)。例えば、フジテレビへの聞き取り調査によれば、ある年は一二本のドラマシリーズのうちわずか三分の一しか海外に売れなかったこともあったという。

さらに、アジア市場で多大な利益を上げることの難しさが追い打ちをかける。九〇年代にアメリカを中心とする多くの西洋グローバル・メディア企業がアジア市場に進出したが、そのほとんどがいまだに多額の赤字に苦しんでいると言われている。グローバル企業はそうした負債を他地域での利益と相殺することで、アジア市場の将来性への投資を支えることができるが、これまで国内市場にのみ関心を払ってきた日本のテレビ界にとって、アジアでの赤字はそのまま多大な海外事業の負債として経営に跳ね返ってしまう。また、アジア市場への輸出は、番組販売単価が西洋市場と比べてかなり低いために、手間のわりには多くの利益は見込めない(津田1996)。郵政省の調べでは、一九九二年に六八〇〇時間の番組が日本に輸入され、その額は四八一・二億円であったのに対し、日本からの輸出は一万六四七一時間にのぼったものの、売り上げ額は二一億円に過ぎなかった(中空1994)。つまり、日本のテレビ番組輸出は輸入の二・五倍に達していながら取引額は輸入の二三分の一にしかすぎない。日本の輸入の多くは比較的高価なテレビ放映用の劇場映画であるため、単純比較はできないものの、単価で見ると、輸入は七〇〇万であるのに対し、輸出はその五五分の一の一二万七〇〇〇円に満たない。九〇年代半ばで、日本の民放ドラマ制作の平均予算が一話二〇〇〇万円を超えているのに対し、そのドラマはたった二〇—三〇万円でしか売れないのである(西 1997: 187)。あるテレビ局の海外番組販売担当者によれば、確かにアジア市場への輸出量は九〇年代前半だけで三倍以上に跳ね上がったものの、その売上額はテレビ局の総売り上げの一％にも満たないという。番組輸出の様々な手間と、前章で示唆したように日本の国内市場の大きさを考えれば、日本のテレビ産業がアジア輸出にあまり熱心にならないのは十分うなずける。

アジア市場での現地化戦略

これらの歴史的・産業的・経済的要因による日本のメディア産業のアジア市場参入への消極的姿勢は、アジア市場におけるメディア商品のローカル化の必要性が広く認識されてきたことと奇しくも重なり合うこととなった。九〇年代前半にアジア市場に参入した欧米のグローバル・メディア企業が学んだ教訓は、アジア市場で利益を上げるには、世界中どこでも人気があると思われていたアメリカ文化商品をばらまくだけでは事足りず、視聴者の多様な嗜好に対応できるような「ローカル」メディア商品の制作・配給が不可欠であるということであった。この点に関して、一九九七年にクアラルンプールで行なわれたＡＳＥＡＮ会議を報道した日本のテレビ記者が紹介した冗談は示唆に富む。

彼によればＡＳＥＡＮメンバーになるには三つの要件があるという。一つは、ゴルフをすること、二つ目はカラオケを愛すること、そして話の落ちである三つめはドリアンを食べられること。最初の二つはこれといって東南アジア文化特有のことではなく、アジア地域の男性支配的ビジネス界や中産階級の間で広く見られる余暇活動であり、これらは最近の東南アジア経済の急速な発展とそれに伴う豊かな中産階級の出現を反映している。しかし、ＡＳＥＡＮの東南アジア・アイデンティティーを決定的なものにするのはこうしたアジア地域で全般的に普及した文化活動ではなく、東南アジア地域名産の強い臭いを放つ果物、ドリアンなのである。

こうしたローカルの固有性を重視する発想は、この一〇年ほどの間に製造業などのグローバル・マーケティング戦略に積極的に組み込まれるようになってきた。ムーイ(Mooij 1998)は"think globally, act locally"というこれまでのグローバル戦略の謳い文句は、どのような「グローバル」な発想もその考案者の文化的背景によって偏ったものであることを見逃しているため、現実的には妥当性を欠いていると論じた。彼女によれば、「ローカルで発想し、グローバルに行動するthink locally, act globally」、つまり商品をグローバルに配給させると同時にその商品をローカルにあった方法でマーケティング展開することがグローバル企業に求められているのだという。

現実には完全に世界標準化に成功したグローバル・ブランドはほとんどない。グローバル・ブランドは製造者の希望であっても消費者の関心ではないのである。消費者はブランドがグローバルなものかどうかにはさほど興味がなく、ローカル・ブランド、もしくはそのように感じられるブランドを好むようになってきているのだ。

(Mooij 1998: 39)

八〇年代の広告・マーケティング戦略の根幹をなしてきたレビッツの「グローバルな規格化 global standardization」(Levitt 1983)は、実際は「グローバライゼーションという神話」(Ferguson 1992)の一部に過ぎなかったのであり、グローバル企業の成功はむしろローカル嗜好・文化価値観を尊重し搾取することにかかっていると見なされるようになったのである。

この点で、ソニーの「グローバル・ローカライゼーション」はローカル嗜好の重要性を巧みに表現した世界市場戦略として知られている。これは、世界の多様な市場に同時に進出するために、グローバル企業は国や地域を越えて一つの商品を売るとともに、個々の市場の特殊性と多様な消費者層に細かく気を配らなければならないという戦略である(Aksoy & Robins 1992; du Gay et al. 1997)、今では多くのグローバル企業に採用されている。例えばコカコーラやマクドナルドも、「我々はマルチ・ローカル multi-local である」として、ローカル市場嗜好の重要性を強調している(Watson 1997)。「グローバル・ローカライゼーション」戦略が目論んでいるのは、「外国」文化と「ナショナル／ローカル」文化の区別を無意味なものにすることである。ローカルスタッフを雇い、一定の決定権をローカルオフィスに与え、固有の商品を開発することで、「経済的使命(いかに大量に売って利益を上げるか)と文化的使命(多様な消費者の好みに適応する)」(Robins 1997: 36)の間の綱引きを世界規模で巧みに操作しようとしているのだ。

アジアメディア市場に進出したグローバル・メディア企業が直面したのも、このグローバル―ローカルのディレンマをどう解消するかであった。いくつかのアジア政府の保護主義政策(Atkins 1995; Lee & Wang 1995; Yao 1994)以上にそれらの企業の頭を悩ましてきたのは、アジア市場の文化・宗教・言語・人種・民族の多様性であり、アメリカ商品よりもローカル(国・地域)な番組を好むというメディア視聴傾向(Straubhaar 1991; Sinclair et al. 1996b)であった。この傾向は、前述のようにアジア政府がローカル商品を制作する国内産業の育成へ踏み切った理由の一つにもつながったのだが、どのようにしてこの文化的多様性に適応していくのかは、グローバル・メディア企業にとって切実な課題として立ちふさがることとなった。そうしたなか、『Asian Business Review』(一九九六年一〇月号)が特集したように、西洋のグローバル・メディア企業にとっては、ローカル番組の確保がアジア市場成功の鍵となっていった。汎アジア放送を売り物に設立されたスターテレビは当初アメリカ番組を中心に番組編成をしていたが、その後世界のメディア王、ルパート・マードックは、「アジア地域の多様な文化の微妙な差異に細心の注意を傾ける」(『Asian Business Review』一九九四年五月号)としてローカル番組中心の番組編成へと方向転換した。マードックが試行錯誤の末たどり着いた結論は、英語のハリウッド映画を放送するだけでは十分ではなく、デジタル技術を駆使して多様な言語、番組のチャンネルを地域別に放送すること、そしてそのために現地企業の協力を得て質の高いローカル番組を手中にすることの重要性であった。スターテレビはローカル協力の発掘に力を注ぎ(『Far Eastern Economic Review』一九九四年一月二七日号、『Asiaweek』一九九四年一〇月一九日号)、また、中国マーケットでは政治的考慮からBBCワールドニュースとMTVをカットして香港や中国のドラマやローカル音楽を中心にした番組編成へと変更した(『The Australian』一九九四年五月一一日)。この点では週刊誌『Asiaweek』(一九九六年一一月八日号)が、「巨大なグローバル衛星メディア企業に挑むローカルテレビ産業」という特集で紹介したように、アジアのメディア産業の方がローカルの固有性をうまく利用して市場を拡大してきたと言える。例えば、一九九〇年初頭から香港最大のテレビ会社TVBは、スターテレビに対抗して年間五〇〇〇にも及ぶ番組制作能力をもって他のアジアの中国マーケット向け輸出に本格的に乗り出した(『Far Eastern Economic Review』一九九四年一月二七日号)。TVBは番組輸出だけでなく、TVBIという衛星チャンネルを始めて台湾でのサービスを開始し、また、積極的に他の国との協同制作にも乗り出した。TVBは協同制作で広東語と北京語の言葉の壁を乗り越えて他の中国文化圏に進出しただけでなく、中国系インドネシア資本と提携してマレー語のテレビ制作にも手をのばそうとしたのである(『毎日新聞』一九九四年四月二一日)。

このようなグローバル・メディア企業の現地化戦略は、皮肉にも「文化帝国主義」言説への学究的批判と重なり合っている。意図的に押しつけられた支配的文化とイデオロギーを視聴者が消極的に受容するという、「文化帝国主義」の単純化されたコミュニケーションモデルは疑問視されてきた(例えば、Tomlinson 1991; Appadurai 1990)。文化の流れを一方的かつ一元的に捉える中心—周縁のモデルは、アメリカ文化の絶対的ヘゲモニーを当然視しているのみならず、実際に受け手が外国文化の意味と形式を様々な文脈において解釈し、抵抗しながら自分のものに変容させている行為に十分な注意を払っていないからである。しかしマックスウエル(Maxwell 1997: 198)が言うように「カルチュラル・スタディーズ研究者だけでなくグローバル・メディア企業も、視聴者が国境を越えて流通するメッセージを鵜呑みにせず、否定したり戯れながら再解釈していることにただならぬ興味を抱いている」のである。「文化帝国主義では利益を上げられない」(Sinclair 1997: 144)というスターテレビ幹部の発言は、グローバル・メディア企業が、受容国政府のご機嫌を伺うだけでなく、脱中心化するメディアの流れをいち早く察知し、自らの戦略に組み込もうと懸命になっていることを示している。グローバルにうごめく資本の流れは、広範な地域に同一メッセージを伝えるというこれまでの手段に固執することなく、ローカル視聴者／消費者間の共感性を刺激するようなシンボル、イメージを巧みに作り上げることで、最大限の利益を上げようとしているのである。

日本の異文化土着化経験の商品化

「アジアの時代」が声高に叫ばれるなかで、アジア進出を目指そうとした日本のメディア産業も、実験的ではあるが、明らかに現地化の必要性を意識し、また実践しようとした。広告代理店最大手の電通は、一九九四年にテレビ・映画業界の海外販売担当者を集めて自主的な研究会を設置し、アジア市場における日本の映像ソフトの輸出振興に関する報告書(電通&電通総研 1994)を通産省に提出している。そのなかでは日本製メディア商品輸出のさらなる可能性について言及しており、市場調査や吹き替え設備充実のための国庫援助の必要性が謳われている。その一方で、多くのメンバーはアジア地域での日本製メディア商品の人気がどれほど持続するかについては懐疑的で、近い将来、日本商品がすばやく地元商品に取って代わられる可能性を強調している。同様に、筆者が一九九四年と九六年に行なった二〇人以上のテレビ局の海外番組販売担当者や音楽業界プロデューサーへのインタビューでも、日本製ソフトが海外で長く受け入れられることへの展望に関しては、きわめて謙虚であり、むしろ悲観的な声が大勢であった。中・長期的戦略としては、日本のテレビや音楽産業は何らかの方法でアジア各地で「ローカル」商品の制作に関わることを目標とし、共同制作や番組フォーマット販売などの重要性が訴えられていたのである。このことは、日本のメディア産業が、西洋や他のアジアのメディア企業とは異なったやり方で、グローバル—ローカルの錯綜した力学に携わろうとしていることを示唆している。結論を先取りして言ってしまえば、「ローカル」商品を購入して配給したり、自国番組が他のアジア市場でも「ローカル」として受け入れられると想定して積極的に輸出するよりも、日本のメディア産業は日本が長い間アメリカのポピュラー文化を現地化・土着化してきた経験こそが、アジア市場で売れる日本の「ローカル性」であると考えていたのである。

こうした発想は、日本のメディア産業がグローバルな文化交通のなかで、日本が占める地位・役割に関して抱いている二つの相関する前提と密接に関係している。一つは日本のポピュラー文化が体現する「日本らしさ」はどこまで日本の外で魅力を持ちうるのかという疑念である。日本が輸出する3C視聴覚商品は消費の場においてあまり「日本」のイメージと結びつけられていないと第一章で論じたが、日本がこうした商品の主要な供給国となったのは単なる偶然ではないということは、あらためて強調されるべきであろう。つまり、「日本」を目玉としない3C商品を生産するメディア産業は、常に世界市場を念頭に置いてきたのである。コンピューター・ゲームの制作者は、最初から世界市場を意識して、意図的にキャラクターはなるべく日本的でないように作っている。『スーパーマリオ』ではイタリア系の名前と容貌が採用されており、これも明らかに世界市場戦略の一環であったと制作者は証言している(アクロス編集室 1995)。日本産アニメのキャラクター・セッティングが文化的無臭に描かれているのは海外で受け入れやすくするための意図的なものではない。しかし、文化的無臭性によってもたらされる海外輸出の可能性に東映動画などの日本のアニメ産業は早くから気づき、『西遊記』が一九六〇年に日本産アニメとして初めてアメリカで放映されて以来、アニメは一貫して日本のテレビ番組のなかで主要輸出品であった。一九八〇—八一年にはテレビ番組の総輸出量の五六%をアニメが占めており、その数字は現在もあまり変わっていない(川竹&原 1994)。他の番組が日本語のまま輸出されているのに対して、アニメはほとんどが英語などに吹き替えられて輸出されていることも、アニメの輸出体制が確立されていることを示唆している(Stronach 1989)。

ソニーは最初から日本企業ではなくグローバル企業としてのイメージを世界に植えつけることを目標としてきたことで知られている。社名やウォークマンなどの商品名は、和製ながらも英語が使われてきたし、他の日本メーカーよりも積極的に海外で市場展開をしてきた。そうした企業理念こそがソニーを「グローバル・ローカライゼーション」という世界市場戦略の発案者にしたとも言えよう。さらには、アメリカの社会学者ロランド・ロバートソン(Robertson, R. 1995)が指摘したように、オックスフォード新語辞典によれば、「グローバル・ローカライゼーション」、グローバルとローカルを合わせた「グローカライゼーション」という造語は日本の「土着化」に起源を持つとして、それらの造語に体現されているマーケティング戦略は世界のビジネス界への日本の貴重な貢献と見なされている。

ビジネス専門用語。同時にグローバルでありローカルであること。グローバルに市場を観ながらローカルの状況に適応していくこと……、その発想は本来は他の土地の農業技術を自分の土地に応用するという意味の日本の「土着化」という語から引き出されているが、日本ビジネス界がグローバルな外観を持ちつつローカルな状態に適用するという「グローバル・ローカライゼーション」戦略に取り入れた。(*Oxford Dictionary of New Words* 1991: 134)

「グローカライゼーション」という戦略がなぜ日本で生まれてきたのかは確かに興味深い問いである。オックスフォード新語辞典はその理由を、海外の異文化を「土着化」するということが長らく日本で行なわれてきた慣習であり、古くは中国、朝鮮文化の多大な影響を受け、明治以降は西洋の文化・文明の摂取・消化が国策の一部をなしてきたという日本の経験に見出しているように思われる。もちろん、第二章で論じたように、これをもって「グローカライゼーション」が日本文化の本質であると安易に解釈することはできない。他文化の土着化・混血化は何も日本の特権ではなく、あらゆる文化の本質とも言える。他者との交わりが全くない純粋文化などありえないのである。

むしろここで問題となるのは、グローバル文化交通における日本の地位・役割がどのように日本企業によって想定されていたのかということである。これまで述べてきたように、3C商品と同じように「グローカライゼーション」といった世界市場戦略が日本企業によって発展してきたのは、ひとつには「日本」という国・文化のイメージの普遍性に対する日本企業自身の疑念とも結びついていると思われる。以下で詳しく見ていくように、家庭消費財市場で多く見られた「グローカライゼーション」概念は、テレビや音楽を中心とする日本のメディア産業のアジア市場進出にも色濃く影響を及ぼしているが、その裏には、日本のテレビ番組は、アニメーション以外は言語・文化などの特異性のためにアジア市場においてさえもさして受け入れられないのではないかという懸念が存在していた(『日本経済新聞』一九九四年一一月二六日)。日本のメディア産業のなかにも、日本のテレビ番組は、3C商品と異なり実際の「日本人」の身体によって表象されるために、海外で高度に価値が減価されてしまうだろうという否定的な発想が少なからずあったのである。

同時に、日本の文化商品のアジア市場輸出への悲観的見方は、日本がアメリカのポピュラー文化を急速に土着化してきたという自らの経験を省みることとも密接に関係している。前記の輸出振興研究会を主催した電通の担当者が筆者とのインタビューで語ったように、「海外からのテレビやポップスは、日本がそうだったように、その国の文化産業が海外の文化的影響を吸収してしまうにつれ、早かれ遅かれ自国製品に取って代わられる運命にある」と考えられているのだ。つまり、「グローカル」という発想が日本において発展してきたとすれば、それは長らく西洋文化を巧みに模倣・土着化してきたという自負とその結晶である自らの文化の普遍性への疑念とがないまぜになった結果としてもたらされたのである。

世界における日本のメディア/ポピュラー文化市場を考えるにあたって、まず目につくのは国内市場の成熟ぶりと輸入テレビ番組数の少なさである。一九二〇年代からアメリカの消費文化・ポピュラー文化は世界で圧倒的な影響力を持ってきた。日本もその例外ではなく、特に第二次世界大戦後、アメリカの映画、テレビ番組、ポップスなどが大量に日本で消費され日本のポピュラー文化に深い影響を与えてきた。しかしながら、少なくともテレビ番組に関して言えば、戦後日本においては、一度も映画、音楽をも含めた視聴覚文化の輸入制限というものがなされなかったにもかかわらず、日本市場はアメリカのポピュラー文化に凌駕されるどころか驚くほど短期間で国産商品が大半を占めるようになった。例えば、日本のテレビ局は、一九五三年の放送開始後、六〇年代の前半までは、かなり多くの番組をアメリカから輸入して国内の乏しい制作能力を補った。しかし、その数はみるみる減少し、遅くとも一九八〇年の時点ですべてのテレビ番組のうち海外から輸入されたものはわずか五%となり、その傾向は現在も続いている(Stronach 1989: 42; 川竹&原 1994)。この数字は他の国々と比べると際だっており、今やアメリカを除けば日本だけが実質的にテレビ番組の自給自足をなしえているといえる。その理由としては、例えば一九六〇年前後に起きた皇太子成婚と東京オリンピックの二大国民イベントが、人々の目をテレビへと向けた大きなきっかけとなったことが挙げられる。また、六〇年代以降の急激な経済成長により、一億人以上の人口を抱える裕福な巨大市場が誕生し、多額の広告費がそこにつぎ込まれたことも大きな要因であろう。さらには、テレビ産業の急激な発展は、それまでに映画産業が培ってきた高い制作能力に負うところが大きかった。テレビ界の急速な成長は映画産業の斜陽と引き替えにもたらされたのだ。一九五八年に一一億人だった映画観客数は、六五年には三億七〇〇〇万人あまりに落ち込み(Stronack 1989: 136)、映画製作本数も一九六〇年に五〇〇本以上あったのが九〇年には五八本へと激減している(Buck 1992: 126)。

日本のテレビ市場がほぼ自給自足であることは、海外のポピュラー文化が日本であまり消費されていないことを意味するわけではない。それどころか、アメリカのポピュラー文化は今も日本に深い影響を与え続けていることは一目瞭然である。日本はハリウッド映画界の最大の顧客であるし、日本の映画、ドラマ、クイズなどのテレビ制作のお手本として、数々のアメリカのテレビ・映画フォーマットが模倣されてきた。日本のテレビ制作能力は、アメリカ映画・番組の模倣もしくは日本流焼き直しによって発展してきたと言っても過言ではない。しかし、そうするうちに、アメリカから直接輸入されたテレビ番組は、『X－ファイル』などの例外を除いては日本番組に比べて日本の視聴者の支持を得られなくなってきた。世界を席巻した『ダラス』や『シンプソンズ』でさえ、かつて『パパは何でも知っている』や『ルーシー・ショー』などが得たような人気を日本で博すことはなかった(『ダラス』の日本受容に関しては Liebes & Katz 1993 参照)。一方で、例えば、『ザ・チャンス!』や『クイズ100人に聞きました』など日本で焼き直されたアメリカクイズ番組は、視聴者の高い支持を得たのであり、その出自にかかわらず、日本市場において巧みにローカル化され、アメリカの影響力を土着化されたものが日本の視聴者に好意的に受け入れられているのである。

このような自らの体験を反映した現地化戦略として、日本のテレビ産業は、九〇年代初頭からアジア市場で番組フォーマット販売を積極的に展開しようとした(『朝日新聞』一九九三年九月一〇日、『日経トレンディ』一九九五年三月号)。これはある地域で成功を収めている番組の海外ローカル版制作を念頭に置いて、その番組企画を売ることを意味する。番組ディレクターが販売先に出向いて制作指導を施すことも少なくないが、力点はローカル色を出すことに置かれる。ローカルテレビ局は与えられたフォーマットで番組を構成し、動物や風景などのローカル色を損なわないような日本製のビデオ素材を利用すると同時に、独自のスタジオセット・司会者・出演者・観客・追加ビデオ取材などで番組をローカル化していく。フォーマット販売に積極的に着手しようとしたのは電通であった（『Far Eastern Economic Review』一九九四年六月一六日号）。電通は番組フォーマットを売ると同時に、その番組のコマーシャル枠を確保して日本の広告主に売りつけるという、いわゆるシンジケーション・ビジネスを展開することで、アジア地域でのフォーマット販売の取引料金の安さを補おうとした（『日経トレンディ』一九九五年三月号、三三一―三四頁）。フォーマット販売は世界各地で行なわれており、日本の販売先もアジアに限られていない。例えば日本テレビはクイズ番組『Show-by Show-by』のフォーマット・ビデオ素材をイタリア・スペイン・タイ・香港に売っている。また、いまや世界に広まった『America's Funniest Home Video Show』も、元々はＴＢＳのバラエティー番組の素人ビデオコーナーがアメリカにフォーマット販売されて始まった番組である。

この販売戦略が示唆するのは、日本のテレビ産業が自らが経験してきたアメリカ文化との交渉を、他のアジア諸国も同じように経験するし、しているに違いないという確信を持っていることである。前章で論じたように、テレビなどの日本のポピュラー文化がアメリカの模倣・土着化の産物だとしたら、アジアの視聴者が「日本製」ポピュラー文化のなかに見るものは突きつめれば「アメリカ製」の原型であることを日本のメディア産業ははっきりと認識していた。もし、日本のメディア産業が他のアジア地域に自信をもって売れるものがあるとすれば、それは「アメリカ・西洋」を土着化・現地化した日本の経験そのものなのではないのか。「昨日は外国文化で異国情緒があると言われていたものが今日には見慣れたありふれたものになり明日には伝統的なものになってしまう」(Tobin 1992a)という、日本が経験したダイナミックな文化受容・変容こそが、多様なアジア市場において、他のアジアの人々にとって日本と共通点を見出せるものとして、日本のメディア産業が創造/想像しようとしたものなのである。言い換えれば、商品そのものというよりは現地化・土着化の「過程」こそが他のアジア地域で受け入れられる日本の「ローカル性」であり、アジアのポピュラー文化圏において果たしうる日本の最大の役割であると、日本のテレビ・音楽業界は想定したのである。そして、この日本のメディア産業のアジア戦略には、日本の見事な異文化受容・吸収能力は、他のアジア諸国が後追いする発展的モデルであるという、日本の文明論に表れていた前提が見え隠れしている。つまり、日本のメディア産業のローカライゼーション戦略において想像された日本の「アジア」は、日本とアジアの間の不均衡な関係性と歴史的に培われてきたアジア認識がグローバル資本主義の文脈のなかで新たに節合化されていることを照らし出すのである。

アジアの「ローカル」スター発掘

この点は、九〇年代前半に最も積極的に現地化戦略に取り組んだ日本の音楽産業のアジア市場展開に最も鮮明に表れている。東・東南アジア市場では、西城秀樹、チャゲ&飛鳥、酒井法子など日本のポップ歌手・アイドルの一定のファン層が七〇年代後半から存在してきた(例えば、『BOX』一九九〇年三月号、『毎日グラフ』一九九二年一一月二九日号、『Views』一九九六年二月号など参照)。しかし九〇年代初めに日本の音楽産業が目指したのは、日本のポップアイドル制作のノウハウをもって、広くアジア市場をまたぐようなアジアのローカルスターを発掘・育成することにあった(『日経エンタテインメント!』一九九二年九月九日号)。このプロジェクトは、日本主導の文化混淆化によってアジアをつなぐ音楽、ポップシンガーを誕生させたいという汎アジア的幻想が依然として根強く日本のなかに残っていることを示唆している。

前章で、日本の文化プロデューサーが錯綜するグローバルな文化交通をどのように考えているかを示す一つの例として、映画『卒業旅行』について論じた。そこでは日本のポピュラー文化は基本的にアメリカ文化を土台にしていると同時に、日本によるアメリカの擬態が他のアジア諸国で二次的に受容されていることが表象されていた。しかし、この映画ではその先に文化の流れ、つまり、日本がカバーし、日本流にアレンジされた『YMCA』が次々と第二、第三のシミュレーションとして香港、シンガポールなどアジア各地へ流れていったことが描かれていなかった。日本の楽曲を香港や台湾などの歌手が歌詞を現地語に替えて歌うことはよくあることだが、この点を象徴的に表しているのは、例えば中島みゆきの『ルージュ』が辿った足跡であろう。それは少なくとも知られているだけで香港、シンガポール、インドネシア、タイ、ヴェトナム、そしてトルコでカバーされているのである(原 1996: 144–151)。日本の楽曲が受け入れられる理由として、日本がアメリカのポップスを巧みに「アジア化」したことで、より身近で聴き易いものとなったとの指摘がなされている(例えば、篠崎 1990a)。洋楽の「アジア化」が一体何を意味するのかに関してはさらなる検討をする必要があるが、ほとんどの場合、現地の消費者はメロディーの出自に気づくことなく現地の歌として受容している。TBSの『NEWS 23』(一九九四年一〇月六日)で日本のメディア産業の上海進出を特集した際に、日本のポップスに関するインタビューで現地のレコード店主と客が、「日本のものはほとんど上海で聴かれていない。日本の音楽産業はもっと市場調査をするなどしないと中国進出は無理だ」と口を揃えて答えていた。しかしそのあとのナレーションでもあったように、彼/彼女たちは香港や台湾から入ってくる中国語の歌の多くが日本のカバーソングであることに気づいていない。この意味では「カバーソング cover song」は日本の四つめの「C」の「文化的無臭」商品と言える。

これらの例は、角山榮や本多史朗が指摘したような、日本がアメリカのポピュラー文化を次々と「アジア化」するという日本の媒介者としての役割を思い起こさせるが、日本の音楽産業は、このアメリカ文化の翻訳者たる役割を積極的にビジネスに組み込んでいくことで、アジア市場に進出しようともくろんだのである(アクロス編集室 1995: 98-131; 市川 1996 参照)。ソニーミュージックのディレクターは、筆者とのインタビューでこの点を明言した。

日本のポップス制作の日本らしいところって、元々この音楽が何処から来たのかなんて無視していろいろなものをミックスするところでしょう。アメリカのポップスの良いところだけを取って自分たちのものにしてしまうというのがうまいんだと思うんです。……同じようにもし僕たちがなにかかっこいい音、トレンディーで新しいスタイルの音楽をローカルの言葉でローカルの歌手に歌わせたら、きっとそれはアジアでも受けるに違いないと思うんです。そのかっこよさの基本はやっぱりアメリカですよね。

アジア市場で日本のフィルターを通してアメリカのポップスをどんどん現地化していこうという思惑には、日本の音楽プロデューサーが日本はトランスナショナルな文化交通の最終地点ではないことを少なくとも意識していることがうかがえる。にもかかわらず、この思惑は日本とアジアとの発展時間差を所与のものとして捉えがちであることは否めない。曰く、他のアジア諸国は今、かつての日本のように高度な経済成長を享受し、若い消費者の可処分所得が増加してCDやカセットテープが買えるようになり、テレビ産業の発展はポップスやアイドルファンに浸透させるのに大きな役割を果たす。つまり、「アジアの現在の状況は日本の一六、七年前と大変似ている」(『毎日新聞』一九九四年一一月九日)ものとして安易に了解され、さらには「アジア」の現在・未来は日本の過去に永久に対応するかのごとく、日本の使い古されたポップス製造技術・ノウハウが無条件に他のアジア地域に適応できると認識されてしまったのだ。

九〇年代初めから日本のメディア産業は様々な形で東・東南アジアでオーディションを行なった。それは明らかに日本で七〇年代から八〇年代にかけて盛んに行なわれたタレント発掘システムの海外輸出であったが、映画『卒業旅行』は、この日本のポップアイドル製造術についても示唆深い。日本でのアイドル人気は必ずしも飛び抜けた歌唱力、容姿などのスター性を必要とはしない。ハリウッドのスターシステムと異なり、アイドルシステムの根幹をなすのはファンとスターの間の距離を、身近で親密に保つことであり、プロとアマチュアの間の境界線を曖昧なものにすることにあった(アイドル論に関しては、稲増 1993; 小川 1988)。そのために、テレビがアイドルシステムの主なメディアとなり、テレビ番組や広告に頻繁に登場しながら隣に住んでいそうな、同じ教室にいてもおかしくない「等身大」の男性・女性のイメージを獲得していく。『卒業旅行』では素人大学生がオーディションでアイドルになるさまを描くことで、八〇年代後半に飽和状態を迎えた日本のアイドルシステムへの痛烈な風刺をしているが、同時にこの「誰でもスターになれる」機会を与えるシステムこそが、九〇年代における日本のメディア産業のアジア戦略の中心となったことをも暗示しているのである。

テレビ局では、フジテレビが一九九二年からタレントスカウト番組『アジアバグース！』を開始した。この「アジアは最高！」というマレー・インドネシア語をタイトルにした番組は、日本・シンガポール・マレーシア・インドネシアの四カ国共同制作で始まり(その後、台湾、韓国、タイが加わっている)毎週各国からの出場者が歌を競い、年一回開かれるグランドチャンピオン大会の優勝者は歌手デビューが約束されるという番組である。この番組は日本では深夜に放映されたが、ほかの地域ではプライムタイムに放送され大人気となった(『毎日新聞』一九九四年一二月八日、『読売新聞』一九九四年一〇月二七日)。

『アジアバグース！』は英語を中心に二人の司会者(シンガポール男性と日本女性)が日本語、マレー・インドネシア語を話し、中国語と韓国語は通訳をつけるという多文化・多言語番組である。番組制作はフジテレビが中心となって行なうが、他のアジアテレビ局との連絡も密接に取っており、収録はほとんどシンガポールのＴＣＳで行なわれ、スタジオディレクターもシンガポール人である。番組は日本色をあまり出していないため、筆者が一九九六年にシンガポールのスタジオで行なった調査でも、半分以上の観客は番組制作が日本主導だとは認識しておらず、番組の魅力はどこかの一つの国・文化には還元できない「アジア色」にあると多くの観客が答えていた。

番組プロデューサーによれば『アジアバグース！』制作の目的は、汎アジアのオーディションシステムを確立させたかったためという(金光 1993)。番組が明らかに参照しているのは、日本で七〇年代に日本のアイドルシステム確立の原動力となったテレビ番組『スター誕生』である。当時、この番組が画期的であった点は、単なる素人のど自慢にとどまらず、レコード会社、タレント事務所を巻き込んでプロ歌手としてのデビューを確約していたことであった。同様に、『アジアバグース！』でもフジテレビの系列レコード会社、ポニーキャニオンがアジア市場でのプロデビューを用意している。ソニーなどのグローバルメジャー系ではないポニーキャニオンは、アジアにいくつかの拠点を設けてアジア域内の音楽流通を活発化することに海外市場拡大の活路を見出そうとした(『日経エンタテインメント！』一九九二年九月九日号)。『アジアバグース！』はもともとフジテレビとポニーキャニオンの協同事業として画策されたものではないが、ポニーキャニオンのアジア戦略にも合致するものとなった。双方の協力により、これまでは確立したポップスターへの登竜門がなかった東南アジア市場に、明日のスター発掘のシステムが作られたのである。

日本の他のレコード会社やタレント事務所も、アジアポップアイドル発掘のためのオーディションを九〇年代初めに果敢に行なった。ソニーとソニー・ミュージックエンタテインメントは、一九九一年に八カ国にわたる汎アジアのオーディション「Voice of Asia」を行ない、四〇〇〇以上の出場組のなかからフィリピンの女性シンガー、マリベスが優勝しデビューを果たした。しかし、日本の音楽産業が最も注目したのは、巨大な人口を抱える中国語圏市場であった。ある音楽プロデューサーが私とのインタビューで言ったように、「日本のマーケットはたかだか一億二〇〇〇万人、でも中国語圏は世界中で一五億人もの巨大市場」なのである。この巨大な潜在的消費者数に魅了されて(『日経トレンディ』一九九五年三月号、『週刊朝日』一九九三年一二月一〇日号、『サンデー毎日』一九九四年一一月一三日号参照)、ソニーミュージックは一九九四年に上海で吉本興業と組んで、日本で成功を収めた「東京パフォーマンスドール」の上海版を作り上げるべくオーディションを行なった(『DIME』一九九四年一〇月二〇日号)。ソニーのプロデューサーによれば、中国を初めアジア各地での東京パフォーマンスドールで成功したアップテンポなダンス音楽女性ポップグループのシステムを海外に移転するソニーの目論見と上海パフォーマンスドールを使って上海でテレビバラエティー番組を制作して中国進出の足がかりにしたいという吉本興業の思惑が合致したという(『朝日新聞』一九九四年七月三〇日、一九九五年九月二五日)。また、大手プロダクションのホリプロも、一九九三年に香港と北京に事務所を開設し、北京で大々的にオーディションを行ない、二〇万人の応募者のなかから三人を選び歌手デビューさせた。これに続いてホリプロは、九五年にヴェトナムで初の音楽オーディションを行なった。アミューズも上海でオーディションを行ない十代の「金の卵」を発掘し、ホリプロ同様、日本の資本と長年日本で培ってきたタレント養成のノウハウ、アイドル宣伝戦略を駆使して中国市場に足場を築こうとした(『AERA』一九九三年九月一四日号、アクロス編集室 1995: 100-119)。

ポピュラー音楽を海外展開することの利点として、相対的に音楽の文化減価が低いため他の海外マーケットで受け入れやすいことが挙げられるが、主なターゲットとなった経済成長著しいアジア地域で、それにまつわるCDやCDプレーヤーなどの商品の売り上げが見込まれることも重要な要素であった。また、オーディションに参加するためには、消費者は自分のお気に入りの歌を歌い込んで練習する必要があり、そこにカラオケ、ウォークマン、CD、レーザーディスクなどの新たなマーケット開拓の可能性を開く。例えば音響メーカーのパイオニアは、自社のレーザーディスク販売キャンペーンの一環として一九九一年からアジア七カ国で素人のど自慢を開催した。九三年には一万人以上が参加し、パイオニアは東・東南アジア市場に向けて前年の倍以上、六〇万セットのレーザーディスクを出荷している(『朝日新聞』一九九四年二月一一日)。こうしたハードとソフトの合体の裏には、日本が戦後に経験した豊かな消費者になりたいという願望を、アジアの消費者・視聴者も持つに違いないという確信があると思われる。日本では、六〇年代からテレビの普及につれアメリカのテレビドラマが大量に視聴され、そこに描かれた便利な電化製品にあふれた生活は、多くの視聴者の羨望の的となった。日本の産業界は周知のように時代に応じて売り込みたい電化製品に「三種の神器」というスローガンを謳って、消費者の豊かな中間階級生活への願望を物資獲得に巧みに結びつけて販売促進に利用してきた(Kelly 1993; Ivy 1993)。五〇年代後半には、三種の神器は冷蔵庫、洗濯機、白黒テレビ、そして六〇年代には三つのC、車、クーラー、カラーテレビであった。前述のように七〇年代以降の日本におけるテレビ化されたオーディションに根ざしたアイドルシステムでは、アイドルたちが頻繁にコマーシャルに出て商品を宣伝し、可処分所得の増えた若者の間に消費主義を浸透させてきた。そして、グローバルに蔓延した資本主義社会の一員としての消費者を養成する戦略が、アジア市場で試されたのである。

この意味で、日本の音楽産業のアジア市場進出は、日本資本と日本の製造業のアジア戦略に支えられたものであった。一九九五年の中国における最も知られている企業・商品に関する調査によれば、日本企業がトップ10のうち六つを占めていた(一〇位からホンダ、スズキ、マールボロ、ミッキーマウス、トヨタ、青島、東芝、パナソニック、コカコーラ、日立)(『日本経済新聞』一九九五年二月一七日)。こうした日本企業の多くは、アジア市場キャンペーン展開において、日本と同じようにイメージキャラクターとしてアイドルを採用しようとした。ソニーの「Voice of Asia」オーディションの優勝者、マリベスはCDプレーヤーの販売促進のためにアジア地域における製品TVコマーシャルに出演した。そこでマリベスはバリ島をバックに新曲の『デンパサール・ムーン』を歌い、その結果CDとCDプレーヤーの双方の売り上げは相乗効果を上げた(市川 1996: 336)。マリベスのアルバムカセットはインドネシアでそれまでの公式記録だったマイケル・ジャクソンの四〇万本に迫る売り上げを上げたのである(『朝日新聞』一九九四年二月一一日)。こうしたいわゆる日本で「タイアップ」として知られるポップアイドルを中心にしたメディアミックス戦略は、明らかに他のアジア市場でも展開された。一九九五年には、パナソニックも、中国を中心とするアジア市場戦略のために、イメージガールをそれまでの日本のアイドル、酒井法子からホリプロが北京オーディションで発掘した中国人女性リウジエに切り替えた(『日経トレンディ』一九九五年三月号)。アジアのスーパーチェーン店、ヤオハンも上海進出のためにソニーと吉本興業が共同で育て上げるアイドルグループ、上海パフォーマンスドールを使って新店舗のイメージ浸透を画策したのだった(『朝日新聞』一九九四年七月三〇日)。

このように、斉藤英介他(1995)が指摘したように日本のポピュラー文化のアジア市場への進出は消費財と流通の進出と抱き合わせで展開されており、そこではアジアのニューリッチ(Robinson & Goodman 1996)の消費願望をくすぐるために「ローカル」アイドルを起用するのが効果的であると想定された。マリベスが、フィリピン人でありながらインドネシアで豊かさと物質に満たされた生活への夢を喚起することができたように、「ローカル性」は必ずしも厳密な意味での国籍・人種と合致してはいない。しかし、「西洋化」された「アジア」の芸能人のファッション、ヘアースタイル、仕草などは、やはりアメリカの本物のスターたちよりもアジアの消費者に親しみ深く刺激的で一体化しやすいものと考えられた。『アジアバグース!』のプロデューサーによれば、番組制作で最も気を使っていることのひとつは、日本から一流のメークアップ・アーティストとスタイリストを連れていき、素人の出演者をスターのように見せることで、視聴者に誰でもスターになれるという夢を与えることであったという。

日本のメディア産業はフォーマット販売やアイドル発掘を通して真正な「日本らしさ」を押しつけようともしていないし、「日本」のイメージを売り物にもしない。また、日本のメディア産業がアジア市場で創ろうとしているのは、もちろん「伝統的」な文化でもないし、単なる西洋文化のコピーでもない。むしろ西洋(アメリカ)を発信源とするポピュラー文化を「トレンディーに」アジア地域で現地化するという新しく多様な中産階級的な「アジアっぽさ」であり、自らの経験をもとにポップな多様性を創造するノウハウこそ、日本のメディア産業にとって他のアジア地域の消費者を引きつける最大の武器だと考えられていた。『アジアバグース！』のプロデューサーは、番組の人気の理由として、優れた日本の制作能力によって番組がスタイリッシュに作られていることなどを挙げており、「かっこいい」、「とんがった」ものを見せることの重要性を指摘していた。歌の選曲にしても無理強いはしないにしても、古いものは避けて極力一番新しいアメリカ発の流行っているものを勧めていたという。ここで強調すべきは、日本のメディア産業が産み出そうとしたのは、「西洋化されたアジア」という受動的な過程ではなく、「アジア化する西洋」という、より積極的なものとしての異文化受容過程だということだ。消費者は与えられたものを黙って受け取るような単なる人形ではなく、末端で自分のイメージ、意味を常に創造している。したがって、様々な地域で「個性的」、「独創的」に西洋文化が濫用、混合される過程には西洋のオリジナルとアジアの現地化版との間には優劣はつけられない。文化・商品がすべての境界線を無視して世界中を駆けめぐるグローバライゼーションの時代において、我々があえてある地域の「文化の真正さ」ということに文化本質主義に陥ることなくこだわるとすれば、それは先天的《アプリオリ》ではなく後天的《アポステリオリ》に見出されるものである。つまり、文化の「起源」ではなく、様々な場所・人々による絶え間ない文化の翻訳・現地化の「結果」にこそ、「文化の真正さ」は求められるのである(Miller 1992)。

このような前提に基づいた日本のメディア産業のアジア市場でのローカライゼーショ

ン戦略は、長らく西洋文化に支配されたグローバル文化交通の末端で消費に携わってきたものの視点を活かしたものと言える。しかし、この過程は、資本と市場の論理に貫かれており、その末端にいる消費者は、世界の支配的地域から一方的に送り出されるモノ・イメージの流れをコントロールできないことを忘れてはならない。また、その流れは日本からの一方通行的であることも疑いようがない。消費者の創造的なグローバル文化交通との交渉は、生産と配給システムがますます少数のグローバル・メディア企業に集中していくなかでこそ可能になっている。この二極分化する生産と消費の関係を巧みに搾取することこそがグローバル・ローカライゼーション戦略の目論見なのである。言い換えれば、グローバル・ローカライゼーション戦略の強みは、ローカルでの交渉過程と、グローバルに広がる構造的支配を、同時かつ相互に密接・関連・浸透し合う形で動員することにある。多くの消費者は個人的には彼／彼女たちの生活を構造化するグローバルな力を感じることはないだろうが、そうした抑制力は構造的にも分析的にもまぎれもなく「現実」のものなのである。

さらには、都市部の中間層文化をアジア全体に一般化することもできない。あまりに多くの地域・人々がそこから排除されているからである。この点は一九九七年からのアジア経済危機でもあらためて浮き彫りにされた。消費文化を享受できるのはいまだごく少数の持てるものに限られており、「ローカル」を無批判に「ナショナル」と同一視してしまうと、階級・ジェンダー・人種・地域などの多くのマイノリティーが、グローバル・メディア企業によって儲からない「ローカル」として切り捨てられているのが忘れさられてしまう(Sreberny-Mohammadi 1991)。この意味で、これまで見てきたようなアジアの消費者・消費文化像は、あくまで日本のメディア産業が想像しているものであり、それは実際の人々の日常生活を必ずしも反映しているものではないのである。

このことは日本のメディア産業がアジアにおける文化的差異の存在に全く無関心であるということではない。例えば『アジアバグース!』の制作者は、ファッション・宗教・言語・政治をめぐって様々な問題に直面し、アジアの政治・文化的多様性を身をもって体験した(金光 1993)。しかし、日本のメディア産業が現地化戦略を通して、少なくともマーケティングの観点からアジアに存在するそうした差異に注意を払うことを強調しながら、その一方で汎アジア的な文化混成という発想に魅了されて、新たに全体化された「アジア」を想像/創造しようとしたことを見落とすことはできない。その「アジア」は、かつての日本と同じような西洋文化の吸収・土着化という熱い消費者願望に満たされた資本主義的空間として捉えられており、日本はアジアローカルの消費/ポピュラー文化の発展を指揮する資格を有していることが暗黙の了解とされてしまっているのである。

グローカライゼーションの限界

　しかしながら、日本の音楽産業の汎アジア的なポップアイドル養成の企ては、せいぜい部分的な成功に終わったと言える。その理由としては、経済的そして文化的差異に基づく要因が挙げられる。アジア市場参入にあたって、日本の文化産業はすぐに見返りがくるとは期待しておらず、ある意味でアジア市場の将来の潜在力への投資という側面を強調していた(『日経トレンディ』一九九五年三月号、『Forbes』一九九四年一二月号、『DIME』一九九四年一〇月二〇日号)。にもかかわらず、日本が長引く経済景気後退に苦しむなか、多くの音楽産業は蓄積する赤字に耐えきることができず、プロジェクトの縮小、撤退を余儀なくされた。筆者は一九九四年にインタビューした日本のメディアプロデューサーに九七年初めに再度会って話を聞いたが、以前に聞かれたアジア市場でのローカルスター発掘への情熱、楽観視は冷めきっており、疲労感さえ漂っていた。ホリプロの中国人スタッフが言うように、「アルバムを出せば赤字が増えるというなかで、(音楽産業の)アジアブームは冷めてしまった」のである。電通でフォーマット販売によるシンジケーション・ビジネス開拓に携わっていた担当部長は、他の部署へと異動させられていた。彼自身はいまだにフォーマット販売に将来性はあると思っているが、会社組織は長期的にそれを支えてはくれなかったという。ポニーキャニオンは、業績の悪化から九七年終わりにマレーシアと香港以外の現地事務所はすべて閉じられ、アジア市場戦略から事実上撤退した。また、上海パフォーマンスドールをイメージキャラクターにしようと画策していたヤオハンにいたっては、周知の通り、中国市場への拡大戦略が裏目に出て九六年に倒産してしまった。

日本の文化産業のアジア市場からの撤退はまた、実際の活動のなかで見えてきた現地化戦略の様々な限界や矛盾が露呈したためでもあった。ホリプロ担当者が言うように、多くの日本のプロデューサーは理想と現実の落差を目の当たりにしたのだ。例えば、中国市場では政府のメディア統制とメディアビジネス慣行の違いが大きな障害となった。彼によれば、中国では日本と違って、テレビやコマーシャルのテーマソングに採用されても、それはあまりヒットにはつながらない。むしろ、ヒットチャートに大きな影響力を持っていたのはラジオのＤＪであったという。しかし、政府の文化政策として中国産のポップスを中心に曲を選択し、次のプライオリティーは香港、台湾などの他の中国語圏からの音楽に置かれることが指示されており、それ以外の国際的な音楽はあまり頻繁に取り上げられることはなかったという。ホリプロがオーディションで発掘した中国人女性歌手、ダイヤオは地道に中国国内での足場を作っているが、それでも中国政府の中華文化第一政策から、日本人によって作られた楽曲は、たとえ中国人歌手が歌っていようがラジオでかかる頻度が必然的に少なくなったというのである。ホリプロのヴェトナム進出にいたっては最悪の状況となった。ヴェトナム政府は外資が国内で協同事業を行なうことを認めてはいるが、海外(特に西洋)の退廃的な「悪しき」文化流入には極めて慎重な姿勢を取っている。一九九五年のオーディションの優勝者をプロデビューさせようとしたホリプロは、この点を楽観視して根回しが十分でなかったためか、ヴェトナム政府から合弁現地法人会社設立の認可を最終的に得ることができず、市場からの撤退を余儀なくされた。

ソニーの上海パフォーマンスドールは、一九九六年にデビューを果たし、アルバムも最初にプレスされたおよそ一〇万枚は好調に売れた。気をよくしたソニーは、中国のレコード会社に再三にわたって追加プレスを発注したが、中国では追加プレスする慣例がないと断られ、売り上げは期待したほどは伸びなかったという。また、上海でサントリーのCMにタイアップしたものの、その効果は日本と比べると微々たるもので人気の上昇にはつながらなかったという。九四年の時点でアジア中にいろいろなパフォーマンスドールを作れたらという構想を語っていた担当ディレクターは、異なる文化システムとの交渉の困難さを実感していた。彼が九七年のインタビューであらためて強調したのは、日本式のやり方を押しつけたり無理矢理に発展させようとしてはいけないということであった。実際、同様のコメントは九四年にも聞かれたのだが、そのときの「してはいけない」はやや倫理的意味合いが強かったのに対して、九七年では実際のアジアの夢との格闘の果ての、「しても無理だ」へと微妙に変化しているようであった。

日本のメディアプロデューサーのほとんどは、アジアローカルの文化やビジネス慣行の差異を尊重しなければならないと口では言うものの(アクロス編集室 1995: 100–119)、この点は実際には守られていないことが多々あるようであった。ホリプロの中国人スタッフによると、日本人と中国人スタッフの間でプロモーション戦略や曲の選択などで頻繁に意見が食い違ったが、最終的には常に中国側の意見は切り捨てられ、東京からの一方的な最終判断を突きつけられてしまうために、両者の間の信頼が薄れていったという。日本のレコード会社で働くシンガポールの有名プロデューサーも、同様に日本のレコード会社はローカル市場を十分に理解していないにもかかわらず、日本のやり方を押しつけて現地スタッフに意思決定をあまり委ねないと不満を口にしていた。同様の声は日本人スタッフからも聞かれた。例えば、ポニーキャニオンの日本人台湾支社長は、台湾市場では日本と違ってCDを売るためには多額の金を宣伝につぎ込まなければならないことを東京に理解させるのがいかに大変だったかを語った。

日本企業はあまりにナイーブに日本のノウハウ、やり方がそのまま他のアジアに適用できると思いこんでいて、メディア環境が実はかなり日本とは異なっていてシステムの動き方も違うことをなかなか理解しようとしないんです。例えば、台湾では、テレビというのは単にスポットコマーシャルを売るメディアに過ぎない。だから、レコード会社はその時間を使いたかったら買わなければならないんで(メディアミックスが当たり前になっている日本と違って)テレビドラマのテーマソングに起用されるには、レコード会社はそのために金を払わなければならないんです。僕はおそらくこのやり方のほうが世界の主流だと思うんですが、東京ではこのことがわからないんですね。

これらのコメントは日本企業が実際に海外に日本流のビジネス方式をローカル化する際の矛盾を示している。現地社員を雇ってローカルのやり方を尊重すると言いながらも、重要案件はすべて東京本社で決められているのが現実であり、その運営はかなり中心化された構造になっているのである(ソニーなど日本の製造業に関する同様の指摘は、Emmott 1992; du Gay et al. 1997: 80 参照)。

日本の音楽産業が目指したことは、「西洋」と「アジア」の間の翻訳者となることだった。ある音楽プロデューサーが私に言ったように、日本の強みは五〇年以上に及ぶアメリカ文化の翻訳の経験と蓄積されたノウハウであると考えられた。その裏には最も西洋文化の土着化に成功した非西洋国というナショナリスティックな自負があり、それは往々にして現地スタッフには傲慢に感じられ、また、日本のメディアプロデューサーが日本の西洋文化交渉以外の方途を評価できなくなることにつながってしまう。例えば、シンガポールの広告代理店の日本人支社長は、私とのインタビューで、シンガポールにはいかに洗練された広告文化がないかを嘆いた。シンガポールの広告は値段の安さと品質の良さを強調する単純なものばかりで、日本の広告が育んできたような「モノ文化」が全く育っていないというのである。彼は自らが関わったという八〇年代の西武デパートの有名な広告を例に挙げた。それはウディ・アレンの憂鬱な顔のアップとともに糸井重里の「おいしい生活」というコピーを配置したもので、このようなアメリカの文化アイコンを皮肉な、逆説的なイメージとメッセージで奪用した広告は、商品・広告主とはあまり脈絡のないもので、それは一種の商品から自立したアートとして広告が自立していたと言える(上野千鶴子 1999; Wark 1991)。日本人支社長は、日本が西洋文化を吸収しながら発展してきた、このようなイメージ中心の文化広告をシンガポールで発展させたかったのである。

しかし、彼のこうした目論見はなかなか功を奏さず、彼はシンガポールの消費文化を日本や西洋と比べて劣ったものと見なすようになっていたようであった。

シンガポールは外から色々なものを簡単に直接的に取り入れてしまうんですね。彼らはそれをシンガポール流にアレンジしようとはしないんです。海外のものをローカルに現地化する文化フィルターになれるようなプロデューサーがここにはいないんですよ。

しかし、シンガポールで文化フィルターになろうとした彼の苛立ちの根本にあるのは、海外文化をフィルターを通さず直接取り入れるシンガポールのやり方が劣っているということではなく、むしろ異なる西洋文化との交渉の仕方を認めることができない日本人メディアプロデューサーの資質なのではないだろうか。シンガポールの研究者のウィー(Wee 1997: 44)が、シンガポールにおける日本のポピュラー／消費文化について指摘したように、「シンガポール人は日本に彼らと西洋のイメージ・表象との媒介役になってもらう必要性を感じていないようだ。……日本商品に関しても、どうしてシンガポール人が(西洋からの)二次的な中古の現代性と思われるようなものをよろこんで消費することがあろうか?」。多くのシンガポール人にとっては、西洋のポピュラー文化を直接消費する方が、中途半端に日本のメディアプロデューサーによって「シンガポール化」されるよりも、よほど刺激的で好ましいものなのである。

これらのケースが示唆するのは、日本のメディア産業がアメリカ文化を土着化する洗練された日本の能力を強調するのは、西洋に端を発した近代がグローバルに土着化されるなかで、アジアと西洋の間に位置すると考えられてきた日本の文化的役割に関して不安感が喚起されていることの裏返しではないだろうか。つまり、西洋文化を土着化させるノウハウへの自信の裏には、ポニーキャニオン台湾支社長が言うように、「日本システムはあまりに自己完結しすぎていて海外に影響力を持てない」のではないかという強い疑念が混在しているのである。国境を越えた文化交通と混淆化がいまだかつてないほど世界の各地で活発化、加速化されるなかで、他に類を見ない非西洋国としての土着化近代を日本が形成したという自負は次第に根拠を失いつつある。さらにやっかいなことは、他のアジア諸国が日本を通り過ぎて直接西洋文化と交渉し、おそらくは日本以上に巧みにそれを現地化してしまうことである。

日本のメディアプロデューサーのなかには、このことを察知し、他の金融・製造業と同じようにアジア経済の発展のなかで、八〇年代終わりの日米貿易摩擦で起こった「ジャパン・バッシングJapan-bashing」から、もはや日本の頭越しにアジアと西洋が取引を行なう「ジャパン・パッシングJapan-passing」に移行しており、さらには日本の地位が見失われてしまう「ジャパン・ナッシングJapan-nothing」へと事態は進むのではないかという悲観論を抱いているものも少なくはなかった。例えば、『アジアバグース!』のプロデューサーは、前述の広告代理店のシンガポール支社長とは異なり、他のアジア地域が九〇年代においては日本よりも熱心かつ創造的に西洋文化を吸収して新しい文化を作り上げているとして、「日本のポピュラー文化がアジアよりも進んでいるなんて思っていると大間違いだ」と強調していた。別の企画制作会社のプロデューサーも、西洋文化土着化の豊かな経験は日本の強みであるとしながらも、日本の地位の危うさを指摘した。

今アジアはものすごい勢いでアメリカの文化を独自のやり方で吸収していますね。アジアのポピュラー文化のアメリカ化は避けられないことでしょう。ですから問題なのは日本はこのなかでどうインボルブしていけるのか、どうしたら取り残されないのかです。私は「USA」つまりthe United States of Asiaというコンセプトを使っているんですが、アメリカ合衆国が多くの文化を融和してきたように我々のUSAもアジア内の様々な文化を混合して底から何か新しいものを作っていくことを目指すべきでしょう。

ここで彼が強調しているのは、日本もUSAの一州に過ぎないということである。彼の属するアミューズは多くの資金を投入して中国・香港との協同制作に取り組んできている。上海テレビとはドラマシリーズ『東京の上海人』を制作し、香港では九七年に香港大手の映画会社ゴールデン・ハーベストと合弁会社を設立して恋愛映画の制作に乗り出した(『日本経済新聞』一九九七年一二月一一日)。筆者の聞き取り調査ではアミューズは資金回収がほとんどできずに大赤字を抱えているという声を聞いたが、にもかかわらずUSA計画から手を引かないのは、こうした対等の協同制作こそが中国を中心に文化交流が活発化しつつあるアジア(中華)文化圏に置いていかれない唯一の方策であると考えられているからであろう。これは、グローバライゼーションの進展が日本の文化混淆化のノウハウを無価値なものにしてしまう前にアジア市場に溶け込まなければならないという、トランスナショナルな文化の流通・融合の時代に生き残るための、日本のメディア産業の決意表明なのである。

東アジア市場での同時的メディア流通

アジア市場における日本の現地化戦略を考察するうえで重要なもうひとつの点は、その応用地域が中国を中心とする比較的未熟な文化市場に限られていたことである。そこには台湾や香港など、文化市場をある程度発展させてきた地域は含まれていない。これらの地域はアメリカだけでなく日本のアイドル文化の影響を吸収して独自のスタイルを形成してきたため、日本のメディア産業が現地化戦略をもって新たに開拓できる市場ではなくなっている。もはや日本から「教えられる」ことはあまり残されていないのだ。

台湾では八〇年代から日本アイドルのファッション、容姿、音楽などを真似たポップ歌手が多く現れ、特に台湾では少年隊を真似たそっくりグループ少虎隊が生まれた(森枝 1988 参照)。当時はまだ音楽産業・市場がさほど開けてなかったため、日本で成功したパターンを真似ることは手軽であると同時に安全策でもあった(Ching 1994)。しかし、その段階は終わりを告げ、九〇年代には台湾や香港の音楽産業は独自のスタイルを意識して作り始めた。台湾版の日本アイドル雑誌の編集長が私とのインタビューで言ったように、「かつては盛んに日本の物真似をしてきた台湾アイドルは、今や自分たちのスタイルを持ち国際的な市場さえ意識し始めている。もはや日本と台湾との間に時間差はなくなっている」のである。同様の動きは曲作りにも現れている。香港・台湾では数多くの日本の楽曲がカバーされてきたが、九〇年代にはローカル音楽産業は独自の曲作りの必要性を強調するようになり、香港のラジオ局にいたっては九四年に日本のカバーソングを放送することを禁止したほどだ。言うまでもなく、こうした動きは香港の音楽産業が自分たちの音作りに自信を持つようになったことに裏打ちされている。

しかし、このことは日本のポピュラー文化はもはや香港や台湾になんの影響力もないということではない。それどころか、日本のテレビドラマやポピュラー音楽が最も熱心に消費されているのは、この比較的成熟した東アジア市場なのである。言い換えれば、九〇年代半ば近くから明らかになってきたのは、日本のメディア産業がアジア地域で西洋文化の翻訳者になろうとする試みは東・東南アジアの現状にはうまく適合しなかったが、その一方で日本のポピュラー音楽やテレビ番組の東アジア市場への輸出が大幅に増えるとともに同時的になってきたことである(『AERA』一九九七年一月二〇日号、『BART』一九九七年三月一〇日号)。この傾向が最も顕著に現れているのは台湾であろう。九七年の実地調査の時点で、日本のポップスが台湾で占める売り上げの割合はせいぜい一二、三%と言われており、日本同様、台湾では香港も含めたローカルの中国語ポップスが市場の八割近くを占めていた(中国語七五—八〇%、洋楽一五—二〇%)。それでも九〇年代後半から、日本のポップスは台湾での存在感を急速に増しており、日本の人気ポップ歌手に関するかぎり日本と台湾のヒットチャートが同時的に連動するようになってきている。例えば、台湾のオリコンにあたるIFPI台湾によると、九七年三月二四—三一日の週間シングルCD売り上げトップ10のうち、日本のアーティストのものが四曲入っていた(安室奈美恵二曲、globe 一曲、Dreams Come True 一曲)。台湾では地元歌手はほとんどシングルを発売しないためとは言え、これはこれまでには考えられなかった驚くべき現象と言える。

日本ポップスのアジア進出を扱った『BART』(一九九七年三月一〇日号)の特集記事では、日本のポピュラーソングの香港や台湾での「リアルタイム」なヒットは、日本企業の「アジア市場で一発当ててやろう」という野心とも、「日本とアジアの懸け橋を」という文化外交目的のものとも違った、気負いのない「自然体」なポピュラー文化の流れを示していると指摘している。徐々に盛んになっている様々なアジア音楽プロデューサーや企業の協同制作や協力関係にふれながら、この記事では東アジアにおけるポピュラー文化の同時性は、コミュニケーション技術の進歩に後押しされてまるで「有機的」に広がったかのように捉えられている。しかし、実際にはその裏にはメディア産業の多大なプロモーション努力があることを軽んじてはならない。そして、日本のポピュラー文化の東アジア市場へのリアルタイムな流入は日本側よりも地元のメディア産業の強いプロモーション活動に負うところが大きいのである。筆者のフィールド調査でも「リアルタイム」、「同時性」、「タイムラグがない」という語が日本だけでなく台湾、香港の文化プロデューサーたちから頻繁に聞かれた。一方で、前述のようにこれは香港・台湾側で高まる文化制作能力の自信の表れであるが、他方では日本のポピュラー音楽を東アジアの市場で売り出す鍵としてこれらの語は用いられていたのである。

一九九〇年初めに、千葉美加、「Tokyo D」といった日本で無名だった歌手・グループが台湾でデビューして人気者になった。彼女たちは、台湾を活動の本拠地としてローカルメディアに頻繁に登場し、中国語で歌ってローカルアイドルになろうとした（『日経トレンディ』一九九七年六月号）。ある台湾のプロデューサーはこの現象をかつての植民地宗主国日本の文化が台湾に近づいてきたと肯定的に論じたが（『朝日新聞』一九九五年一一月一五日）、この成功は長続きしなかった。その理由を台湾在住の日本のレコード会社社長が次のように私に言い表した。

台湾は、少し落ち目の日本アイドルが来てプロモートするような場所と考えられていたけど、今や日本で売れていないと台湾でも売れません。日本の情報やイメージが台湾にも同時に入ってきていますから、台湾の消費者は今誰が売れていて、どういうことをしているのか、毎日、新聞やテレビで知っています。だから現在日本で旬でないともうダメなんです。

情報のリアルタイム化は今このときに日本で売れているということの必要性を際だたせたのである。こうして見ると、前述した「タイムラグの消滅」とは二つの意味を持っていると言える。ポピュラー文化制作能力と市場の成熟さにおいて時間差がなくなっていることと、瞬時にメディア情報・イメージが流通するなかで日本アイドルの「名声」が東アジアでトランスナショナル化されてきたこと。この二つが交錯するなかで日本のポピュラー文化は台湾と香港のローカル産業によって盛んにプロモーションされるようになってきたのだ。より詳しくは次章で見るが、台湾における最近の日本のポピュラー文化の人気は、一九九三年の終わりに日本語の放送、上映が解禁されたことが大きい理由である。それはまた八七年の戒厳令解禁以降の自由化・民主化と文化のグローバライゼーションという、より大きい流れのなかで促されてきた台湾の情報・娯楽産業の急激な発展に多くを負っている。ケーブルテレビの発達を始め、海外からの資本・商品の流入の増加は地元市場を活性化させたと同時に、新聞・雑誌そしてインターネットにおける海外の芸能記事の情報量の増加をもたらした。例えば芸能ニュース記事に定評がある台湾の日刊紙『民生報』では九四年からわずか三年間で娯楽・芸能欄が四ページから八ページに倍増した。こうした情報・商品の同時流通が進むなかで、日本のポピュラー文化の商業的価値を高めるべく、ローカル産業は積極的に資本を投入して「日本」を売り出すことに本腰を入れ始めたのである。

筆者が台北で調査をした九七年の時点で、レコード会社で言えば安室奈美恵、globeは魔岩《マジックストーン》、Dreams Come Trueはソニーミュージック台湾（九七年にはヴァージンへ移籍した）が大量の広告を打ち出してこれらのグループのCDを販売していた。興味深いのは、両社とも日本のヘッドオフィスの直接の支配下には置かれていないという共通点があることである。魔岩は地元大手のロックレコードの姉妹会社で日本のAvexからライセンス販売で安室奈美恵、globeなどを台湾で売り出していた。Avexが海外に支社を持たずアジアでの販売はすべて地元のレコード会社とのライセンス契約を通して行なっているためである。Avexの香港支社のアジア総括担当者が筆者に話したように、これは大手と違って新参のレコード会社として支社運営の経費などを削減するためであるという。ライセンス販売の不利な点としては、日本のAvexが海外で売りたい歌手がいてもそれを売るかどうか、またどうやって、どのくらいの宣伝費で売るのかといった細かい戦略はすべて地元の契約会社の判断によって決められてしまう点である。しかし、少なくとも台湾においてはこの手法は当たった。魔岩は小室哲哉を筆頭とするAvexのダンスミュージックに大いなる可能性を見出し、TRF、安室奈美恵、globeなどを大々的に「クール」なものとして売り出した。台湾の音楽業界は伝統的に広告にかなりの資金を費やすが、これは通常ローカル歌手に限っており、海外の歌手に関してはさほどではなかった。これはそれらの歌手の国内シェアが低い上に、売れる海外の歌手のほとんどがアメリカの世界的スターであるため、今更広告費を膨大につぎ込む必要がないと判断されているからだ。しかし、魔岩はAvexの歌手に対してローカル歌手と同程度の宣伝費を投入したのである。

ソニーミュージック台湾に関しても同様なことが観察される。ソニーミュージック台湾は、Dreams Come Trueの音楽性に可能性を見出し、台湾市場展開に当たり綿密なプロモーションを計画・実施した。東京との二年間にわたる交渉の末、Dreams Come Trueの台湾訪問が一九九六年秋に実現し、ソニーミュージック台湾は大規模なキャンペーンを打ち出した。その広告費は通常海外アーティストにかける額のおよそ一〇倍に上ったとソニーミュージック台湾の副社長は私に話した。その結果、Dreams Come TrueのCDアルバムは合計二〇万枚を越すという外国人ポップ歌手としては記録的な数字を残したという。

このように日本のポピュラー音楽が東アジア市場で次第に勢いを増すなか、香港のスターテレビの親会社であるニューズ・コーポレーションも、日本の音楽産業とのトランスナショナルな協力関係を構築した。日本のポップミュージックを代表する小室哲哉とニューズ・コーポレーションは合弁でTK NEWSを設立し、本格的に小室の音楽と小室ファミリーといわれるアーティストたちのアジア市場進出に乗り出した(『FOCUS』一九九六年一二月一八日号、『日本経済新聞』一九九七年一月一〇日)。TK NEWSの強みはスターテレビというメディアを持っていることである。TK NEWS設立にあたりニューズ・コーポレーションと小室哲哉の間の橋渡しをしたのは当時のChannel[V]を取り仕切っていたジェフ・マレーであった。彼の一連の小室ファミリーミュージシャンのプロモーション戦略のなかで、一九九七年の一月に、安室奈美恵は日本人歌手としては初めて同チャンネルの「Artist of the month」に選ばれると同時にアジアントップ20の一位に輝いた。

小室率いるglobeは、一九九七年五月に台北で安室奈美恵とTRFを従えてコンサートを行ない、大成功を収めた。ちょうどその二日前に世界のスーパースター、ホイットニー・ヒューストンがコンサートを行なったが、地元メディアの扱いは「小室家族」のほうが圧倒的に大きく、その人気のすごさを物語っていた。TK NEWSはさらに台湾で『小室魔力』というスター発掘番組を開始し、一三歳の女性をRingという名で九八年四月にデビューさせ、彼女のファーストシングルは瞬く間に売り上げナンバー1になった。こうした手法は前述の日本の音楽産業におけるローカルアイドル発掘戦略の延長線上にあると思われるが、決定的な違いは小室自身が、ミュージシャンだけでなく一流のプロデューサーとして認知されていたという点である。彼自身、TK NEWS設立の際に、アジアでの現地化に長けたニューズ・コーポレーションにその手法を学びたいと発言していたものの(『日本経済新聞』一九九七年一月一〇日)、TK NEWSにとっては小室サウンドを東アジアでローカル化するだけでなく、彼の「日本でナンバー1の音楽プロデューサー」として確立された名声を喧伝・利用することが重要な市場戦略であった。同様に、魔岩の社長も小室哲哉の音楽性を高く評価しながらも、台湾市場での多大な宣伝費を使った販売方法と宣伝文句の効果の大きさを説いた。「日本の帝王」という小室氏自身が見て苦笑したほどの派手で大げさな文句をつけて大々的に売り出すなど、日本での圧倒的な人気を誇張することを武器にしたというのである。

こうした台湾における日本のポピュラー音楽の大々的な売り出しの裏には、もちろん、それが東アジアの消費者に受けるという確信が台湾や香港のプロデューサーにある。Channel[V]を統括していたジェフ・マレーは、筆者とのインタビューのなかで、日本の音楽はいろいろな西洋の音楽スタイルを取り入れているという点で絶対的に他のどのアジアの国々よりも優っており、それは台湾の若者にとっては西洋のポップスを直接聞くよりはもっと身近に感じられるはずだと力説した。日本ポップスの「アジアローカル性」をうまく利用することで、彼は最大のライバルMTVと差別化を図ろうとしたのだ。彼によれば、もしMTVがマクドナルドに喩えられるとすると、Channel[V]は飲茶《ヤムチャ》の点心を目指すのであり、西洋の影響を巧みに吸収した日本のポップスは洗練された点心としてアジアの視聴者に好意的に消費されるというのである。

マレーはさらに「日本」は二一世紀にはアジアで「かっこよさ」の代名詞になると断言し（『AERA』一九九七年一月二〇日号）、日本はアジアの若者にとって新たな憧れの的として君臨すると私に言い放った。同様に、台湾のレコード会社、魔岩の社長も私とのインタビューで、日本はもっと自分の文化に自信を持つべきであり、九〇年代はアメリカのポピュラー文化がアジアで長らく果たしてきた流行を先導する役割を日本が取って代わった転換点となるとまで言い切った。彼らの予想がどの程度現実のものになるかを判断するには長期間に亙る綿密な分析が必要である。しかし、これらの発言はマネージャークラスの役職に就く者によってなされているため、単なる楽観的状況分析にとどまらず、東アジアで活動する文化産業の自己充足的予言であると見るべきであろう。魔岩の社長は私に誇らしげに強調した。「台湾で売るには台湾のマーケットをよく知っていないとダメだ。いくらいい音楽でも日本のレコード会社ではここではうまく売れない。私たちだけがそれを可能にできるのだ」。こうした台湾や香港の音楽産業の日本のポピュラー音楽を売り出すことへのあふれる自信は、ローカルメディア環境・市場状況を熟知した地元産業が、リアルタイムに日本のポピュラー文化の魅力を消費者に効果的に浸透させることへ変化したことを如実に示している。

アジアン・モダニティーの芳香？

しかし、いくら日本のポピュラー文化が台湾で人気を博しているといっても、それはローカル文化商品を凌駕するほどではない。台湾のローカル文化への嗜好は依然として根強く、ハナーツ(Hannerz 1996: 55)が言うように、やはり、グローバライゼーションは、モダンでありながらも他とは異なっていたいという願望を同時に喚起しているのだ。前にふれたＡＳＥＡＮの冗談で、ドリアンが表していたのはこの現代的なローカル・アイデンティティーであり、グローバル・メディア企業がグローカライゼーション戦略で、国だけでなく「中国圏」のような新たな文化市場の枠組みを引いて搾取しようとしているのも、この願望なのである。一方、日本市場も、否応もなくグローバル・メディア企業のグローカライゼーション戦略に巻き込まれている。一九九六年一〇月一四日号のアジア版の『TIME』は、特集記事でセリーヌ・ディオン、マライア・キャリーなど世界を代表する女性ヴォーカリスト八人を取り扱ったが、そこにDreams Come True の女性ヴォーカリスト、吉田美和が含まれたのみならず、その号の表紙を飾り話題になった。日本の新聞でもこのことが報道され、筆者のタイムジャパンへの電話取材によると、『TIME』も日本語翻訳版を特別に発行するなどして通常の三倍以上の売り上げを記録したという。しかし、この記事はヨーロッパとアジア地域のみで特集扱いとなっていたうえ、吉田美和が表紙となったのはアジアの中でも日本版だけであった。台湾も含めたほかの東アジア地域版の表紙を飾ったのは北京生まれの香港ポップスター、フェイ・ウォンだったのだ。日本のポピュラー文化が放つアジアン・モダニティーの「芳香」が、グローカライゼーション戦略という強力な消臭剤を打ち破って「中華圏」の枠組みを壊すのはそうたやすくはなさそうである。

しかし、私が本章で論じたように、東アジア市場におけるメディア産業の相互協力・連結が加速するなかで、日本のポピュラー文化のトランスナショナルな価値が高まってきたことは否定できない。一方でこのことは、メディア・グローバライゼーションはグローバルな均質化とローカルでの文化混淆化という矛盾する現象だけでなく、地域化をも促していることを示唆する(Straubhaar 1991; Sinclair et al. 1996b; Hawkins 1997)。グローバライゼーションのうねりのなかで情報メディアが発達しアジアのメディア産業が成熟していき、様々な国・地域の産業間で協力・提携関係が強固になることで、同時的に一つの商品をいくつかの市場で売り出すことが可能になる。こうした文脈のなかで、日本のポピュラー文化の「アジア化」は推し進められているのである。ホール(Hall 1991: 28)はアメリカ文化のグローバル化に関して、国境を越えてうごめくグローバルな資本の流れは、「ローカル資本を通して、その地域の経済・政治エリートとの協力関係のなかで機能する」と論じたが、同様のことが日本のポピュラー文化の海外展開についても当てはまる。前に見たように、日本アニメのグローバル化はアメリカやイギリスの配給力によってもたらされていたが、アジア地域内における文化交通にも東アジアのローカル産業のみならず、西洋のグローバル企業が深く介入している。小室哲哉のアジア市場参入は、メディア王・マードックのスターテレビの主導であったし、世界中に輸出された日本のテレビドラマ『おしん』をインドネシアでリメークしようと企てていたのも、グローバルな活動を展開しているオーストラリアの制作会社ベッカーズグループであった(『朝日新聞』一九九七年七月七日)。これらの例は日本のメディア産業、ポピュラー文化のトランスナショナル化は様々なレベルでのパートナーなしには考えられなくなっていることを示している(インドネシアでの日本漫画・アニメについてはShiraishi 1997参照)。

しかし、メディア産業の宣伝活動がどれほど多大な影響を消費者の嗜好に与えようとも、この点からだけでは日本のポピュラー文化のアジア市場への浸透を説明することはできない。台湾や香港プロデューサーの日本のポピュラー音楽に関する自画自賛的な発言を別にしても、それが台湾や香港の消費者に受け入れられているのは、日本のメディア・テクストが何かシンボリックな魅力を持つからに他ならない。資本のグローバル化が日本のポピュラー文化のアジア市場流通に関して(透過的かつ流動的な)境界線を新たに引き直すことに一役買っているとしても、我々は消費者がそのテクスト受容からどのような快楽を体験しているのか真剣に考察する必要がある。

かつて日本の伝統文化の価値は「西洋」によって見出され、その西洋の眼差しは、日本が自らの「文化的特殊性神話」を世界に広めるのに共謀的役割を担った。しかし、テレビ番組・音楽などの今日の日本のポピュラー文化が、他のアジア地域において、ローカルメディア産業によって「商業的」価値を認められたことは、それらが視聴者が共感できる実に今日的な東アジアの現実・夢を映し出していることを示すのだろうか？　グローバライゼーションによる文化・生活様式の均一化と国境を越えたメディア産業の活動が進むなか、東アジアの視聴者は、果たして日本のメディア・テクストにアメリカのそれでは経験できなかった類いの同時代的共鳴を感じるようになってきているであろうか？　次の章では、台湾における日本のテレビドラマ視聴を通して、日本のポピュラー文化がどのようにトランスナショナルに肯定的に消費され、またそれがどのような不均衡性を新たに産み出しているのかを考察してみたい。

第四章　文化的近似性・近時性の節合

――台湾「日本偶像劇」の受容から――

前章では、アジア域内のメディア産業の相互協力と文化市場の統合化が進み、ローカル企業の積極的な販売戦略によって、日本のポピュラー文化の東アジア市場への輸出が、これまで以上に同時的かつ恒常的になってきたことを指摘した。九〇年代に入り、日本のテレビドラマがかつてない規模で東アジアにおいて好んで視聴されるようになってきているなか、日本のトランスナショナルな文化権力というものをどのように捉えたらよいのか？　もし日本が西洋文化の圧倒的影響力との交渉過程から、東アジア地域で少なからぬ影響力を持つ独自のメディア／ポピュラー文化を構築してきたのなら、それはアメリカの文化的ヘゲモニーとどのように異なり、また、グローバライゼーションの脱中心化の力学との関連において、どう読み解くことができるのか？　――このような問いを考察するにあたり、本章と次章では東アジア域内のポピュラー文化の流通が活発化するなかで、他のアジア地域のメディア・テクストがどのように文化的に共鳴して視聴者に受容されているのかを見ていく。文化的類似性と距離感の認識が、どのように近隣諸国のメディア・テクストの好意的受容に結びついているのかを検討することで、日本と他の東アジアの国・地域の間の文化交通において不均衡な力関係がどのように作用しているかを照らし出していきたい。

本章では台湾における日本のテレビドラマの受容を分析する。台湾を分析対象にしたのは主に二つの理由からである。一つは、台湾は少なくとも量的には日本のポピュラー文化最大の輸出先であり、なかでも西洋市場ではほとんど受け入れられていないテレビドラマの人気は、他の地域の追随を許していないこと。もう一つは、日本のテレビ番組が急速に国内市場で商業化された台湾のケースは、日本のポピュラー文化の人気の高まりを、日本の植民地主義の歴史、政治的自由化、経済発展、メディア・グローバライゼーションといった大きな文脈のなかで考察する必要性を示唆しているからである。旧植民地として台湾は長らく日本の文化的影響力と交渉してきたが、日本のテレビ番組の市場流入が一般に認知され、飛躍的に増えたのは九〇年代に入ってからのことであった。その直接的な要因としては一九九三年末に台湾政府が日本語のメディア商品の放送を解禁したことが挙げられる。また、経済成長と市場開放のなかで、台湾におけるケーブルテレビ産業が急速に発展し、海外メディア商品の流入を加速化したことも、日本のテレビ番組が台湾市場に急速に浸透した大きな理由の一つなのである。

日本のポピュラー文化が東アジア市場で好意的に受容されている事実は、しばしばアジア諸国間の文化的な近さという理由で説明されている。しかし、そのような議論は、「文化」を本質主義的に捉えて、あたかも所与の文化的同一性・類似性が視聴者のメディア消費の快楽をもたらしているように論じてしまう危険性がある。本章では、こうした見方に疑問を投げかけ、日本のテレビドラマが台湾の視聴者に受容されている実態を、特定の社会的・歴史的文脈のなかで重層的に考察する必要性を提示する。具体的には、九〇年代の台湾視聴者の日本産ドラマへの嗜好が、どのように日本との文化的近さの認知と関連して経験されているのかを、日本のテレビドラマ『東京ラブストーリー』の視聴者受容調査から分析する。文化的近さ・親密性の影に隠れながら、日本の文化権力が、台湾における政治的・社会的・経済的変化、ケーブルテレビに代表されるメディア市場の拡大といった状況のなかで、どのように節合化 articulate されてきているのかを考察してみたい。

薄れる「日本」への思い入れ？

前章でふれたように、日本のポピュラー音楽やテレビ番組のアジア市場での人気は、九〇年代半ばから一層顕著になってきた。『Asiaweek』(一九九六年一月五日号)は「アジアのお気に入りは日本のポピュラー文化"Asia says Japan is top of the pops"」という特集記事で、日本のテレビ番組(特にアニメ)がアメリカのそれよりもはるかにアジアで受けていることを紹介し、『Asian Business Review』(一九九六年一〇月号)でも衛星テレビにおけるローカル商品の重要性に関する記事のなかで、日本のテレビ番組輸出が大幅に増えていることを報告した。アメリカの学者、リオ・チン(Ching 1994)のいささか誇張された表現を使えば、今や「アジア中で日本が流行っている」のである。

アジア市場での日本のポピュラー文化の肯定的受容は日本のメディア産業に自信をもたらし、国境を越えた放送事業にさほど積極的ではなかったテレビ業界も、ついに重い腰を上げるようになった。かつて日本の映像ソフトのアジア市場進出に関する研究会を発足させ、アジア市場で日本のクイズ番組のフォーマット販売を推進していた電通の部長は、一九九七年三月に再会した際にこう語った。「この数年ではっきりしたのは、日本のテレビ番組が海外でも普遍性を持っていたということですね。次の段階は最初から世界、特にアジアの市場を視野に入れて番組制作をすることでしょう」。

これを裏づけるように、九七年には住友商事がTBSと組んで日本番組専門の有料放送チャンネル、JET(Japan Entertainment Television)を開始した。これはシンガポールを衛星放送の拠点にして、アジア七カ国に三カ国語(北京語、英語、タイ語)で配信するもので、NHKを除けば日本企業が経営するものとしてはアジアで初めての日本専門放送であった。その企業広告のなかでJETは、「流行に敏感な人の目は日本を向いている。日本のファッション、有名人、ヒット商品、すべてが新しく楽しい。今や、流行を意識するアジア中の視聴者はJET TVの二四時間放送で日本の最新番組を楽しむことができるようになった」と謳いあげた。これは「トレンディーな日本」を日本のポピュラー文化の魅力として喧伝することが、テレビ産業のアジア市場戦略に取り込まれたことを明らかに示している。

こうしたアジア市場への日本の文化輸出は最近始まったことではない。日本のポピュラー文化は、アニメを始めとして少なくとも七〇年代からアジア地域に(多くは海賊版として)輸出され消費されてきた。また、バラエティーなどの日本のテレビ番組のフォーマットは台湾・韓国・香港などで数多く真似されてきたし、多数の日本ポップスが現地の歌手によってカバーもされてきた。しかし、九〇年代以降の日本のポピュラー文化の広がりは、それ以前と比べて幅広い若い視聴者層を持つようになってきている。十代の頃から日本のポピュラー文化のファンであった二十代半ばの台湾女性によれば、八〇年代には日本のアイドルのファンは一部の「日本愛好者」に限られており、高校のクラスのなかでも少数派だったのが、九〇年代には日本のアイドルやドラマのことを話すのは高校生や大学生などの間ではありふれた日常の光景となったという。

日本のポピュラー文化の人気の高まりに対して、日本のアイドルブームが全盛だった八〇年代中頃までがアジア地域における日本のポピュラー文化人気の最盛期で、そうした「日本熱」は九〇年代には見られないという指摘がある。例えば香港の日本語情報誌、『香港通信』(一九九六年七月号)は、八〇年代の香港での熱烈な「日本ブーム」を支えてきた現在三十代の「日本オタク」を特集し、最近の日本ブームが当時のものと較べていかに表層的であるかを強調している。その編集長は、筆者とのインタビューで、香港での日本のポピュラー文化消費者層は増えているかもしれないが、日本ブームと呼べるものは八〇年代で終わっていると断言した。同じ傾向はシンガポールでも観察されている。九六年暮れのインタビューで、シンガポール・テレビガイドの編集長は、彼自身が八〇年代半ばにシンガポールでの日本アイドルたちの熱烈な受容を取材したことを思い起こしながら、昨今の日本のポピュラー文化の流入に関して、量は増えたかもしれないが熱狂ぶりは色あせていると指摘した。

台湾における状況はより複雑である。台湾は日本の植民地統治の経験を持ったため、日本文化の氾濫をその歴史から切り離して論じることはできない。例えば、台湾の中心的なニュース週刊誌『新新聞』(一九九七年四月一三―一九日号)は「気をつけろ! あなたの子どもが日本人になっていく」と題した特集記事を組んで日本のポピュラー文化の氾濫について報告した。記事は日本のものをこよなく愛す人々を意味する「哈日族《ハーリーズー》」という造語を紹介し、日本のポピュラー文化の受容を台湾社会に深く根づいている植民地化の歴史のなかで培われた模倣行動の表れであると論じている（『中国時報』一九九七年三月一七日も参照）。台北での私のインタビューでは、日本のポピュラー文化を好意的に消費する台湾の若者はほとんど日本の植民地支配を意識しておらず、またそれにさしたる関心を示すこともなかった。しかし言うでもなく日本のポピュラー文化の台湾への浸透は、日本植民地化の歴史と無縁ではありえない。食、住居、言語と台湾には日本の文化的影響力が深く刻まれている。特に日本統治のもとで育った世代の中には、日本が自らの植民地支配が残した傷痕と真摯に向き合おうとしない一方で、大陸から渡ってきた国民党の圧制・弾圧のもと日本統治の残滓が排除された戦後台湾において、自らの人生が二重に否定されたことへの反動として日本統治を肯定的に思い返す人たちが少なからず存在し(Liao, P. 1996; 丸山哲史 2000)、日本語のラジオ・テレビ番組やポップス（そして軍歌）が懐かしげに消費されてきた。こうした日本植民地化後の歴史的状況は、韓国の場合と異なって、現在の日本のポピュラー文化の台湾への流入と受容をたやすいものにしていることは否めない。

しかし、戦後に国民党のもとで教育を受けてきたその下の世代の日本への見方は、統治体験世代とは大きく異なっている。映画『多桑：A Borrowed Life』は台湾の脱植民地化状況の困難さと暴力性をえぐり出しているが、そこでは日本統治世代と日本統治を否定する国民党教育を受けたその子ども世代の間の複雑な感情的差異がかいま見られる。

映画のなかでは、日本にいつか行くことを夢見ながら死んでいく日本贔屓《びいき》の父の姿が、子供の目から描写される。父の「日本」への想いは、戦後日本の台湾への無関心さと、国民党統治の双方によって抹殺された自分の人生・アイデンティティーを取り戻すことへの満たされることのない欲求を映している。その監督、呉念眞は、自分が日本統治を否定的に教えられていた学生時代に父の日本統治へのノスタルジックな感情に接して反発を感じ、嫌悪感を覚えたことを告白している(『Views』一九九六年二月号)。こうした世代間の格差は、日本のポピュラー文化を好んで消費する若い世代の台頭によってさらに複雑なものとなっている。一九九七年五月、台湾で同じ日に起きた二つのイベントは、こうした台湾と日本の複雑な関係性を雄弁に物語っていた。それは、尖閣諸島の領有権をめぐる日本政府への抗議行動と、小室哲哉率いるglobe、TRF、安室奈美恵のコンサートに熱狂する多くの若者の姿であった。この「反」日本と「賛」日本の姿は、新たな世代格差を象徴するものとして台湾メディアの注目を集めたが、新たな日本贔屓世代の誕生はまた、「日本」というものへの台湾での思い入れの質の変化を伴っている。呉は例えば、日本のポピュラー文化を好んで消費する九〇年代の台湾の若者の日本観が、より冷めたものへと変化してきたと述べている。

私や父の世代は日本に対する深い愛憎感情をもっていました。しかし、若い世代にとって日本、アメリカ、ヨーロッパは同じもので、日本文化に対して特別の愛情はもっていません。日本は単に一つの選択肢にすぎないのです。台湾と日本の関係は物質的に深まっても愛情という点ではより希薄になっていくのでしょう。(『Views』一九九六年二月号、四二頁)

台湾でも「日本」が持つシンボリックな意味は、その国の文化への熱い思い入れとはかけ離れたものになってきているのというのである。

このような、熱狂的抱擁から冷めた皮相的消費への、東アジアにおける日本のポピュラー文化受容の質的変化は、グローバル文化のポストモダン的消費論と合致していると言える。記号やイメージが氾濫するポストモダンな商品消費では、記号的価値がその物質的交換価値を凌駕するとされる(例えばLash & Urry 1994; Featherstone 1991; Baudrillard 1981; 1983)。ある商品物体は、それが体現していたはずの「本来」の意味、機能、文脈から切り離され、そこに様々なイメージが(再)生産され、新たな記号的意味が付与され続けれながら消費されていくこととなる(Lash & Urry 1994: 15)。そして、ホール(Hall 1991: 27–28)が指摘したように、こうした記号とイメージの氾濫はグローバライゼーションの力学のなかで、アメリカンスタイルのテレビ、映画、大衆広告の文法に則った「グローバル・マスカルチャー」の誕生を伴っているのである。支配的なアメリカのポピュラー文化編制のもとで、絶え間ないパスティシュと呼ばれる文脈を欠いた断片的もしくは全体的な模造や擬態が世界の各地で繰り返されている(Jameson 1983; Baudrillard

1983)。日本のポピュラー文化も、その場限りの皮相的消費のための記号とイメージを再生産し続けるグローバルな文化システムのなかに組み込まれて、世界中の同質的な文化商品の記号消費のなかの選択肢の一つになってきているのである。スミス(Smith 1990: 177)が言うように、これらのグローバルに繁殖しつづける文化商品は、今ここそこに遍在する類いのものであり続けるために、過去(そしてつけ加えるなら、異文化)を単にコスモポリタンな寄せ集めものの一例・一要素として、その文脈性を消失していくのである。

こうしたポストモダン的「グローバル・マスカルチャー」論は張競(1998)の中国における日本のポピュラー文化受容論にも現れている。張によると、かつては七〇年代、八〇年代に日本の純文学やテレビドラマを通して「日本文化」が中国国民にこぞって受容されていたのに対し、九〇年代の「日本文化」の流入量は増大している一方で、日本のテレビドラマや娯楽文学は、細分化された若者層に単に流行のファッションやヘアースタイルの情報として使い捨て風に消費されているにすぎなくなってしまったという。張の議論は文学中心主義的であり、過去の中国におけるロマン化された「日本文化受容」への郷愁的な見方に曇らされているところがある。それでもメディア・コミュニケーション技術の発達とともに、日常生活にあふれ出る情報とイメージの量が飛躍的に増大するなか、様々な文化が移り気な消費者に情報や記号のように刹那的に次々と消費されるようになってきている文化状況を衝いている。

にもかかわらず、こうしたポストモダン論的視座は、現在進行中の新たなトランスナショナルな文化消費を真剣な考察の対象にすることを妨げてしまう危険性がある。ここで繰り返し確認しなければならないのは、ホールは、アメリカ文化による「世界均質化」とは、世界の文化差異が消し去られて画一的なアメリカ化が推し進められることを意味するものではないと論じていることである。むしろそれは、文化差異を増殖させながら世界がアメリカ文化へゲモニーに覆われるという、特異な形の「世界均質化」であり、同質の文化フォーマットに込められる意味は、その社会的文脈に応じて、実に多種多様なものとなっているのである。確かに東アジア市場における日本のポピュラー文化の流通量・消費者層の拡大に伴い、日本商品は他の似たような商品群のなかに埋没し、「日本」という文化的想像体への熱い思い入れと「日本製」文化商品を消費するという行為との関係は次第に疎遠なものになってきているのかもしれない。しかし、それでも日本発の文化商品やメディア・テクストが、世界中の商品の中から東アジア地域の視聴者・消費者に好んで選ばれているとしたら、それは単にグローバライゼーションによるライフスタイルの標準化がもたらした、取るに足らない表層的な情報消費としては片づけられない。むしろ問わなければならないのは、「グローバル・マスカルチャー」の時代において、日本のポピュラー文化に、アメリカなどの他のメディア商品にはない、どんな魅力的なメッセージが東アジアで見出されているのかどうかである。日本のポピュラー文化の東アジアでの浸透は、東アジアで共有されるような地域的な文化的モダニティーが立ち現れてきていることを、果たして反映しているのであろうか？

文化的近似性

メディア研究において、そうした地域的な文化共鳴感は、視聴者は文化的に「近い」とされる国地域からのメディア商品を好む傾向があるという「文化的近似性 cultural proximity」論で説明されている。グローバライゼーションをアメリカナイゼーションと同一視する見方に対抗して、ラテンアメリカ諸国などの非西洋地域間のメディア流通・消費の進展が八〇年代後半から研究されてきた。例えば、ストローバー(Straubhaar 1991)は、ブラジルやメキシコがアメリカのポピュラー文化を現地化・土着化しながら、南米地域でのテレビ番組輸出の中心国となって地域メディア市場を発展させてきたことを指摘した。彼は実証的調査によりベネズエラなどの他の南米諸国の視聴者が、アメリカ製のテレビ番組よりもブラジルやメキシコといった近隣国の番組を好んで視聴していることを発見し、この傾向は視聴者がテレビ番組に「文化的近似性」を求めているためであると説明した。つまり、視聴者は、第一に国産番組、次にアメリカよりも文化的に近い、あるいは似ているほかのラテンアメリカ諸国の番組を好むというのである。ストローバーによれば、言語を始めとして、宗教、衣装、音楽、ユーモア、身ぶり、話の展開などの要素すべてが、ある番組を「文化的近似性」と感じさせるのに一役を買っているという。

「文化的近似性」が、視聴者のテレビ番組嗜好に大きな役割を果たしていることの実証的な妥当性について、反駁するものはほとんどいないであろう。例えばラテンアメリカに限らず日本や香港においても地元制作の番組が最も人気がある傾向ははっきり見られるし(Lee 1991)、テレビ番組の国際流通に目を向ければ、ブラジル・メキシコ・香港・エジプトなどの地域センターが文化・言語的地域圏内のメディア交通で果たしている役割の重要性にも気づく(Sinclair et al. 1996b)。しかしながら、まさしくその自明性こそが、「文化的近似性」概念の精緻な検討・理論化を妨げる結果になってしまっている。一言で言ってしまえば、「文化的近似性」論の問題点は、文化をあまりに大雑把かつ本質主義的に捉えているところだ。文化的近似性を証明するには、ある文化的に「近い」とされている国から来た番組が視聴者に好まれたという傾向が観察されれば十分とされ、「文化的近さ」の認識とはどういうことを意味するのかという、根本的な問題は不問とされてしまいがちなのである。地域内メディア交通研究における、中国圏、インド圏など、言語・文化による大まかなテレビ文化地域の分類は、ハンチントンが分類した文明地域と大体において適合している。そして文化的近似性論が、同様の文化／文明圏の分類に立脚して一般化された視聴者の嗜好傾向だけを無批判に説明しようとするとき、文化を非歴史的かつ本質主義的に捉えてしまう危険性を、ハンチントンと共有することとなる。そこでは、視聴者の関心を自発的に促すような文化的共通性が所与のものとして存在することが暗黙の前提とされ、それぞれの文化編制がなされた歴史的文脈や文化の内部に存在する差異は無視されてしまう。さらには、なぜ文化的に近い地域のメディア・テクストのうち、ある特定のものだけが受け入れられるのか、もしそのようなメディア・テクストを好んで消費しているとすれば、どのような快楽を視聴者は得ているのかに関して、文化的近似性論は多くを教えてはくれない。

東アジアにおける日本のポピュラー文化の好意的受容もまた、日本と他のアジア諸国の間の文化的・人種的類似性・同一性と関連づけてしばしば説明される(例えば、吉岡1992; 石井&渡辺 1996、『朝日新聞』一九九八年四月一四日、二〇〇〇年七月三〇日)。これまでに見たように、ポピュラー文化があらためて示唆する日本と他のアジア諸国の間の文化的共通性は、日本の国民主義者によって日本の文化的優位性の直接的主張をカモフラージュするために都合よく言及されてきた。日本とアジア諸国の関係改善を模索する知識人にとっては、文化的近さは将来の明るい展望を照らし出すものと見なされる。例えば、日隈元信一(1993a: 215)は、アジアに輸出される日本のテレビ番組についての論考で、本人と中国人が同じ肌の色をしており、東京の生活ぶりが中国人にとても親しみをおぼえさせるという、日本のテレビドラマを好意的に観ている若い中国人の母親の発言にふれている。第二章で見た『おしん』に関する言説と同じように、隈元にとって、日本のテレビ番組を介して日本と中国が密接な文化的つながりを持っていることがあらためて喚起されていることは、戦争によって引き裂かれた両国間関係の将来にとって重要な意味を持つ「事実」にとどまり、文化的近さの認識がさらに精緻な考察を経ることはない。日本また、同じ前提は、意見を全く異にする批判的知識人によっても共有されている。日本のアジア地域の経済搾取・差別的アジア観を批判し続けている村井吉敬(1993)は「アジアの日本化」現象を扱った月刊誌の特集で、漫画『ドラえもん』など日本のポピュラー文化のアジア諸国への浸透は、日本文化の積極的受容を意味しないと警告した。

戦後日本でも、アメリカの文化や、ヨーロッパの文化が尊敬と憧れをもって受け入れられた。アジアの諸国が日本の文化を同じように尊敬と憧れで見ているかというとそうではないんです。日本で花開いた、身近で、便利で、楽しい消費文化が戦争を知らない若い層を中心にひろがっていった。

アメリカ文化が、日本で果たして尊敬をもって受け入れられたのかは議論の分かれるところだが、日本の文化輸出はその圧倒的な経済力を反映したものにすぎないとしながらも、村井は西洋のオペラ鑑賞と日本のカラオケ酒宴を比べて、アジア地域における後者の気安さ、真似しやすさを強調する。ここで村井の議論が前提にしているのもやはり、日本の消費／ポピュラー文化がアジアで受容される理由としての文化的な近さの自明性である。

しかし、少しでも日本と他のアジア諸国との間に存在するとされる「文化的近似性」を真剣かつ批判的に考察すれば、その自明性はおのずと崩れていく。もっとも明白な点では、南アメリカ諸国が少なくとも一定の言語的・文化的共通性（そして共通の被植民地化経験）を持っているのに対し、アジア地域を特徴づけるのは、その社会的、文化的、歴史的多様性である。さらには日本は言語共通性という文化的近似性論において重要な要素をアジアにおいて欠いている（ハンチントンでさえ日本を単体の文明圏と分類したのだ！）。もちろんこのことは、文化的近似性論は虚偽に満ちており、日本のポピュラー文化のアジア地域での人気とは一切関係していないというのではない。私が台北で行なった実地調査でも、予想外にも多くの視聴者から、日本と台湾の文化的・人種的近さが日本のテレビドラマの魅力の一部であるという発言を聞くことになった。台湾の視聴者は、明らかに日本のテレビドラマのなかに文化的近さを認識し、体感していたのであり、この意味で文化的近似性の認識は紛れもなく社会的事実として存在するのである。

つまり、ここで求められているのは、文化的近似性の本質主義的な定義を打ち壊しながら、同時に台湾視聴者が表明した日本のポピュラー文化消費における文化的近似性経験を理解することである。そのためには、視聴者のコメントを額面通り鵜呑みにするのではなく、「テクスト」として我々は読み解いていかなければならない(Ang 1985)。視聴者が体験したという文化的近似性は、本当に日本のポピュラー文化の消費の魅力と関わっているのか？　もしそうなら、それは特定のテクストのなかでどのようにして快楽として昇華され、またどういう歴史的文脈において起こっているのか？　急いで断っておけば、無論、視聴者のメディア・テクスト受容が、「文化的近似性」認識によってすべて説明されることはない。それはあくまで、視聴者がテクストから様々な快楽を経験するという、複雑なメディア消費過程の一つの側面でしかありえない。しかし、こうした問いを立てることで、日本のメディア・テクストに文化的近さを感じ取るという台湾視聴者の体験に、日本のトランスナショナルな文化権力の発現を見出せるというふうに考えることができるようになるのではないだろうか。ある地域内に出回るメディア商品の制作者が、ごく一部の国に限られていることからも、視聴者による文化的近似性の認識は、決して不均衡な力関係から自由ではないことがわかる。トランスナショナルな文化権力を文化的優越性の明らかな発現もしくは承認ではなく、自他の生活空間における意味の構築に重要な影響を及ぼすイメージ・シンボル・語りを生産する能力と緩やかに定義するならば(Lull 1995: 71; Thompson 1995)、九〇年代における東アジアにおける日本の文化権力は、たとえ部分的にせよ、他のアジアの視聴者が「文化的近似性」という形で表現される親近感・共鳴感を体験するようなポピュラー文化を作り出す能力によって特色づけられるのではないか。台湾視聴者の「文化的近似性」体験を動的な過程として多層的に分析することで、東アジア地域内のメディア交通における日本の文化権力が、文化距離認識との錯綜する関連性のなかでどのように立ち現れてきているのかを紐解くことができると思われるのである。

文化的近似性を一般化された形で決定論的に論じないためには、スチュアート・ホールが言う「節合化 articulation」概念が有用である。もともとはアーネスト・ラクラウによって展開されたこの概念は、あるイデオロギーが、ある特定の歴史的文脈のもとで、どのように社会的・政治的・経済的要素と複雑に、重層的に結びついて支配的意味を獲得していくのかを説明しようとしたものである。ホールは英語の articulate という語が、「明瞭に発話する」と「特定の接点、節において連結する」という二つの意味を持っていることに着目し、後者が示唆する偶然性の意義を強調する。

「節合化」とはこのように、ある特定の状況のなかで二つの異なる要素を一体化させるような連結過程を意味する。しかし、そのつながりは必然的でもなければ、あらかじめ予定されたような絶対的なものでもない。我々が問わなければならないのは、一体どのような状況のもとでそのような連結が起こりえたのかということなのだ。(Hall 1996b: 141)

文化的近似性の実証的研究に欠けているのは、この任意性、偶発性の視座である。つまり、文化的近さの認識は決して所与のものではなく、視聴者がどのような歴史的文脈のもとで、外国のメディア・テクストを通して文化的近さを経験したのかを問題としなければならない。詳しくは後で述べるが、台湾における日本のテレビ番組受容について言えば、日本植民地経験に重層的に決定 overdetermination されながらも、急速なメディア産業・市場、とくにケーブルテレビの発達が日本のテレビ番組の日常的普及に大きな役割を果たしてきたし、こうした状況は、戒厳令が解かれた八〇年代後半からの民主化・自由化や、親日的な本省人である李統輝総統の出現という、より大きな政治的潮流のなかで捉えることができる。また、高度経済成長によってもたらされた物質的豊かさの享受などの経済的・社会的要素も、九〇年代の台湾視聴者のテレビ番組視聴を通じての台湾と日本の文化的近似性体験の考察に、密接に関わってくるのである。

節合化の視座は同時に、文化的近さがテレビ番組のテクストにおいてどのように肯定的に作用しているのかを詳しく読む必要性があることを示唆する。台湾の視聴者が日本のドラマを好んで観るのは、それが単に文化的に近いとされる国のものであるからとか、見慣れた文化的価値・要素を発見したためとは限らない。台湾の視聴者が日本の番組に台湾やアメリカの番組が提示しえない何か魅力的で快楽的なものを見出しているとしても、文化的近似性感覚は、実際には文化的・人種的近さの認識がありのまま投影されているというよりは、外国のメディア・テクストへの肯定的一体化の表現として捉えることもできるのだ。見慣れた文化価値は、必ずしも番組の魅力とはならないどころか、まさにそれゆえに視聴者がその番組に拒否感を覚えることもしばしばある。台湾における日本のテレビ番組の肯定的受容は、日本と台湾が似た文化価値・コードを所有しているという前提によって自動的に決定されはしないのである。

この点に関連してさらに言えることは、文化的近似性研究に求められているのは、視聴者の能動的、創造的な主体的行為の視座である。文化的近似性をテクストに内在するものとして扱ってしまうと、視聴者がテクストの快楽を構築する能動的役割が軽んじられてしまう。英国の人類学者、ダニエル・ミラーの文化的真正さに関する議論を借用すれば、文化的近似性もまた先天的に存在するものではなく、あくまで後天的に生じると解釈されるべきなのである(Miller 1992)。外国製のメディア・テクストが体現する文化的近さとは、あくまでも視聴者の主体的意味構築行為によってのみ認識され、経験されるものなのだ。しかし、シンクレアー他(Sinclair et al. 1996a)が指摘したように、視聴者がメディア・テクスト受容にあたって、いかに主体的に意味構築・交渉をしているかに力点を置くオーディエンス研究は、これまでアメリカのテレビ番組テクストに集中しており、他の地域間のテレビ番組流通に関しては驚くほどなされていないのが現状である。シンクレアー他は、その理由を、非西洋地域内のテレビ番組流通は、従来のオーディエンス研究では把握できないような他の偶発的要素に負うところが大きいからであるとして、非西洋地域内のテレビ番組流通研究では、番組購入の過程、番組編成時間帯、番組の広告などの「中間領域分析 middle range analysis」がより重要であると強調する(Sinclair et al. 1996a: 19)。筆者はこれらの要素が非西洋地域内のテレビ番組流通理解に大切であることに同意はするものの、文化的近似性概念を決定論に陥ることなく考察するためには、視聴者がどのように特定の番組テクストを文化的に近いと経験するかという実証的研究はやはり不可欠であると思われる。つまり、アジア地域における日本のテレビドラマの浸透を文化的近似性というキーワードから読み解くためには、台湾視聴者が日本のテレビドラマを好むようになった歴史的・政治的・社会的文脈の検討、「中間領域分析」、それに実証的な受容研究など、すべての視座が必要なのである。

東アジアのメディア市場状況

東・東南アジア市場における日本のテレビドラマの好意的受容は、九〇年代半ばに特に顕著になってきた。『平成九年度版通信白書』(郵政省1997)によると、九五年にアジア市場に輸出された日本のテレビ番組は総輸出量の四七％にのぼり、なかでもテレビドラマはアジア輸出の五三％、総輸出のなかでも二五％となっていた。日本のテレビドラマの人気の高さは国によって異なる。一部のドラマは東南アジア各国でも好意的に受容されたが、日本のテレビドラマ人気が特に著しいのは、台湾、香港といった東アジア地域である(他のアジア市場に関しては、中国について、張1998、インドネシアについて、倉沢1998、タイについて、ナーワーウィチット1994参照)。日本のテレビドラマ受容は、ローカル市場状況によって説明し尽くされるものではないが、まずは日本のテレビ番組の流通、販売促進を規制するような市場の構造的要因をシンガポール、香港、台湾を比較しながら見てみたい。

筆者の聞き取り調査によれば、一九九六年、シンガポールで最も多くの視聴者を持つ中国語チャンネルTCS8は、およそ半分の番組を海外から購入していた。そのうちのおよそ五〇%は香港、三五%は台湾、一五%が日本からであった。TCS8の編成担当部長によれば、九一年に日本で放映された『東京ラブストーリー』や『101回目のプロポーズ』などの人気で、テレビドラマをはじめとする日本のポピュラー文化への関心がシンガポールで九〇年代に高まったものの、その傾向は長続きしなかったという。それは日本のポピュラー文化はアメリカなどの他のメディア商品と違って、ローカル市場で宣伝・露出される機会が少ないこととも関係しているという。

日本のテレビ番組は徐々にシンガポールで存在感を増している。一〇年前はほとんど目立たなかったものだ。しかし、現在でも日本のテレビ番組の存在は決して大きなものではないし、露出度も一貫してはいない。（シンガポール市場での）潜在力はあるけどそれを積極的に売り出すための努力も資金もまだ十分ではないと思う。

西洋のメディア商品がシンガポールで主流でありつづけている一つの理由は、長年に亙って絶え間なく商品を提供してきた市場戦略にあり、それを欠いている日本のメディア商品の人気はせいぜい季節的なものにとどまっているというのである。

シンガポール同様、香港も二つの地上波が市場をほぼ独占しているが、日本文化の影響がより強く見られるため、状況はすこし異なっている。一九九七年に行なった香港で最も人気のあるチャンネルTVB Ｊａｄｅとの聞き取り調査によれば、九七年二月一〇日からの一週間の番組編成のうち、海外番組はおよそ二〇％であり、そのうちの四分の三を、アニメーション、ドラマなどの日本番組が占めていた。日本番組は、八〇年代初頭まで全番組の三〇％以上を占めていたが、八〇年代半ば以降、そのシェアは急激に落ち、そして九〇年代に入って徐々に盛り返してきているとのことであった。それを支えているのは日本ドラマ人気であり、アメリカドラマが八〇年代の最も人気のある海外番組ジャンルだったのが、今ではその地位を日本ドラマが奪おうとしていると担当者は言った。

しかし、それでも日本ドラマは、ローカルドラマに匹敵する人気を得ることはないという。TVBでは日本の人気アイドルを起用した『金田一少年の事件簿』という十代向け探偵ドラマを盛んにプロモーションしたが、結果はローカルの人気番組が平均的に得る三〇ポイントを下回る二〇ポイントの視聴率しか獲得できなかった。その理由としては、日本ドラマの視聴者は十代から二十代の若者に限られており、香港やシンガポールのような、主に二つのチャンネルが市場を独占している地域のターゲットとされる、最も「忠実」な視聴者である四十代以上の主婦と子どもたちをつかめなかったからだとTVB担当者は分析した。香港では高視聴率ドラマは家庭ドラマに偏りがちなのだという指摘は、ライバル局ATVの番組編成者からもなされた。彼によれば、若者に非常に人気の高かった『東京ラブストーリー』でさえ、四〇歳以上の主婦を惹きつけることができないため、ローカル人気番組の目標視聴率に及ぶことはなかったという。かつては幅広い視聴者層を獲得した日本ドラマは、今や若い世代だけに受け入れられているため、「反応はとてもよかったけど、レーティングはそこそこ」となってしまうという。

香港では、ワーフ・ケーブルテレビの開局で日本専門チャンネルも現れたが、シンガポールと最も異なっている市場動向は、日本ドラマのビデオやVCDの海賊版が多く出回っているため、日本ドラマはTVBとATVが放送しなくとも、若者の間で日常的に見られていることである。信和中心というビルには、こうした店が乱立しており、日本での放送の数日後には、広東語に吹き替えられた日本ドラマが店頭に並べられる。また、日本のテレビドラマやアイドルの情報も地元日刊紙、週刊誌に常に掲載されている。こうしたことも、香港とシンガポールにおける日本のポピュラー文化の存在感と受容の差を形づくっていると言える。

しかし、日本のテレビ番組がもっとも日常的・恒常的に流通・受容されているのは台湾である。先にふれたように、日本のテレビ番組はアニメーションを別にしても少なくとも七〇年代からアジア各地のソフト不足を埋めるべく輸出されてきたし、海賊版も常に出回っていたが、九〇年代に入ってその量が急増した理由としては、市場レベルで見れば、日本のテレビ局が猛烈に売り込んだというよりも、地元のテレビ局、特に衛星・ケーブルテレビ局が、日本番組を積極的に台湾市場で売り出したことが挙げられる。台湾では、香港、シンガポールと比べると地上波の人気は弱く、多くの(非合法)ケーブル・衛星放送が視聴されてきた。スターテレビはそのなかでも日本のテレビドラマを積極的に売り出した先駆者である。香港の地上波の番組を流せないためのソフト不足を補うためとは言え、九一年に放送開始以来、日本の番組、とくにドラマはスターテレビの中国語チャンネルの目玉であり続けている。スターテレビは汎アジア放送とインド・中国の未開の巨大市場開拓という面が強調されてきたが、実は当初から台湾はスターテレビ中国語チャンネル(それに九四年に新設された音楽専門のChannel[V])の主なマーケットであった。九六年には中国本土へは新しくフェニックス・チャンネルのサービスを始めたため、中国語チャンネルは今や台湾市場への専用チャンネルとなっているのである。そのなかでも日本のドラマの人気は高く、九二年からは「日本偶像劇場」と銘打った時間帯をプライムタイムに編成して一層の視聴者獲得を目指した。筆者が香港で九七年に行なったスターテレビの番組編成担当者とのインタビューによると、日本のドラマはスターテレビの台湾「ローカライゼーション」戦略に必要不可欠なものと認識されてきたというのである。

しかし、台湾における日本番組の普及を考えるに当たって最も重要なことは、衛星テレビではなく、ケーブルテレビの発達である。スターテレビさえも台湾ではケーブルチャンネルとして視聴されている。台湾のケーブルテレビは、娯楽番組が充実していなかった政府系の三つの地上波テレビ局(TTV、CTV、CTS、一九九七年には民進党系のFormosaTVも開局)への視聴者の不満を反映して、八〇年代に非合法チャンネルとして飛躍的に発達した。この傾向は特に八七年の戒厳令廃止以降の自由化・民主化のなかで顕著となり、当時野党だった民進党も自らのケーブルチャンネルを通して政治キャンペーンを行なったほどである。政府と業者の間のケーブルを切ってはまたつなぎ直すというイタチごっこの末、九三年に政府は遂にケーブルテレビ法を制定してケーブルテレビを合法化した。その直後に、六〇〇もあったケーブル局は淘汰されておよそ五分の一に減ったが、その時点ですでに五〇%を越えていた加入率は合法化後さらに増えて、九八年の時点で八〇%に達している。つまり、五家族のうち四家族までもが七〇―八〇ものケーブルチャンネルを受信していることになり、台湾はアジアでも有数のケーブルテレビ大国となっている。

ケーブルテレビ法では最低二〇％の番組は国産でなければならないと規定されているものの、海外から購入した番組だけを放映しているケーブルチャンネルは少なくない。台湾のケーブルテレビにはESPN、HBO、Discovery、CNNなど、アメリカの専門チャンネルが多く進出したため、かつてのアメリカ番組の優勢ぶりを思い出させることから、「再アメリカ化」が起こっているとの議論もある(Lewis et al. 1994)。そもそも合法化に至った経緯も、海賊版による著作権侵害の是正を求めるアメリカからの圧力が強く作用したことが挙げられる。しかし同時に目につくのは、日本専門チャンネルの多さである。台湾においてかつての植民地支配国である日本のテレビ番組、音楽などの放送は、長い間禁じられてきたにもかかわらず、海賊版を通して台湾の人々に消費されてきたし、WOWWOWやNHK BS1などの衛星放送も非合法に視聴されてきた。テレビ市場の自由化のなかで、台湾政府は九三年暮れに日本語の番組放送を遂に解禁したが、これは一般家庭での根強い日本のテレビ番組人気を半ば追認する形だったと言える。そして日本による台湾の植民地支配時代の名残は、新たなメディア市場開拓にあたってのビジネス提携としても色濃く現れた。日本語ケーブルチャンネル会社設立に携わった台湾人の多くは、比較的高齢の日本統治を経験した日本語の堪能な経営者たちであったからだ。例えば、博信東映チャンネル設立は、台湾人社長と日本の東映社長との個人的親交に負うところが大きかったのであり、日本の文化的存在感はここでも日本植民地統治の歴史の影を引きずっていると言える。

解禁後、日本のテレビ番組の放送は増え続け、一九九九年の段階でNHKアジアを含めて国興、緯来、博信東映、JETと五つのケーブル専門チャンネルがあった。ケーブル専門チャンネル以外にも、地上局やスターテレビなど他のケーブルチャンネルが頻繁に日本番組を放映しており、解禁後の日本のテレビ番組の台湾での存在感は大幅に増加した。九二年には、日本から台湾へのテレビ番組総輸出量はおよそ六〇〇〇時間だったが(川竹&原 1994)、筆者の聞き取り調査では九六年にはTBS一社の台湾への輸出量が一〇〇〇時間を越えている。数少ない地上波チャンネルに独占されているシンガポールや香港市場と異なり、八〇%以上の家庭がおよそ七〇チャンネルを毎日楽しんでいる台湾では、日本の番組を見ようと思えば毎日数時間見られる状況になっている。台湾の地上波にとっても、アメリカや日本などの海外番組は十分な数字がコンスタントにとれないため、重きは国産番組に置かれているが、より狭いニッチな視聴者市場をターゲットとするケーブルチャンネルにとっては、日本の番組は新たな十分魅力あるソフトとなりうる。シンガポール・香港では見られない台湾の多チャンネル化が、日本番組の大量流入の重要な要因となっているのである。

日常で語られる「日本偶像劇」

このように、台湾ケーブルテレビ市場の拡大と地元のメディア産業の活性化が日本のテレビ番組流入の増大をもたらしたことは否めないが、日本の番組の人気があるからといっても、台湾の番組に匹敵するほど主流になりえたわけではない。また、チャンネル全体の視聴率だけを見れば、アメリカの番組チャンネルは日本のチャンネルを凌駕している。しかし、個々のジャンルと視聴者層に目を向けると、特に十代、二十代の若い層に、日本のテレビドラマはアメリカや台湾のドラマよりも高い評価を受けているのに気づく(服部&原 1997; 石井&渡辺 1996)。服部宏と原由美子の調査では、視聴者に国別の番組ジャンルに最高一〇点の評価をそれぞれしてもらったところ、日本のドラマは全体でも地元台湾、アメリカのドラマを上回って最高点を上げており、とくに一三―二五歳の若い層では男女ともに格段の評価を得ている。つまり、現在日本の番組を最も好んで視聴するのは、日本植民地統治を経験した日本語を理解する六〇歳以上の世代ではなく、十代から二十代の若い層、特に女性であり、最も人気のあるジャンルは、視聴者層を反映して、スターテレビが命名した「日本偶像劇(日本アイドルドラマ)」と呼ばれる若者向きのものである。『おしん』は一九九四年に台湾の地上波のＣＴＶで最も重要な時間帯

のは、この種の歴史的NHKドラマや時代劇・家庭ホームドラマではない。いまケーブルを中心に若者に人気となっているの八時から放送され大人気となったが、

ケーブルテレビが合法化された直後も、日本のテレビ番組の広告はほとんどされなかったため、日本偶像劇の面白さは口コミでまず若い世代に広まっていったという。台湾の日刊紙のなかで最も販売部数の多い『中国時報』では毎週土曜日に日本の偶像劇に関するコラムを掲載している。これは読者からの日本の偶像劇に関する、疑問、感想などの手紙を紹介しながら記者がそれらに答えるというもので、一九九六年の二月から始まった。このコーナーを担当している女性記者、「黒鳥麗子」(日本偶像劇タイトルの「白鳥麗子」をもじったペンネーム)とのインタビュー(九七年一月、台北)によれば、当時『中国時報』では若者向けの連載コラムを始めるにあたり、どんなトピックが若者の注意を引きつけるかを検討した結果、日本の偶像劇が最適と全員一致で決定したとのことである。日本の偶像劇を観ている若者は、必ずと言っていいほどドラマの内容について観た翌日友達と意見を交換しており、それはかつて台湾の八時からのドラマがそうだったように、若者の間で今最も共通した日常の話題になっているという。

語られる内容は様々だ。もちろんスターテレビの「日本偶像劇」の命名からも察せられるように、ドラマに出ている日本のアイドルは話題の的となっている。日本と同じように彼/彼女たち見たさでドラマを観るファンも少なくない。東京のファッション、イ

ンテリア、消費財、音楽なども欠かせない話題だ。こうした日本の流行に関する情報は、テレビドラマの人気が出る前から台湾の若者の間で流通してきた。それは主に日本のファッション雑誌を通してであり、中でも『ｎｏｎ・ｎｏ』の人気は根強く、台湾の若い女性は、日本語は理解しなくともファッショングラビアを好んで消費して、東京発の流行を先取りしようとする。七〇年代終わり頃に最初に輸入された『ｎｏｎ・ｎｏ』は八〇年代にその人気を不動のものとし、いまなお台湾でずば抜けて人気のある海外誌として君臨している(『Adversing Age 中文版』一九九三年一月号)。『ｎｏｎ・ｎｏ』を輸出している日販との聞き取り調査によると、正確な数字は把握されていなかったものの、その輸出部数は九〇年代、とくに九三年頃から顕著に増大したとのことで、日本のドラマが広い支持を得た時期と重なっている。日本の若者と同じように、台湾の視聴者も単に何をではなく、どのように洋服を着こなし、どういう仕草をし、いかに流行の家具をうまく配置したらおしゃれな生活様式を身につけたことになるのかという消費のコードを、偶像劇や『ｎｏｎ・ｎｏ』を通して探っているのかもしれない。

しかし、台湾の若い視聴者が友人と最も熱心に語っているのは、何と言ってもドラマのストーリーであり、キャラクターである。日本のドラマのなかの消費財が記号・情報として他のアジアの若者に受け入れられたという見方は決して間違っていないが、熟練した日本の制作技術・脚本に支えられたドラマ・ストーリーやキャラクターの魅力が人気を支えていたことを軽視すべきではない。日本偶像劇は、その内容や設定は多様であるが、台湾で高い人気を得ているのは、概して東京を中心とする現代的なセッティングのなかで展開される、若者の恋愛・友情・仕事、女性の社会的地位などのテーマを扱ったドラマである。台湾ではこの種の若者をターゲットにしたドラマはほとんど制作されていなかったため、それまで彼／彼女たちのこうした欲求を満たしていたのはアメリカのドラマや映画だった。しかし、今やその役割を日本のドラマが奪い取った様相である。台湾の視聴者が日本のドラマのなかに単なる消費情報だけでなく、台湾、香港、アメリカなどのドラマでは味わえない何か共感できる意味を見出しているのだとすれば、それは高度に近代化した都会地域に暮らす台湾の若者にとって彼／彼女たちが直面している「今」を映しているからなのであろうか。筆者が九七年に台北で行なった日本とアメリカのドラマの受容に関する視聴者インタビューを通して考察してみたい。

『東京ラブストーリー』を観る

台湾で日本偶像劇の人気を引き起こしたのは『東京ラブストーリー』だった。一話実質五〇分足らず、計一一話のこのドラマは、日本で一九九一年一月から三月まで放映され、日本ドラマの新時代を記す作品となった。もともとは原作の漫画が若者に支持されてドラマ化された『東京ラブストーリー』は、恋愛に積極的で自己主張の強い二十代前半の赤名リカ(数年海外で暮らしたことのある帰国子女と設定されている)と、優しいが優柔不断なところのある永尾完治(カンチ)の織りなす恋愛を中心に展開される。「カンチ、セックスしようか」という台詞に象徴されるストレートさ・オープンさ・自由奔放さとともにひたむきさを合わせ持つリカの態度に、カンチは惹かれながらもうまく対処しきれない。リカとの関係に疲労していくカンチに対して、彼が高校時代から好きだった同級生の関口さとみが、やはり同級生の医大生と別れたあと、カンチに接近し始める。徐々にさとみへと再び傾いていきながらも、自分とさとみの間で揺れ動いて決断が下せないカンチを見て、リカは二人の関係に自ら終わりを告げてアメリカへと転勤していく。物語は数年後、さとみと結婚したカンチが街で偶然リカと再会するシーンで終わる。リカはカンチとの恋を懐かしがりながらも、決して過去に縛られたりすることはない。彼女は最後まで前向きで自立した女性として描かれる。

『東京ラブストーリー』は、台湾では一九九二年に初めてスターテレビで放映されて以来、地上波のＴＴＶも含めて計六回以上放送されている。その人気の高さに刺激されて、台湾の国立政治大学の学生たちは、六一人の大学生視聴者を対象にした調査を行なっている(Li et al. 1995)。これによると、八三%がドラマを面白かったと評価し、六五%が二度以上観たと答えている。アング(Ang 1985: 20)が世界中を席巻したアメリカのソープオペラ『ダラス』のオランダでの視聴に関して論じたように、ポピュラー文化から消費者が得る快楽とは、何よりもまず自己の気持ちにしっくりくるものを認識し、感情移入することから生じるものである。とすれば、台湾の視聴者は、この特定のドラマにどのように自らを一体化させ、そしてどのようなリアリズムをドラマは提示しえたのだろうか？

台湾の視聴者、特に女性視聴者にとって、鈴木保奈美扮する主人公の赤名リカは、強烈に魅力的なキャラクターとして受けとめられており、彼女への心理的一体感がドラマ人気の大きな要因となっていた。筆者のインタビューでも、自信にあふれ自立したリカは現代の望ましい女性の生き方として肯定的に受容されており、なかでも開放的、積極的かつ一途な恋愛態度は、多くの若い視聴者にとって共感と賞賛の対象であった。ただし、多くの台湾視聴者にとってリカへの共感は、必ずしも現在の自分の生き方を映す客観的リアリズムとしてのものではない。これは「リカは私がなりたいまさしく理想の女性像だ」という意見と、「私はリカのようには大胆かつ勇敢にはなれない」という一見相反する意見が、しばしば同一人物から発せられたことに示されていた。一つのありうべき理想の姿としてのリカの魅力こそが、アングが「情緒的リアリズム」と呼んだ視聴者の心理的一体感を産み出しているのである。視聴者にとってはさとみの方がより従順、依存的、家庭的、受け身という価値を体現している点で「リアル」な存在かもしれないが、視聴者はより現実的なさとみを嫌悪し、リカに自分を一体化したのだ。さとみの実証的リアリズムはむしろ否定的存在として、リカへの情緒的一体感を一層鋭利なものにしているのである。

このような理想の対象への心理的一体感は、リチャード・ダイヤー(Dyer 1992: 18)が言うメディア・テクストのユートピア主義と解釈できる。

エンターテインメントは、逃避できるような何かもっと良い状態、もしくは日常生活では味わえない何かとても魅力的な状態を提示する。そこで体現される現実と、代わりになるもの、希望、望みなどは、物事はもっと良くなるはずだ、現前の生活とは違うことが想像できるしまた実現できるといったユートピア的思考を助長する。

ダイヤーの議論は、エンターテインメントがユートピア的世界の具体的モデルを提示するということではない。エンターテインメントが視聴者・観客に与えるものはユートピア的世界がどのように構成されうるのかではなく、それがどのように素晴らしいものであるのかを体感させることである。ダイヤーはユートピア感を高める非言語的手段として音楽の効果的使い方、登場人物の人間関係・感情の単純化・激烈化して見せることの重要性を挙げている。ダイヤーの議論は、特にミュージカルに関するものであるが、『東京ラブストーリー』に限らず、日本偶像劇は全般的にこうした非言語的効果を巧みに使っており、それが日本偶像劇を新しいジャンルのテレビドラマとして台湾視聴者の目に新鮮に映らせる一因ともなっていた。例えば、日本偶像劇が、人気ポップグループ・シンガーによる最新のテーマ曲とオーケストラを駆使したBGMを、映画のように毎回クライマックスで効果的に使うことが、物語への感情移入を高めるということも、今までのテレビドラマとは違った点として肯定的に指摘された。これらの非言語的要素が台湾の視聴者にとって、日本偶像劇を「ロマンチックで美しいラブストーリー」と感じさせるのに大きな役割を演じているのである。さらに、台湾のドラマやアメリカのソープオペラは、五〇回以上が当たり前という長いシリーズが前提として作られているのに対し、日本の民放ドラマはほとんどが一一—一二回で終わる。筆者がインタビューしたほとんどの視聴者は、台湾ドラマは不必要に物語を長引かせていると不満をもらしていた。それに対して、日本偶像劇は、その相対的な短さのため、物語・人物関係が単純化・集約化されており、いつ終わるのかがわかっているため、物語の劇的な展開を予想しながらドラマを集中して楽しめるという声が多かった。

しかし、台湾における『東京ラブストーリー』の人気の理由はリカの生き方が与えるユートピア感覚だけでなく、ドラマのなかの事象・人間関係が現実的なイメージ、もしくは少なくとも手の届きそうな魅力的なイメージを提示していることにも求められる。つまりテレビドラマへの視聴者の感情移入を可能にさせているものは、望ましい夢というだけでなく、現実にありえなくはないという認識でもあるのだ。明日の夢というよりは今日なりうる姿、いまここで起こっている、または起こってもおかしくはない生きざまを『東京ラブストーリー』は提示しているのである。例えば、香港の二十代の男性は『東京ラブストーリー』の魅力を自分のホームページで次のように書いている。

『東京ラブストーリー』で描かれている二十代の都会に住む若き社会人たちの人生・恋の綱渡りは、現実に多くのアジアの都市で同じような場面に日々遭遇している我々若い世代にいまだかつてないほどの共感を呼び起こした。私にとって『東京ラブストーリー』の最大の魅力はそれは誰か他人の物語ではないという点にある。それは我々の世代の、私の回りの人々の、そして私自身の物語なのだ。リカやカンチの姿は私の友人たち、そして私のなかに簡単に見出せるものなのだ。

この「我々の物語」という感覚は台湾の視聴者にも強く共有されていた。先にふれた国立政治大学生たちの調査でも、全体で六〇％、女性に限れば七五％もの回答者が『東京ラブストーリー』で描かれている恋愛関係が身近で起こりうると答えており、ドラマのリアリズムが視聴者を引きつけていることを示唆する。このことはもちろん、本当にリカやカンチの恋愛関係と同じものが回りで起こっているとか、先に触れたように誰もがリカのようになれるというような客観的リアリズムを必ずしも意味しない。繰り返して言えば、「我々の物語」というリアリズムは、個々の事象の視聴者の日常における客観的事実との整合性に基づいたものとは限らない。多くの場合視聴者は、ドラマのなかで具体的に展開される、例えば恋愛にまつわる葛藤、喜怒哀楽を、象徴化・一般化されたレベルで認識したうえで自らの日常体験に置き換えて、心理的一体感の快楽を見出しているのである(Ang 1985: 41-47)。調査を行なった国立政治大学の学生たちは、『東京ラブストーリー』の人気はこれまで見られなかったような新しい作風で若者の恋愛、仕事、女性の生き方を描いたことにあると分析している。台湾の一部の若者にとって、台湾の都市空間で日々起こっているこうした事象を扱ったテレビドラマのなかでも、『東京ラブストーリー』ほど彼/彼女たちの「主観的」日常体験に共鳴したものはそれまであまりなかったというのである。

情緒的リアリズムと文化的近似性

本章で問題となるのは日本のドラマが喚起する「情緒的リアリズム」、「我々の物語」感覚は果たして日本と台湾の間の文化的共通性・近似性の認識とどのように関連しているのかである。

文化距離の認識は相対的なものである。筆者が行なった台湾の日本偶像劇ファンのインタビュー調査でも、ほとんどのファンは日本偶像劇が現実的で受け入れやすいことを説明するのに、アメリカのドラマを引き合いに出しながら、日本と台湾の文化がアメリカに比べると似ていることを指摘していた。吹き替えを好む香港と違い、台湾では日本のドラマはほとんど字幕で観られているため、明らかに「外国」のものと意識されて視聴されている。しかし、同じ外国のものでもアメリカのドラマとは違って、日本のドラマはより文化的に近くて容姿や肌の色がきわめて似ている点が好意的に受けとめられていた。二十代前半の女性が言ったように、日本の文化差異が認識されながらも、それは親密な距離感として解釈されている。

もちろん日本は外国だし、そのために日本の番組が台湾のものより良く見えるということはあると思う。でも、私たちが日本に感じる距離は(容姿も文化も)とても心地よいものだ。アメリカは完全な他人という気がする。

また他の二十代半ばの日本ドラマファンも、日本のドラマの魅力について、台湾と日本、西洋の文化的距離について言及した。

日本のドラマは今まで全く観たことがなかったというような種類のものではないけど、ここまでわたしの気持ちをピタッと表現してくれたものは初めて観た。うーん、西洋は私たちからはほど遠すぎるし、生活感覚が違いすぎてアメリカのドラマなどにはそれほど感情的に入り込めない。

彼女は特に日本のドラマに描かれている家族内の人間関係、恋愛における男女の付き合い方が台湾のものと近いので情緒的に一体化しやすいと言う。

このような、アメリカのドラマからは主観的、客観的どちらのリアリズムも得られないという意見は、アメリカの人気ドラマ、『ビバリーヒルズ青春白書』と『東京ラブストーリー』との受容比較をすることで、一層はっきりと聞かれた。例えば、二〇歳の女性は、アメリカのドラマのなかの生活様式や恋愛は確かに観ていて面白いかもしれないが、設定された生活レベルが裕福すぎるし、男女の関係も開放的すぎて、日本のドラマに対するような「リアルさ」はなく感情移入はできないという。同じように、ある女子高校生は、『ビバリーヒルズ青春白書』の世界は、自分たちの経験とはあまりにかけ離れていると表現した。

> 日本偶像劇こそが私たちの現実を反映していると思う。そう、『ビバリーヒルズ青春白書』は何かあまりに刺激的に作られすぎている。ひっきりなしに金持ちの男と女が出会っては別れる。でもそれは私たちの現実でもなければあこがれでもない。

筆者が『東京ラブストーリー』などの日本のドラマも、彼女の現実とは必ずしも一致しないのではないかと聞くと、彼女は「ええ、そうかもしれないけど、でも（リカとカンチのような恋愛だったら）私にも起こるかもしれないでしょう。少なくともそれは私が起こって欲しいと思っているようなこと」だと答えた。台湾のある若者たちにとって『ビバリーヒルズ青春白書』に描かれていることは現実的でもなければ、もはや主観的に経験したいことでもなく、そこでは『東京ラブストーリー』に見出されるような実証的・

情緒的リアリズムが錯綜した魅力を体験することができないのである。

一見すると、これらのコメントは、台湾の視聴者における日本のドラマへの情緒的一体感は、日本と台湾の文化的近さの認識によって促進されていることを明示しているように思える。しかしながら、先にふれたように、番組の魅力を安易に文化的近似性に還元するのは乱暴である。文化的近似性の認識という体験は、考えられている以上に、曖昧かつ複雑にほかの要素と絡み合っている。文化的近さの認識は、日本のドラマ・テクストによく見られる視聴者の目線を意識した親密性、日常性、等身大性の重視とも関係している。例えば、アメリカのソープオペラは、しばしば手の届かないほど裕福で豪華な世界を描き出すが、前述の意見に見られるように、『ビバリーヒルズ青春白書』の裕福すぎるドラマ設定は、台湾の視聴者の心理的一体感を損う一因となっていた。ここで、アメリカの視聴者がどの程度『ビバリーヒルズ青春白書』を自分たちの物語として捉えているのかは興味深い問題である。マッキンレー(McKinley 1997: 93)は、アメリカの視聴者は『ビバリーヒルズ青春白書』の非現実的な物質的豊かさは、リアルでなくとも快楽の対象となりえていることを発見した。アメリカの視聴者が許容しないのは、アングが言うように、やはり情緒的一体感の快楽を得るのに必要な登場人物のキャラクターにおけるリアリズムの欠如であったのだ。同様に、もし『ビバリーヒルズ青春白書』の描かれている世界があまりに裕福すぎて一部の台湾の視聴者に真実味がないとすると、それは裕福さそのものへの違和感というよりは、ドラマのキャラクターや人間関係に共感が持てないことから二次的に発生したものと解するほうが妥当なのかもしれない。しかしそれでも、日本のドラマがアメリカのドラマよりもより「現実的」な生活レベルを描こうとする傾向が、少なくとも台湾の視聴者が感じた『ビバリーヒルズ青春白書』と『東京ラブストーリー』の身近さの落差をより強固なものにしている可能性があることは否めない。

日本のドラマ・テクストの等身大性はまた、ドラマを描く視線にも現れている。アメリカの救命医療現場をドキュメンタリータッチに描いた、国際的に人気のある『ER』は台湾でもその制作の質の高さから好意的に受け入れられていた。しかし、先の『中国時報』の記者によると、そこに描かれた、高度にプロフェッショナルで生々しい医療現場は、視聴者に医療に携わろうという感情移入は産まないのに比べて、日本の医学生の生きざま・奮闘ぶりを描いた『輝く季節の中で』は多くの台湾の若者に医療に携わってみたいという親近感を感じさせたという。『ER』の日本版といわれている一九九九年一月に始まった『救命病棟24時』でも、『ER』以上に(女性)研修医の挫折と成長を物語の芯に据えており、日本のドラマ・テクストが等身大性・素人性に重きを置くという傾向が現れている。詳しい調査をせずに結論めいたことは言えないが、これらの例は少なくとも日本と台湾の文化的・人種的近さの認識は日本偶像劇のテクストの特徴と複雑に絡み合っていることを示唆している。

次に、一口に文化的に近いと言ってもその内容はきわめて曖昧である。肌の色や容姿を別にして具体的に視聴者から挙げられたものは、人間関係・家庭関係が似ている、愛情表現がアメリカほどストレートでも誇張されたものではなく微妙で繊細な点などであった。特に後者は、日本のドラマは愛情表現においてロマンチックで、巧妙であるという肯定的評価につなげられていた。二十代半ばの女性は、日本のドラマの繊細さは、心の奥底の感情を描こうとする点にあるとして、「女性が泣くにしても、男女が別れるにしてもその感情は見事に例えば指の動きだけで表される」と評価した。他の二十代半ばの女性も非言語的演出の巧みさを強調した。

『東京ラブストーリー』ではっきりと覚えている印象的なシーンは恋人たちの別れが彼女たちの背中でとてもうまく表現されていたこと。そういうシーンは台湾やアメリカのドラマにはなかったし、繊細な表現方法は私が日本のドラマが好きな大きな理由だ。

またほかの視聴者は、『東京ラブストーリー』で、リカとカンチがカンチのこれまでの人生を振り返りながら一本一本ろうそくを消していったシーンが、これまでに見たなかで最も素敵な誕生日の祝い方だと評していた。

日本偶像劇が東アジア地域でのみ受け入れられていることを考えると、日本のドラマの「優美さ」の魅力は、文化的に近さと関連があると思いがちであるが、日本文化に見られるその種の非言語コミュニケーション、表現における繊細さや社会人間関係を見た目よく「包装」してしまうことは、西洋などでも評価されていることである(Hendry 1993参照)。さらには、台湾の視聴者の言う日本偶像劇の持つ文化的近さはあくまでアメリカのドラマと比べたうえでの相対的な認識であり、いったん同じ点について日本と台湾の間の比較をすれば、近さよりも違いが強調されることも注意しなければならない。一八歳の女性は日本偶像劇と比べていかに台湾のドラマの質が低いかを強調した。

台湾ドラマは必要以上に物語を誇張してしまう。女性はいつも泣いて泣いて泣きじゃくり、日本偶像劇のような繊細な心理描写は全く見られない。

筆者が台湾でも日本偶像劇のようなものがこれから作られるのではないかと聞くと、彼女はきっぱりと否定した。

いいえ、台湾は日本偶像劇のようなロマンチックなラブストーリーは作れないと思う。台湾は日本のように細やかに感情を表現できない。それはドラマづくりのテクニック・ノウハウの問題ではなくて、日本と台湾の文化的な違いが大きいと思う。つまり、台湾の視聴者における日本偶像劇の繊細さ、優美さへの賞賛は日本と台湾との間の文化的相違とも深く関わっているのである。

さらには、日本と台湾が共有するとされる「アジア的」文化的価値観を視聴者が見出したとしても、それは本質主義的属性として捉えることはできない。先にふれた国立政治大学生の調査では『東京ラブストーリー』のリカの恋愛への態度は、あまりにオープンで相手がころころと変化するアメリカのドラマとも、受け身で従順な台湾のものとも違っていることが好意的に強調されていた。奔放さとひたむきさが合わさったリカのカンチへの態度が新鮮かつ肯定的に受けとめられているのだ。二十代前半の大学院に通う台湾女性に、帰国子女で幾分「アメリカ化」されていると設定されているリカの「奔放さ」とアメリカのドラマのなかの女性像について聞いてみた。

台湾の多くの若い女性はアメリカのドラマの主人公たちよりリカに共感しているけど、私の個人的意見では、それは肌の色、黒い髪、話す言葉、どれをとってもリカはやはりアジア女性だからだと思う。ドラマではリカがアメリカ帰りだとはあまりふれられていないし、彼女はまたそこまではアメリカ化されているとも思わない。リカがアメリカ風の女性像を体現していると思うのは、なにか大切なものを突き進んで手に入れようとするとき。でもリカはアジアの女性像を合わせ持っている。例えば彼女が一人の男性を誠実に、一途に愛することは台湾女性の共感を呼んだ大きな理由だと思う。つまり、リカはアメリカとアジアの女性像を合わせ持った新しい時代の女性像を示している。

シリーズの長さの関係もあろうが、アメリカのドラマでは、数人の登場人物のなかで順繰りに取っ替え引っ替え恋愛ペアが変化しながら話が進んでいくことが多いため、台湾の視聴者に「恋愛ゲーム」の印象を与えてしまっていることは、先の女子高生もふれているように私のインタビューのなかでもしばしば聞かれた意見であった。この大学院生のコメントは、その点から一歩進んで、明らかに似た外見、恋愛における一途さを「アジア的」であると見なしており、日本と台湾の文化的近さが『東京ラブストーリー』視聴で認識されていることを示している。しかし、視聴者がメディア・テクストに見出す聞き慣れた文化的価値観は、必ずしも番組の好意的受容を保証はせず、台湾と日本の文化的「近さ」が実際に視聴者の「快楽」を呼び起こすとは限らないのである。例えば、台湾のドラマではしばしば女性の献身、貞節、忠誠という伝統的価値観が強調されるが(Chan 1996: 142)、これこそが前述したように『東京ラブストーリー』で毛嫌いされたさとみのキャラクターに見出しうる価値観であり、視聴者にとっての番組の魅力はリカの「非伝統的」な積極的で今日的なひたむきな愛情表現だった。確かにリカの恋愛への開放的で積極的な態度は、ひたむきな「一途さ」を合わせ持っているという点において、アメリカのドラマのそれとは一線を画して観られ、その「一途さ」、「誠実さ」は台湾の視聴者に西洋とは違う「私たち」の現実を映しており感情的に深く入り込めると思わせているのかもしれない。しかし、このことから『東京ラブストーリー』という日本ドラマは、やはり東アジアの「伝統的」価値観を体現しており、その共感は「一途さ」という価値観の共有という本質主義的な文化的類似性に根ざしたものと安易に結論づけることはできない。台湾で共感をもって受け入れられているリカの「積極的な一途さ」は、(アメリカ化の浸透という意味での)グローバルであると同時に、日本／東アジアというローカルにも根ざしている、「新しい時代の女性像」なのであり、それは、日本における現代の文化モダニティー生成過程において生成されたものであることを強調するべきであろう。つまり、ある文化的価値観がどのように特定のテレビドラマ・テクストにおいて(再)生産されているのかは、九〇年代の近代化・都市化された東アジアという歴史的、社会的文脈のなかでの動的かつ重層的な過程として考察することが求められているのである。

文化的に近く「なる」——近似性と近時性の節合

台湾における日本偶像劇受容を見ていくと、世界におけるアメリカ文化の支配的地位に変化が起きていることに気づかされる。アメリカのポピュラー文化は、長い間世界中で「現代的」なイメージを様々な形で与えてきた。アメリカ文化の消費はすなわちアメリカの自由で現代的な生活様式に思いを馳せることであった。世界の中心文化と一体化する魅惑を世界中の消費者に経験させることで、アメリカ文化は若者、美、ロマンス、自由、贅沢などどこにでも移植可能なイメージの供給者たりえた(Featherstone 1995)。確かに、七〇年代後半の東京で、友人たちとケンタッキーフライドチキンを食べながら、「アメリカ」の一部になる快感を満喫していたことを私自身覚えている。しかし今や時代は変わった。東京で友人の七歳の子どもがテレビを観ながら、「あ、ケンタッキーってアメリカにもあるんだ」と驚いているのを見るにつけ、消費主義的民主主義というイメージとしての「アメリカ」(例えば、マクドナルド)はいまだにロシアや中国の近代化・市場化を象徴するものとしてメディアに描かれることはあるものの、日本などのある程度の産業化を果たした資本主義国では、アメリカンドリームはローカルに吸収された感がある。アメリカのポピュラー文化も世界に広まるにつれて土着化されてその「アメリカ」らしさを失い、「無臭」になってきていると感じざるをえない。

トムリンソンは「グローバライゼーション」と「文化帝国主義」を、支配する意志の有無で区別したうえで、権力の中心からの強制を含意する「文化支配」という概念はもはや世界の文化流通を考察するには馴染まないと論じた。

グローバライゼーションは帝国主義と異なり、一貫性あるいは文化的目標を著しく欠いたプロセスである。経済的・政治的意味において曖昧な点はあるものの、帝国主義という概念は、少なくとも、ある権力の中心から世界中に向けて社会システムを拡張させるという意図された目的を持った企てであることを示唆する。しかし、グローバライゼーション概念は、地球上の相互連結・相互依存が目的をほとんど持たれないまま進んでいることを示している。それらは経済的・政治的活動によって生じる作用であるが、それ自体としては決して目的とはしていないにもかかわらず、結果として地球上の統合を推し進めてしまっている。(Tomlinson 1991: 175)

陳(Chen 1996)が批判したようにこの種のグローバライゼーション言説は、世界における少数の国を中心とする権力関係が依然として存在していることをぼかしてしまう危険がある。また、イスラム原理主義者などの反アメリカ勢力にとっては、アメリカは依然として強大な文化帝国主義者として君臨している。しかし、明らかな政治的目的を持って自国のポピュラー文化を世界に送り出してきたアメリカの絶対的な文化権力が脱中心化してきていることは否定できない。これはもちろんアメリカの文化権力がなくなったわけでなく、第一章で論じたように、「アメリカナイゼーション」という概念の意味するところが新たな段階へと変化してきたことを意味する。「アメリカ」が創り出した様々なモダニティーの概念・イメージは、型・システムとして一層世界中に浸透してきている一方で、アメリカナイゼーションが特定の歴史的、社会的文脈のなかで引き起こされるローカルでの日常的行為によって様々に交渉され、現地化されているのである。その結果、「アメリカ」が長らく資本主義消費文化を象徴してきた若者、美、ロマンス、自由、贅沢などのイメージは、かつてのような「アメリカ」との直接的連結(例えば、

Frith 1982: 46)を失ってアメリカナイゼーションはより見えにくいものになりつつある。マルクス主義の経済決定論を批判的に発展させた、アルチュセールの「重層的決定」論に関するバイルハーツ(Beilharz 1991)の議論になぞらえれば、アメリカナイゼーションは活動せずにまどろんでいる経済基盤のように、もしかすると決して呼び起こされることはない最終決定要因という、こけおどしのような存在になっているのかもしれない。非西洋社会において資本主義消費文化のモダニティーが作り直される過程は、アメリカナイゼーションの絶対的な決定力からはなれて比較的自律したものになってきている。

ベンヤミンは、世俗化された近代では時間は空虚で均質なものになったと言ったが、グローバライゼーションは文化的近・現代性にまつわる様々な概念を均質で空虚なものにしているのかもしれない。もし空虚で均質な時間が近代国民国家の「想像の共同体」(Anderson 1983)の構築に深くかかわってきたとしたら、グローバライゼーションがもたらしているのは、同質なグローバル・コミュニティーではなく、文化的多様性・差異の増殖である。ウィルク(Wilk 1995: 118)は、グローバライゼーションの文化へゲモニーはローカルの多様性を促進しながらグローバルな文化システムに取り込む「共通相違の構造」と呼べるもののなかにこそ見出せると言う。

新たに出現したグローバル文化システムは、差異を抑圧せずに促進する作用を持つが、その差異は特定の枠組みにおいて創出されている。グローバル文化システムのヘゲモニーは、中身ではなく型に見出すことができる。つまり、グローバライゼーションの構造は均質性を複製せずに多様性を組織化するのだ。

しかし、最近の日本偶像劇の台湾における受容が示唆するのは、共通相違を産み出す「型」のグローバルな広がりは、ある地域内での文化流通とその消費を通しての文化的近似性の経験を活性化させているということだ。ガルシア・カンクリーニ(García Canclini 1995: 229)が言うように、トランスナショナルな文化交通の活発化は、ある文化が持っていた「自然」な地理的・社会的領域への結びつきを次第に失わせるが、その一方で、世界の様々なイメージやシンボルが(不均衡な形で)遭遇し交渉し合うなかで、文化的生産は新たな文脈において再ローカル化されている。つまり、「型」にはめられる内容・イメージは、「アメリカ」から脱地域化されると同時に、(例えば「東アジア」で)再地域化されているのだ。

アメリカの文化的ヘゲモニーが希薄化・遍在化するなかで、イメージの再領域化は新たな文化権力関係をもたらすが、それは特定の絶対的中心の出現を伴ってはいない。この点に関して、アメリカのドラマの熱心な視聴者から日本偶像劇のファンに変わったという二十代半ばの女性は、日本偶像劇の影響力についての筆者の質問に対して示唆深いコメントをした。

日本のドラマの表現にある繊細さのほうがアメリカのものよりも入り込みやすいし、

私の感情にもよりしっくりくる。でも日本のドラマの影響は、うーん、そんなにはないと思う。きっと日本は鏡みたいなもので、結局いつも追いかけているのはアメリカということなのかな。

日本偶像劇のファンにとってさえ、日本はかつてのアメリカと同じレベルの「憧れ」の対象という役割を演じることはないのではないか。確かに偶像劇を始めとする日本のポピュラー文化は、台湾の若者の消費行動とアイデンティティー構築に少なからぬ影響力を及ぼしているのであろうが、前述の『中国時報』の記者が私に言ったように、それでも日本は近く感じられすぎて憧れとかの対象にはならないのであろう。日本の提示する魅力的イメージは、憧れではなく身近で感情移入しやすいということだ。アメリカのスターは手の届かない映画スターだけど、日本のは隣にいそうなアイドル、アメリカの映画ドラマは作りがすばらしくて観ていてとても楽しめるが、日本のは身近に起こりそうでみんなでストーリーを話し合いたい、アメリカはあくまで夢で憧れとして追い求める概念を表象するが、日本は見習えて自分でもできそうな、なれそうな気にさせる「リアリズム」を提供する。つまり台湾の視聴者にとって、日本のポピュラー文化は、アメリカのポピュラー文化がいままで象徴していたイメージに代わって、東アジアの文脈において具現化された「使用可能」なイメージを与えている。

確かに日本と台湾の間の文化の流れはまだ一方通行であり、台湾では多くの若者が

「日本」を熱心に消費している(例えば、哈日杏子 2001)。しかし、台湾の視聴者の受けとめ方を見る限り、そこに介在する文化権力は単純に中心―周縁といった関係では捉えきれない。日本のポピュラー文化の台湾での浸透を支えているのは、同時代を共有する、生きているという「同時間性 coevalness」(Fabian 1983)の確信でもあるのだ。ファビアンは西洋近代が非西洋他者の同時間性をいかに否定してきたかを論じるにあたり、「同時性 synchronicity」と「同時代性 contemporariness」という相関する概念に言及したが、グローバルなコミュニケーション技術の進展は、メディア・イメージと情報の同時性を高める一方で、非西洋の同時代性の否定を促す効果を持っている。例えば、ある人類学者によると、ネパールでの近・現代性の経験とは、絶え間なく広がる西洋のポピュラー文化の消費を通して、想像と目前の現実、「―になること」と「―であること」の間の格差の絶望的なまでの広がりとして捉えられると分析している(Liechty 1995)。つまり、西洋近代との政治的、経済的、文化的格差をそのままにしながら情報・イメージの供給が時間的差異を消失してしまうことで、非西洋が西洋に追いつくことは不可能であることをあらためて深く認識させる結果になりかねないのである(Morley & Robins 1995: 226–227)。

しかし、高度な近代化を果たし、経済的に裕福になった台湾の視聴者にはもはやこの観察は当てはまらなくなっている。二〇歳前後の女性は筆者にこう言った。

台湾はずっと(経済的に)日本の後をついてきた。いつも日本の一〇年前と言われてきた。しかし、今やその差はほとんどなくなり私たちは同じ時代を生きている。もはや時間差は消滅したと思う。私の回りを見る限り、こうした感覚が台湾で広まったのは三、四年前のことで、その頃から日本のポピュラー文化に興味を持つ人の裾野が広がったと思う。

台湾の日本ケーブルチャンネルのマネージャーも、こうした変化を鋭敏に語った。台湾がまだ貧しかった頃、我々は現代風の生活様式への夢を持っていた。それはアメリカンドリームだった。しかし豊かになった今、我々が欲しいのは単なる夢ではなくどうやって夢を現実化するのかということだ。そのためにはアメリカンドリームではなく日本の現実がより良い手本となるのだ。

物質的な豊かさに裏打ちされた近・現代性が今や生きる現実の状況となった台湾において、少なくとも豊かさをもっとも享受している都市の若者にとって、「―になる」の参照すべき対象もより具体的なものへと変化しているのではないか。日本のテレビドラマは、そのような文脈のなかで『東京ラブストーリー』におけるリカの積極的な一途さのように、アメリカ文化が決して表現しえなかった東アジアにおける文化的近・現代性の一つの形を提示しているのではないだろうか。

このように見ていくと、「文化的近似性」とは、もしもまだこの概念を使うとするなら、本質主義的な静的属性ではなく、動的な「――になる」という見地からも扱わなくてはならないことがわかる。台湾の視聴者が日本のドラマに感じる遠さと近さ、夢と現実が微妙に交錯するリアルな感覚は、二つの国の経済格差が微々たるものに狭まったという意識から生じた同時間性の共有にも基づいていると言える。つまり、メディア・テクスト受容を通しての「文化的近似性」の経験の考察にあたっては、空間軸のみならず時間軸、「文化的近時性」という観点も考慮に入れる必要がある。日本の植民地支配の歴史を深く社会に刻みながらも、経済格差の消滅、グローバライゼーションの進展による情報・商品の同時流通、アメリカの文化的グローバル・ヘゲモニーの質的変化、メディア産業の肥大化・国際化、そして消費力のある若い中間層の出現、女性の地位・意識の変遷など、ある程度の経済発展を果たした資本主義国が共通に経験していることが台湾での日本への同時間性感覚を産み出したことを見落としてはならない。つまり、過去の植民地統治に重層的に決定されつつ、近代化、グローバライゼーションといった世界を均質化する大きな歴史的、構造的うねりのなかで、「文化的近似性・近時性」は九〇年代後半の台湾における日本のテレビドラマ受容を通して節合化されたのである。

　本章では、台北における日本のテレビドラマ受容調査を通して文化的近さの時空間的認識と、それにまつわるトランスナショナルな文化権力の節合化について考察してきたが、ここで論じられてきた日本偶像劇ファンの受容を、台湾全体、ましてや東アジア地域内全体の文化交通に一般化することはできないし、それは本章の目的でもない。台湾において日本偶像劇に全く興味を持たない若者も多数存在するし、アメリカのポピュラー文化の東アジアにおける支配的地位は、依然として他の追随を許さない。繰り返しになるが、文化的近さの認識は台湾において日本のドラマが好意的に受容されていることを一部的にしか説明してくれない。また、高度に商品化された消費・物質文化のトランスナショナルな流れがもたらしている新たな社会差別、つまり日本を中心とする東アジア地域内の近・現代性の交通・対話が、台湾、そして他のアジア地域の多くの持たざる人々を除外し、新たなジェンダー・エスニシティーをめぐる差別を再生産しているという問題についても本章では扱いきれていない。こうした点を無視して消費主義的近代の同一体験を強調することは、日本の植民地主義の歴史を忘却するために日本とアジア地域の共通性を模索する国民主義者たちに図らずも手を貸すことにもなるだろう。

繰り返せば、その文化交通・対話もやはり不均衡・不平等さによって特徴づけられており、日本のメディア産業は、香港をしのぐ勢いで東アジアにおいて支配的な役割を果たしていることに留意しなければならない。グローバライゼーションがいかに非西洋地域間の不均衡な文化流通を活発化させ、同時に、新たな文化権力関係の創出をもたらしているのかを、我々は真剣に分析する必要がある。確かに、これまでに明らかにしたように、グローバル化がもたらす脱中心化の力学のなかでは、日本のトランスナショナルな文化権力は「アメリカナイゼーション」言説に見られる「憧れ」や「文化的優越性」という尺度では捉えきれない。しかし、文化的親密性・近似性・近時性を近隣諸国の消費者・視聴者に感じさせるごとに、日本の文化権力は見え隠れしているのであり、この不均衡性は、逆の流れ、つまり、日本における他のアジア地域のポピュラー文化受容を見ることで一層はっきりする。日本における昨今の香港映画の人気、映画・テレビ共同制作の促進、アジア多国籍ポップグループの出現などが示すように、東アジア地域、特に日本、台湾、香港、韓国間では文化の流れが徐々にではあるが双方向になりつつあることが指摘されている(例えば、『AERA』一九九七年一月二〇日号「香港、台湾、日本はポップ共栄圏」参照)。しかし、その交通は日本からの圧倒的交通量の多さによって特徴づけられている。そして、ポピュラー文化消費を通しての異文化への「馴染みのある」文化差異の認識は、必ずしも対等な文化対話を促進するような同時間性の共有感に根ざしたものであるとは限らない。台湾の視聴者が経験した日本への同時間性は、台湾のジャーナリストが指摘したように、ある種の「遂に日本に追いついた」という虚栄心にも根ざしたものなのかもしれないのである(『新新聞』一九九八年四月一三―一九日号、七〇頁)。次章では日本におけるアジアのポピュラー文化消費が、いかにこれとは対照的な時空間感覚を産み出しているかを通して、東アジア文化交通における不公平な力関係が、視聴者の消費の場においてどのように(再)生産されているのかを見ていきたい。

第五章　日本におけるポピュラーアジア消費

本章では、前章とは逆の文化の流れ、つまり、九〇年代の日本において活発化したポピュラー文化レベルでの「アジア」消費を分析することで、東アジア域内における文化交通の不均衡がどのようにメディア言説・受容の場において立ち現れているのかを考察してみたい。もちろん、日本におけるアジアのポピュラー文化への関心は今に始まったものではない。例えば、七〇年代からブルース・リーに代表される香港カンフー映画は広く受け入れられたし、数々の歌手が日本デビューをはたしてきた。また、これまで幾度か様々な形で「アジアブーム」が日本消費市場で起こされてもきた(『アクロス』一九九四年一一月号参照)。日本から他のアジア地域への輸出に比べて逆の日本への流れは依然として少ないものの、九〇年代に入って、アジア地域の映画やポップスが、これまでにない規模で日本メディアの興味を惹き、また、日本の消費者を惹きつけるようになったのである。

日本における他のアジア地域のポピュラー文化への関心は多種多様であり、本章ですべてを論じることはできない。以下では主に二つのテーマに絞ることで、日本と他の東アジア間での不均衡な文化交通の表れと、日本のアジア消費が内包する矛盾・両義性に着目したい。一つは主に日本の知識人・批評家による他のアジア地域のポピュラー文化に日本とは異なる非西洋の近・現代性を見出して評価しようという試みである。本章では特に一九九〇年前後のワールド・ミュージック・ブームのなかで顕著になった、シンガポールのポップシンガー、ディック・リーをめぐる言説を中心に見ていく。ここでは日本社会において依然として支配的な、「アジア」を日本よりも時空間的に劣った遅れたものと見なす言説は否定され、同等なる近代的他者としてのアジア認識がなされている。しかし、第三章で見たように、アジア地域の経済発展が日本のメディア産業のアジア市場進出を促すにつれて、そのような進歩的・自省的言説を呑み込むかのように、徐々にオリエンタリスト的なアジア観が頭をもたげてきた。九〇年代半ばから日本の多くの「主流」メディアを賑わせたのは、経済発展のさなかのアジア社会が放つエネルギーと活気へのノスタルジアであり、そこには経済不振と社会不和に直面する日本が失った、もしくは失いつつある、未来への希望が見出されている。ここでは「アジア」は一見否定的に捉えられてはいないように見えるが、そこに暗黙裡にされているのは、日本と「アジア」との間の凍結された発展的時間差であり、同時間性の共有を拒絶する態度である。

しかし、香港映画や、それに出演する香港男性スターに傾倒する日本の女性ファンが九〇年代半ばに急増した現象を詳しく追うと、「香港」という具体的なアジア文化のイメージは、ノスタルジックな憧憬の対象であるとともに、同時代に生きるアジアの他者の認識を促していることに気づく。彼女たちには、今の日本と香港の差をもたらしたのは西洋近代との異なる交渉過程であると実感されており、ここには知識人たちが模索したような、同時代を生きる「アジア」との出会いや、異なるアジア近代の評価を通じて自らの社会の近代経験を見直そうという姿勢がかいま見える。言うまでもなく、このことが直ちに歴史的に構築されてきた日本のオリエンタリスト的なアジア認識を打破するきっかけとなるというのではない。しかしながら、他のアジア地域のポピュラー文化の消費が、日本のアジア観の歴史的連続性のみならず、(部分的)決裂、再節合化という様々な力学が錯綜する場として立ち現れていることを、日本における香港メディア消費は示しているのである。

文化共通性と時間差

昨今の日本のアジア消費を考えるうえでまず目につくのは、アジアもしくはアジアのポピュラー文化に関する書籍の大幅な増加である(Ōno 1996、『朝日新聞』一九九四年九月一七日夕刊)。いわゆる「アジア本」と呼ばれる一連の出版物は、山口文憲の『香港旅の雑学ノート』(山口 1979)や関川夏央の『ソウルの練習問題』(関川 1984)が多くの読者を惹きつけた一九八〇年前後から増え始めた。これらの本の特徴はそれまで日本のアジア学の主流テーマだったアジア地域の「伝統」文化や貧困、そしてそれに関わる日本の戦争責任・経済搾取批判(例えば、鶴見良行 1980; 1982; 村井 1988; 村井他 1983)から少し離れて、一個人の旅行記という形で他のアジア地域の日常生活をルポルタージュする手法である(前川&大野 1997)。アジアを自分の足で歩き、見てみようという意識は、一般の若い読者層にも支持されるようになり、アジア地域への個人旅行の増加につながった。『地球の歩き方』が発刊されたのは一九七九年だが、その後も『アジア楽園マニュアル』、『アジア・カルチャーガイド』、『ワンダーランド・トラベラー』と、多くの個人旅行マニュアル本が発刊されていったのである。

アジアと同じ生活目線で対峙しようとするこれらの「私的ルポルタージュ」や「個人旅行マニュアル」は、一方で多くのバックパッカー貧乏旅行本を生むことになるが(例えば蔵前仁一や下川裕治の一連の著作)、同時にそれは他のアジアの都市文化への興味をかき立てることにもなった。この傾向は、アジア地域が徐々に高度経済発展を遂げ始めた八〇年代後半、とくに一九八八年のソウルオリンピックあたりから高まり、九〇年代に入ると、いわゆる一部の「アジア通」の裾野が広がり、より多くの作者と読者が都市の消費文化を取り上げる「アジア本」に関わっていく。ここで扱われる主な関心は、食べ物、ファッション、エステサロンからメディアにまで多岐にわたるが、これらの都市の消費文化は、往々にして日本と他のアジア社会の文化的差異を際だたせる一方、両者の間になにかしらの共通点があることを、それまでアジア地域に関心をあまり持っていなかった日本人に再発見させることとなった。例えば、一九九四年にベストセラーとなった『亜細亜《アジア》ふむふむ紀行』で、著者の群ようこは、彼女自身それまでは西洋文化に夢中で、後進のイメージに満ちたアジアに興味などなかったと告白する。しかし、香港、マカオ、ソウルなどの都市を旅行してみて、彼女はその近代性に驚くと同時に、東アジアの都市で遭遇した、どこか見覚えのある風景に魅了されてしまう。アメリカに旅行したとき、彼女は厳然と存在する日本との文化の違いを楽しんだが、東アジアでは同質性を基礎にした、どこか馴染みのある差異を発見したというのである(群 1994)。実際に日本と他のアジア諸国が何を共有しているのかという疑問は別にして、ここで興味深いのは、この見覚えのある文化差異の魅惑は、果たしてどのような日本のアジアン・アイデンティティーを構築し、日本とアジア諸国の関係性の想像／創造を新たにもたらしているのかである。それはやはり文化的共通性の認識を通して、アジア地域における日本の優位性を再確認することにつながるのか、それともアジア諸国を同列に見据えるような新たな想像力をかき立てるのか。日本のポピュラー・レベルでの「アジア主義」とでも言うべき言説とメディア消費の分析を通して見えてくるのは、時空間的な同質性と異質性が錯綜して節合されるときに立ち現れる、こうした日本の「アジア」への錯綜した欲望である。

消費文化のなかでも、ポピュラー音楽は日本のアジアン・アイデンティティーを喚起するものとして頻繁に言及されてきた。例えば、一九九〇年に発行された『ポップ・エイジア』(『WAVE ＃27』)の表紙には大変興味深い英文が書き表されている。"Popular music of Asia reminds us that Japanese are Asian"。この雑誌特集号では、多くの日本の音楽評論家が、様々に日本と他の東・東南アジア間のポップス交流を論じているが、その内容から察するに、日本のアジアン・アイデンティティーを呼び起こすものとして二つの要素が挙げられる。一つは、(主に西洋発の)海外のポピュラー音楽をローカルで混淆化するという共通の近代化経験。もう一つは、他のアジア地域における日本の文化的影響力である。どちらの要素が強調されるかは地域によって異なる。『ポップ・エイジア』のなかで何人かが指摘したように、ポップスの制作・交流に関する限り、日本は東南アジアよりも東アジア文化圏に属していると言われ、その大きな要因として、その地域における西洋化された日本のポップスの影響力が挙げられている(斎藤明人 1990a: 22)。例えば、篠崎弘(1990a)は『昴《すばる》』と『北国の春』のアジア地域における受容の差にふれながら、東南アジアでは英語圏ポップスの直接的影響が強いが、東アジアでは日本のフィルターを通して『アジア』的にアレンジされたポップスのほうが好まれているようだと指摘している。ここでは、日本が(東)アジアに見出す馴染みのある異質性は、西洋ポップスを土着化してきた日本ポップスの影響力によって照らし出されているのだ。しかし、日本の影響力があまり及ばない東南アジアのポップスに注目すれば、日本のアジアン・アイデンティティーの覚醒は別の形態を取る。即ち、『ポップ・エイジア』の「耳からアジア、眠っていたチャンプルーの血が騒ぐ」というサブタイトルが示すように、むしろ混淆化によって独自のローカル文化が創造されることの共通性が強調されることとなる。ポピュラー音楽の混淆化は、西洋ポップスの支配的影響力のもとで経験されたという点で、日本と(東南)アジアの共通性を照らし出す一方で、東南アジアのポップスが日本の聴衆を魅了するのは、その日本とは違う土着文化と(主に西洋)異文化の混合の度合いが産み出す独自性のためである(斎藤明人 1990a: 23)。この点で、東南アジアポップスの混淆化は、日本と東南アジア間の馴染みのある異質性を、エキゾチシズムという形で照らし出してしまう可能性がある。しかし、後で詳しく述べるように、それはアジア地域における日本とは異なる文化的モダニティーの形態の認識を、促すことにもなるのである。

二つのどちらが前面に出てくるかはまた、歴史的文脈によっても変わってくる。八〇年代後半では、日本と他のアジアのポップス制作能力に明らかに差があったため、日本と他のアジア地域との文化交流を論じれば、いきおい日本の文化的影響力に目が向けられてしまう。例えば、森枝卓士は、一九八八年の『虫瞰図で見たアジア』で、アジア都市文化を見ることを通して、それまでの「伝統的」アジアを紹介するアプローチに一線を画そうとした。その本では日本が映画や消費財を通してアメリカに親しみを感じてきたように、消費文化・ポピュラー文化を通して他のアジアを知る重要性が強調された。しかし、森枝が目撃した「アジア」は、テレビ番組、ポップス、ファッション、食べ物など、日本の文化的影響力の痕跡が随所に発見されるものであった。その結果、森枝はアジアにおける日本の侵略・経済搾取におりにふれて言及し、また日本と他のアジアの間の情報が一方通行であることを問題視しながらも、結論としては彼の本が草の根レベルでの関心の拡大につながってほしいという希望表明に終わってしまっている。

ともあれ、難しいことを言うつもりはない。要は、台湾、香港の若者たちには(中森)明菜や安全地帯、少年隊のファンが沢山いる、韓国ではタクアンを食べている、タイではドラえもんやおしんが好まれた、ということを知るだけでも、親しみが沸いてくるんじゃなかろうか。そんなレベルでの関心が広げていけたら、というのがささやかな願いである。(森枝 1988: 235)

彼が描く(主に東)アジアは日本の影響に深くさらされたものであるため、日本と他のアジアとの間の不均衡な情報交通を少しでも是正したいという意図は、皮肉にもアジアにおける日本文化の中心的地位を追認してしまうことになるのである。

しかし、ポピュラー音楽を材料に、歴史的に培《つちか》われてきた日本とアジアの関係をより批判的に論じる試みがなされ始めたのもこの時期である。当時、西洋都市を中心に高まったワールド・ミュージック・ブームが、アメリカ／西洋中心の音楽観・文化観に対するアンチテーゼとして捉えられたように、日本のジャーナリスト・批評家は、日本と他のアジアの搾取的関係や日本の文化的優勢を自明とする言説の矯正手段として、アジアのポップスに目を向けた。例えば、音楽に関する論評を精力的に行なっている朝日新聞記者の篠崎弘は、『カセット・ショップへ行けば、アジアが見えてくる』(篠崎 1988)で、ポップスを通して様々なアジア社会の政治・経済・社会・歴史が抱える問題点を探った。篠崎も(特に東)アジアでの日本の文化的影響力を指摘してはいるものの、彼の観点は主に日本のアジア侵略の歴史、いまだ続く経済搾取、当時社会問題化された日本の売春ツアーへ批判的に向けられると同時に、意識的に日本と他のアジア諸国を直線的発展軸上に置いて対比させることを拒否している。他のアジアのポップスを聴いたときの感動に彼が覚えたデジャヴ体感に触れながらも、篠崎は直ちにこの既視感は決して日本の過去を懐かしむような歴史感覚には根ざしてはいないとつけ加える。

アジアの現在を何年か前の日本に対比して理解するという方法は、極力取らないことにしている。……歴史は常に同じ過程を辿って繰り返されるものとは限るまい。

むしろ私はアジアに日本とは違う歴史を歩んでほしいと念願している。しかも、アジアは、日本によく似ていてしかも全く違うという点で、したたかに手強い異国なのだ。アジアはあくまで等身大の姿で、同時代の出来事として見たい。(篠崎 1988:235)

彼が覚えた既視感を日本と他のアジア諸国の間の文化類似性と結びつけながらも、篠崎は発展的差異という認識を退けて、アジアのポピュラー音楽をあくまで日本との同時間性のなかで捉えようとしているのである。

「アジアは一つ」?——ディック・リーのハイブリッド・ポップス

篠崎が警鐘を鳴らすように、日本の過去とアジアの未来を同一視するようなオリエンタリスト的見方が、日本と他のアジア地域の明らかな音楽制作能力の差を多かれ少なかれ反映したものであったとしたら、一九九〇年前後のシンガポールのミュージシャン、ディック・リーの日本での商業的成功は、この認識を根拠のないものにすると同時に、日本とは異なる形態の文化混淆化を体現した東南アジアのポップスが、日本のアジアン・アイデンティティー言説の中心に据わる契機となった。リーの音楽の魅力は、西洋ポップスと様々なアジア伝統音楽を自由闊達・創造的に融合することに成功したこととしばしば指摘されてきた(例えば、篠崎 1990b；久保田 1990 参照)。とくに話題を呼んだ二枚のアルバム、『マッド・チャイナマン』(一九八九年)と『エイジア・メイジア』(一九九〇年)で、リーはシンガポール人、アジア人としてのアイデンティティーの「不純さ」を、アジアの様々な伝統的音楽・楽器と現代の西洋ポップス・最新の音楽技術を巧みに融合することで表現しようとした。リーのハイブリッド音楽は、それまでのアジア音楽は遅れているという認識を打破し、高度に洗練されたポップスとして日本の批評家・リスナーを魅了したのである。

リーの音楽が日本で大きな反響を呼んだのは、前にもふれたように、それが閉鎖的で自己完結しがちな現代日本の文化編制とは異なるモードに基づく、アジアの様々な土着文化の混淆化を提示しえたからである。「西洋の物真似に走った日本音楽家たちには作れなかった、西洋の感覚と東洋の感覚が交錯する新鮮なサウンド」を作るという離れ業を、リーはたったひとりでさらりとやってのけたと称讃された(葭原 1994：188；篠崎 1990a)。つまり、リーの音楽は、日本とは根本的に異なるやり方でアジア音楽と西洋音楽を混淆化したのであり、それまでの日本がなしえたものより、はるかにコスモポリタンであると評価されたのである。中沢新一(1990)は、リーの音楽を「小さな空間のなかに、異質なものが共生しあっている」シンガポールの、浮遊する文化の交差点というポストモダン的状況になぞらえる。それは、日本や中国では「共同体内部への吸引力」が強すぎるため、多様な文化が国粋化されることなしに遭遇し、交わり、通過していくような交差点にはなりえないのと対照されている。ディック・リーによって実現された音楽では、様々な音楽が、

すべて同じ権利をもって同居しあっている。しかし、底に実現されている音楽は、ごった煮でもなく、チャンプルでもない。……アジア人のつくる音楽でありながら、ディック・リーの音楽ははじめて、一貫した多重構造をもつことに成功している。そこでは複数のリズムの混在でさえ、可能かもしれないと思わせる。しかも、シンガポール人である彼は、ＹＭＯを悩ませていたあの大地への吸引力からも解き放たれているために、彼には浮遊しつづけるものの不幸とひきかえの自由があたえられているのだ。(中沢 1990: 218)

中沢が示唆しているのは、日本のポップスは長い間海外(西洋)音楽を土着化・現地化しようと取り組んできたが、それは海外から取り入れたもとの形を消し去って「日本化」することを意味した。しかし、リーの音楽では、様々な音楽形態・特徴がその魅力を失うことなく融合される。日本の混淆化が文化を言わば無国籍化することで、「日本らしさ」を逆説的に保とうとしてきたのに対して、リーの音楽が表象しているのはむしろ多国籍化なのである(斎藤明人 1990b)。

もちろん、このような言説は、西洋帝国主義によって強制的にもたらされた、シンガ

ポールの複雑な文化政治的状況を十分把握せずに、リーのハイブリッド音楽とシンガポールの文化状況を無批判に礼讃してしまう危険があることは否めない。シンガポールの学者たちが論じているように、リーの汎アジアン・アイデンティティーを唄う音楽は、単に一過性の商業的成功を狙った、様々な音楽を切り貼りしただけの文化的に皮相的なものであり、さらには、彼のアジア人としてのアイデンティティーの強調には、シンガポール政府の多人種アイデンティティーを打ち立てようとする権威主義的な国策が一種共謀的に作用しているという批判も成り立つのである(Kong 1996; Wee 1996)。

しかし、こうした視座は日本のリーをめぐる言説では必ずしも酌量されない。この点で、日本におけるディック・リー言説は、メディアによる他者の表象・消費という問題を突きつけている。メディア・コミュニケーション技術の進展に伴い、文化的他者との遭遇は、これまで以上にメディアを通して体験されるものとなってきている(Meyrowitz 1985)。その結果、文化的他者はそのローカルの政治的な文脈からますます切り離されて、いとも都合よく消費されてしまうようになる。後で詳しく論じるように、国境を越えたメディア・イメージの流通は、非人間化された劣等なる文化的他者へのオリエンタリスト的眼差しを、絶え間なく再生産することに加担しているのである(Said 1978; Morley & Robins 1995: 125–146)。

しかし、日本におけるリーの音楽に関する言説がそうした傾向と無縁ではありえないとしても、それをもって単にリーやシンガポールをエキゾチックなアジア他者に貶《おとし》めているると言うのは一方的すぎるであろう。メディアによる他者消費の危険性に注意を払いながらも、リーの音楽を通して日本とは違う文化的モダニティーを見出して、日本の文化状況、アジア観を批判していこうとする試みは評価されるべきだと思う。なぜなら、ここには、他者を相互性と同等性において認識することによる自己主体性の積極的変革という、より建設的な他者消費の可能性が秘められているからである。こうした視座は、上田信の論文、「脱近代、脱欧脱亜、脱日本」(上田 1994)でも見ることができる。上田は、西洋文化に深く刻み込まれたアジア人の不純なバナナ・アイデンティティー――黄色い肌と西洋化された白い中身を合わせ持つアジア人――を肯定するリーの音楽は、長らく日本のアジア観を支配してきた西洋―アジアという二項対立的構図を脱構築するものとして再評価する。上田は岡倉天心の「アジアは一つ」論に言及し、岡倉は「愛」を文化的に多様なアジアの底に一貫して流れるものと見なしてしまい、西洋に対立させながら本質主義的にアジアを定義しているとして、その不毛さを批判する。これに対して、上田はディック・リーの音楽は決して東洋と西洋を互いに排他的なものとは見なしていないと評価し、リーの『One Song』を例に、いかにリーの音楽が、様々なアジアの音楽伝統と西洋の影響力をどちらも否定することなく混合しようとしたかと論じる。

ディック・リーの「一つの歌を歌おう」というメッセージは、岡倉天心の「アジアは一つ」という主張と表面上は類似しているものの、それぞれが志向するものは異なる。ディック・リーのメッセージは動詞的なのに対し、岡倉天心の主張は名詞的である。前者は西洋的な要素を排除せず、貪欲に西洋を吸収しながらも、したたかにアジア人であることを目指す。……アジアの歌を歌おうとするものは、たとえ西洋人であったとしても、ディック・リーは、その歌の輪のなかに加えるだろう。

(上田 1994: 46)

岡倉は、日本が中国やインドから深い文化的影響を受けていることを認めながらも、東洋の理想を描くに当たり、日本をアジアの中心に据えた。岡倉は、他のアジア地域で失われた多くのアジア文化芸術は、まさに日本において生き続けているとして、日本はアジア文明の美術館として、アジアの高邁な理想を体現するだけでなく、語りうる唯一の主体としての歴史的使命を負わせたのである(Ching 1998; 柄谷 1994)。周知のように、岡倉のこうした主張は、後に日本のアジア侵略のイデオロギーに利用されてしまうことになる。しかし、ディック・リーの「アジア」には、二項対立化された「西洋」という共通の文化的他者も、日本という中心も設定されていない。リーの提唱するアジア人のアジアン・アイデンティティーは、支配的な西洋文化との交渉過程のなかで常に生成しつづけるものである。『モダン・エイジア』という曲のなかで表明されているように、「近代が浸透したアジアにおいて、おなじ体感をもつ人々が共鳴し合うこと」を、リーの音楽は目指している(上田 1994: 51)。そして、そのようなリーの音楽に共鳴することで、日本は、絶え間ないアジアにおける文化混淆化に寄与する一人のプレーヤーとして存在しているすぎないことに気づかされるのである。

汎アジア的文化融合の衝動、再び

しかし、リーの音楽の日本での肯定的評価は一過性のものであるだけでなく、彼が主張するハイブリッドなアジア文化混合は、その後、日本の音楽産業によって歪曲された形で発展していくことになる。リーに対する日本の音楽産業の音楽評価は、第四章で見たような中国圏を中心とする東アジアのハイブリッドなポピュラー文化圏の生成に向けて、日本が指導的役割を果たそうという企てに吸収されていったのである。もし「リーの音楽がシンガポールにおける文化政治状況の進行を直接的に反映していないにせよ、少なくともそれを兆候的に示している」(Wee 1996: 503)のなら、リーが日本で格段の成功を収めたことは、汎アジア的文化融合を促進する中心になるという日本の帝国主義的な願望が再起する一つの兆候と見ることができるのである。

一九九一年に出したアルバム『オリエンタリズム』で、リーは前の二枚のアルバム概念を発展させ、現代に生きるバナナ人としての音楽を体現しようとした。しかし、それは結局は「アジア風の飾りつけだけど中身は西洋風のお菓子」であり、アジアの伝統音楽と西洋のモダンポップスの、巧みでしゃれた融合音楽ポップスは、西洋のミュージシャンでもできることに彼自身気づいたという。

昔の有名なアジアの曲を西洋風に料理すれば、評論家にも受けるし、CDも売れる。でも僕はそのために偽物のアーティストになりたくなかった。やっぱりもっと正直に、自分のやっている音楽が西洋化されたものだと認めなきゃいけないよ。いまの僕たちは、自分たちが思っているほどはアジア人らしくはないんだと。だから、西洋の物真似でもいいという意味ではなくて、そこから出発して新しいアジアらしさを目指さないといけないということだけどね。(『日経エンタテインメント!』一九九二年二月五日号、一二頁)

リーは『オリエンタリズム』では文化的に不純なバナナ人が奏でる、「西洋のお菓子に見えるけど、食べるとアジアの味がする」ような音楽を、「自分の心に素直に」表現しようとしたが、それは前の二枚に比べて売れ行きが悪く、リスナーを失望させることとなる。上田信(1994: 49)が指摘したように、バナナ・アイデンティティーを肯定するあまり、西洋モダンとアジア伝統のしゃれた並置は影をひそめて、代わりに提示された音楽は、洗練された「西洋ポップス」としてしか受け入れられなかったのであった。そしてワールドミュージック人気の凋落と時を同じくして、リーの音楽はアジアのエキゾチックさを失うとともに、日本におけるその言説的価値を失っていった(上田1994、『日経エンタテインメント!』一九九二年二月五日号)。そのような耳慣れた西洋化されたポップスは、もはや日本のリスナーには新鮮なものではなく、日本のハイブリディズムに対するアンティテーゼとしての魅力は色あせてしまう。

さらには、日本におけるリー人気の興亡は、日本の音楽産業が、経済発展とともに九〇年代初頭から西洋ポップス(それに日本ポップス)の影響を吸収して大きく発展していった東アジア市場の潜在力に徐々に目を向け始めた時期と重なっている。つまり、リーの音楽は二つの点で日本の音楽産業を刺激したといえる。一つは日本の音楽産業に西洋ポップスとアジアの音楽伝統の融合という新しい可能性を示したこと。そして、もう一つは、トランスナショナルなアジアン・アーティストの誕生と、汎アジア音楽市場の確立の潜在性を日本の音楽産業に目覚めさせたことである(『日経エンタテインメント!』一九九二年九月九日号、一二頁)。リーのハイブリッド・ポップスは、日本を中心とした汎アジア的文化融合という発想を批判するのに有力な概念であったと同時に、リーのアルバムタイトル、『エイジア・メイジア』が日本の音楽産業における東アジアを中心とするトランス・アジア戦略のスローガンとなってしまったように(『日経エンタテインメント!』一九九二年九月九日号)、そのダイナミックな汎アジア主義は、皮肉にも日本のイニシャティブによるアジアのポップス融合を実現するという願望の引き金ともなったのである。

こうした日本の音楽産業の思惑は、日本メディアにおけるアジアのポップスの表象にも色濃く現れた。伝統文化から切り離された新しいアジアのポップ・カルチャーの創造・誕生を、日本とアジアの新たな接点として肯定的に描きながらも、そこには日本の指導的役割が暗黙の了解とされている。また、「アジアは一つ」の発想も根強く立ち現れ、岡倉の美術品のように、アジアのポップスは日本において採集され陳列箱に飾られて紹介される。多くのメディアは、アジア地域の文化的多様性に十分意識的でありながらも、「アジア」という名のもとにそれらは一括りにして扱われ、そこにはほとんどの場合日本は含まれていない。市川隆(1994: 171)がそうしたテレビ番組の『アジアNビート』について指摘したように「アジアは一つ」の発想は、依然として日本においてのみ、そして日本のためだけに存在しているのだ。またNHKの音楽番組、『Asia Live Dream』(一九九六年一二月二六日)では、多くのアジア地域のポップシンガーを招きながらも、あるコーナーでは彼らに日本の人気アニメ『ドラえもん』のキャラクターを取り囲んで主題歌を歌わせた。日本こそがアジアのポピュラー文化を一つにまとめあげることができると言わんばかりに。

リーはその後も東西の音楽融合を通したアジアン・アイデンティティーの模索を続けるが、同時に彼自身も(東)アジア音楽市場の拡大に伴う変化に敏感に反応していった。以前は拒否していた広東語でのアルバム制作を実現させたのはその典型的な例であろう

(Wee 1996)。また、日本の音楽産業が何を彼に期待しているかを十分に承知した上で、したたかに東西文化融合に関するコメントをし続けた。NHKの『21世紀のビートルズはアジアから』(一九九七年三月八日)は、将来アジアのロックが世界の音楽シーンを変える可能性を探った番組であったが、そこにはリーを中心とした東南アジアのハイブリッド音楽の姿はもはや見られなかった。番組の主な関心は、西洋ポップスを取り入れながら、急速な経済発展、社会変革がもたらす様々な社会矛盾・問題を表現している中国を中心としたロックグループ、ミュージシャンたちであった(中国ロックスター・崔健に関しては、例えば橋爪 1994 参照)。しかし、ここでもリーは、東西の二項対立観を打破する必要性についてコメントする役割を与えられ、"WEAST"という"West"と"East"を合わせた新たな造語を披露して日本のテレビプロデューサーの期待に応える。日本の音楽産業によるリーの音楽価値の評価は、おそらく彼が一九九八年にソニーアジアの副社長に就任したことで極点に達したといえるのかもしれない。リーは今や公然と、日本資本のグローバルメディア産業のもとで、アジアと西洋の文化融合を促進する役割に従事しているのである。

資本主義的発展軸への回収

時代の振り子は、リーの音楽に代表される東南アジアのエキゾチックでハイブリッドなモダニティーから、より見覚えのあるモダニティーを体現する東アジアポップスへと再び揺れ始め、それとともに日本とアジアの関係を語る語彙にも変化が現れた。アジア地域で生成される様々な文化的モダニティーの形態を通して、日本と他のアジア諸国の間にある文化的差異を見出し、評価しようという試みはその後も多くなされている。しかし、その一方で、九〇年代半ば以降に顕著になったのは、語りの座標軸が同時的空間軸から通時的進化軸へと徐々に押し戻されていったことである。資本主義的な発展時間がその中心的な視座を占めるようになってきたのである。

この傾向は、従来の日本のアジア観に比較的批判的な知識人の間でも見られた。例えば、フリージャーナリスト、市川隆はその著、『アジアは街に訊け！』(市川 1994)で、「アジアの真髄は農村にある」というパラダイムから脱して、アジア理解のために都市へと目を向ける。ここでも、ポップスが日本と他のアジア社会(特に中国圏)の新たな関係考察の材料として取り上げられ、他のアジア諸国がいかに西洋と日本の影響を吸収しながら急速に独自のポップス制作を発展させているかが論じられた。市川は、他のアジア地域は「アメリカ文化のしぶき」を浴びながら「日本とはせいぜい一、二時間の時差で、日本と同じ日付けの世界史のなかを歩み続ける」(市川 1994: 5)ものとして日本との発展的時間差が僅少であることを示唆している。しかし、彼はこの僅かな差に他のアジアポップスの後追いランナーの有利さを見て取り、日本のポップス制作能力が優れているという見方に警鐘を鳴らす。市川は、開発経済学などでたたかわされている跳躍的発展の構図を応用して、ポップス制作にあてはめる。もし日本の近代化が一段ずつ登り詰めて達成されたなら、他の東アジア地域の近代化はこうした着実な発展をすることなく、その時点での最高峰の技術を一気に取り入れてしまう。日本が西洋のポップスを地道に吸収、日本化してきたのに対し、他の東アジアでは日本のカバーソングの多さが示すように、そうした日本の努力の結晶を楽々と摘み取って、一足飛びに独自のポップス文化を発展させているというのである。

さらにこうした跳躍的発展は日本が経験した以上の様々な発展時間と異文化影響が同時間的に密集する近代体験を他のアジア社会にもたらしていることが指摘される。例えば、鷲田清一(1996: 41-42)は、上海の都市空間にそれを見て取る。

上海という空間のなかで、わたしのからだから時間の結び目が解かれる、その最初の瞬間だった。いまの東京ならどこにでもありそうなビルと、昭和二〇年代の日本の街ならどこにでもあった夏の夜の光景。わたしがすごしてきたあらゆる時間の相がそのときそこにあったそのからだのなかに一挙によみがえってくるような感覚があった。わたしがそれまで体験したあらゆる時間が、スープのようにごった煮にされる。あるいは、カレイドスコープのように折り重なる。あらゆる時差の消失、すさまじい同時性の感覚である。……そう、それはまるでわたしたちが経験してきた戦後の五〇年を、街のいたるところに配置したかのような感じなのだ。それはたしかに日本の大都市にもある。が、それをこれほど圧縮した空間はめずらしい。

市川や鷲田の見方は、日本の発展的優位性を覆《くつがえ》す試みと読むことはできる。多くの発展時間が同時共存するアジアの都市において体現される近代経験とモダニティーは、日本のそれとは明らかに異なっており、ホップ・ステップ・ジャンプというこれまでの発展観を否定するような、アジアにおける近代経験の新たなパラダイムを提示する。こうした議論はしかし、非西洋社会をポストモダンと位置づけるときの、西洋中心主義的な語りを思い出させることに注意したい。ビュエル(Buell 1994: 335)が言うように、そこではポストモダンはモダンの後に来るものとは捉えられない。むしろそれは、不完全な近代化、外から押しつけられた近代化によってもたらされる。周縁における文化状況では、植民地主義、オリエンタリズムによって構築された時間枠や、また開発発展進化の語りとは切り離された様々な別個の時間が共に流れている。

ビュエルもまた、こうした周縁の文化状況に旧来の進化の語り方の終焉を見て取ろうとするが、このような中心に位置する「特権者」による視座は、非西洋のポストモダン状況がグローバルな資本主義的近代の不均衡で不平等な力によってもたらされているものであることを過小評価してしまう危険性があることを忘れてはならない。アジア都市において、スラムや貧しい行商人露店が、高層ビル群や洗練されたポップスと同じようにアジア都市の近代を構成する「同時間的」要素であることを見過ごすことはできないのである。しかし、たとえそれが認識されたとしても、鷲田(1996: 42)が上海について、「(貧富の)落差はいずれ収束に向かうだろう」と論じたように、やがては資本主義的発展によって必然的に消えゆく一過性の都市景観として隅に追いやられてしまうとき、アジア都市に共存する異なる発展時間を見る言説は、直線的な経済発展形態を否定すると同時にそれを一層強固なものとしてしまっていると言える。そこでは、一歩一歩段階を経ていくような発展形態は後ろに追いやられながらも、その発展の方向性や目的について根本的な疑念が投げ掛けられることはない。

日本の知識人を惹きつけるアジアの都市空間における多くの発展時間の共存は、アジアにおける壮大な経済発展がいまだに現在進行形であるという認識と密接に関係している。このため、アジアの都市空間が体現する近・現代性に馴染みのある文化的差異を見出そうとする日本における試みが回顧的になってしまうのは不思議ではない。例えば市川は、ある国の異文化受容能力を特定の経済発展時期に結びつける。それは、日本にとってはもはや過ぎ去ってしまったが、他のアジアがまさしく今経験している時間・段階として認識される。日本のポピュラー文化が七〇年代まで熱心に西洋文化を吸収していたのが、八〇年代には求心力は内向したものとなり国粋化していったとしばしば指摘されるが(川崎 1993; 水越&ペク 1993)、市川(1994: 176–177)も同様に、日本の異文化受容能力が最も発揮された時期はもはや終わってしまったのではないかと言う。香港における日本のカバーソングの興隆は、香港の文化制作能力の欠如を表すというよりは、その偉大なる異文化受容能力を示しており、それは日本もかつては有していたという意味で、逆に現在の日本の文化編制力が停滞していることを証明するというのである。市川の目的は日本と他のアジアの時間差を強調することではないにせよ、「アジア」の現在は日本の活気のあった近代化・経済発展への道という過去を振り返る契機として捉えられてしまっている。こうしたアジアの経済発展をノスタルジックに見る傾向は、以下に見ていくように、日本のメディアにおける「アジア」とそのポピュラー文化表象においてより鮮明に現れている。自己批判的な日本の批評家・知識人によって展開されてきたアジアポピュラー文化言説は、「アジア」が日本商業メディアに盛んに取り上げられるなかで、日本と他のアジア地域の間に流れる同時間性を否定するメディア言説に圧倒されていくのである。

アジアへの資本主義的ノスタルジア

かつては極度のホームシックの症候と考えられていたノスタルジアは、現代の文化状況を理解するのに重要な概念と見なされるようになった(Davis 1979; Stewart 1993; Frow 1991)。フレデリック・ジェームソン(Jameson 1983)は、ノスタルジアはパスティシュなどの表現手法とともにポストモダン、もしくは後期資本主義における文化的イメージの中心を占めるようになったと論じた。モダニズムにおいてノスタルジアは、過去を経験主義的に表象するリアリズムによって喚起されたが、ポストモダン時代では、洗練された、しゃれた含意をもって過去を奪用し、きらびやかな体裁の良いイメージによって「過去らしさ」かげんが再現されるようになる(Jameson 1983: 19)。ノスタルジアはまた、トランスナショナルに交通するメディアイメージや記号が氾濫し、ツーリズムによる異文化・他者遭遇が飛躍的に増大するなかで、グローバル・レベルで制度化されてきている(Robertson, R. 1990: 53)。そこでは過去のイメージはある特定社会の文脈を離れて、自由に他の社会の過去そして現在を奪用、引用することで、様々なノスタルジックな願望を増殖していく。そのようなイメージの濫用は、例えば「想像されたノスタルジア」や「借り物のノスタルジア」といったものを喚起する。前者では、ある社会において人々が決して失ったことのないような「過去」へのノスタルジアが、広告などのメディアイメージによって駆り立てられることとなる(Appadurai 1996: 77)。そして後者では、どこか他の社会からの文化構成物のメディア消費経験が、人々の記憶を構築し、過去を呼び起こす。ビュエル(Buell 1994: 342)が言うように、「我々の現在の自己イメージは、他者との密接な関係によって作られているだけでなく、互いの記憶や過去が公然と交わり合うようになってきている」と言える。

先にもふれたように、トランスナショナルなノスタルジア喚起の文化政治学は、「我々」の過去が、「彼ら」の現在に重ね合わされて、両者の間の発展的時間差が凍結されてしまうときに鮮明に現れる。例えば、ターナー(Turner 1994: 116)は、オーストラリア映画『クロコダイル・ダンディー』に描かれているオーストラリア奥地へのアメリカとオーストラリアの間の不均衡な眼差しに注意を向ける。確かに、そこで表象されているオーストラリアは、オーストラリアの映画制作者によってアメリカの観客を想定して意識的に描かれたものかもしれない。にもかかわらず、アメリカの観客がアメリカの失われた古き良き開拓時代に思いを馳せるとき、オーストラリアの社会的・文化的差異は正当な評価を受けることなく、いともたやすく世界のヘゲモニーを握る強国アメリカの自己満足に流用されてしまうとターナーは注意を促す。ここでは、文化的差異の認識が、ただちに優者―劣者、先進―後進という不平等な心象地図のなかで理解されてしまう危険性が表れている。

そのようなオリエンタリスト的なノスタルジアは、失った純真無垢さや夢を「遅れたアジア」に見出そうとする日本のアジア表象にも見られる。アメリカの人類学者、ドリーン・コンドー(Kondo 1997)は、一九九〇年の日本の雑誌記事のなかに、アジアに投影される二種類の（男性主義的）ノスタルジアを見出している。一つはバリ島の、都市化の波に損なわれていない自然への郷愁である。バリは、裕福な日本人観光客によってつかの間の精神的再生の場として消費されているとコンドーは指摘する。もう一つは近代化を十分に果たしていない、タイ社会の純真さの表象である。コンドーはそこにロザルド（Rosaldo 1989: 108）が「帝国主義的ノスタルジア」と名づけた、西洋主導の近代化の道を辿るうえで非西洋「未開」社会が失っていく「伝統」や「自然」への西洋の偽善的な思慕と同じものを読みとっている。それは、「しばしば西洋帝国主義のもとに見られる特殊な種類のノスタルジアで、西洋人観察者は彼ら自身が破壊し、変容させ、消滅させてしまったものを哀悼する」（Rosaldo 1989: 108）。このようなノスタルジアは、一見悪意がないように見えながら、実は観察者自身が、西洋の非西洋への経済的・文化的な支配と深く関わる立場に位置していることを隠蔽してしまう。優者たる西洋は、非西洋が「我々」のように文明化・近代化するためには伝統文化を失うことを宿命づけられていると確信していながらも、その文化的喪失を傲慢にも嘆き、惜しむのだ。

同様に、日本が過去において紛れもない帝国主義者であり、かつ現在でも多くの発展途上地域を搾取し変容させているグローバル資本主義の中心的役割を担っているという点で、日本のノスタルジックなアジア表象も、帝国主義的かつ資本主義的であると言える。日本の資本主義的ノスタルジアは、アジア地域において失われる運命にある前近代さを単に嘆いているというよりは、「後進アジア」の将来の運命を見通しながら、日本自らが失いまた今失いつつあるものを重ね合わせて、哀悼している。日本の雑誌における、見たところ純真無垢なタイのウェートレスの表象は、

日本化、西洋化、都市化など、現実の様々な逆らうことのできない力が、タイの花のような彼女の恥じらいのある純潔さを損ない、彼女をたくましくも脅威的なあばずれへと変化させていくことを示唆している。タイ女性の運命を嘆くことで、日本のジャーナリストはタイ全体の未来を憂えているだけでない。彼はそこに日本社会が経験してきた近代化がもたらした荒廃とアイデンティティーの喪失を感じ取っている。(Kondo 1997: 88)

しかし、そのようなノスタルジアは、いまだに損なわれていないバリの自然への憧れと同様、他のアジアに対して疑う余地のない日本の物質的優位さ、裕福さ(の認識)のうえに成り立っている。その喪失感は経済的な余裕によって裏打ちされており、決して切迫したものではない。日本人に、彼/彼女らの精神的喪失をもたらした現在の高度に発達した資本主義の快適さを手放すことなく、自らが失ったものに一時的に思いを馳せることを可能にしているのは、「日本の新植民地主義的経済支配」である(Kondo 1997: 94)。ここに見られるのは、日本によるアジアとの真摯な対話への取り組みではなく、経済的特権者が、心身の回復と爽快という束の間の快楽を得て、再び裕福で近代的な生活へと

戻っていくというアジア消費の一面なのである。

コンドーが分析した雑誌記事が出版された一九九〇年は、日本のバブル経済の絶頂期であり、多くの日本人が日本経済の世界における絶対的な地位を信じ、謳歌していた時期であった。しかし九〇年代半ばになると、日本の経済的・社会的消耗が日本のアジアへのノスタルジアに色濃く影響するようになる。長引く景気後退に日本経済が苦しみ、阪神大震災が神戸地区を襲い、オウム真理教のサリン大量殺人や十代の若者による残虐な殺人事件が多発化するなど、日本社会が暗い雰囲気に包まれるなか、日本のアジアへのノスタルジックな思慕は、もはや享楽的なものではなくなった。「アジア」に自らを一体化させることで、日本が見失った「本来」の自分自身を取り戻そうという方向に向かい始めたのである。

この傾向は、バリなどのリゾート地での精神的なリフレッシュだけでなく、より神秘的かつ貧困で混沌としたアジア地域、例えばインドのベナレスやカトマンズでの苦行・自分探しというアジア地域への旅行が次第に若者に支持されるようになったことに見られる。九〇年代半ばに出版されたアジア本の傾向として、アジアをさまようバックパッカー旅行本の人気が挙げられる。このような旅行本で最も有名なものとして、一九八六年から三部作として発表された、香港からロンドンまでのヒッチハイク旅行記、沢木耕太郎の『深夜特急』(沢木 1986a; 1986b; 1992)があるが、この本のルート・手法が、九〇年代半ばに再び脚光を浴びた。一九九七年から九八年にかけて、テレビ朝日系列では、名古屋テレビの設立三五年企画として『深夜特急』がドキュメンタリー・ドラマとして再現されたし、また写真ジャーナリストの小林紀晴が沢木の足どりを意識しながら綴った『アジアン・ジャパニーズ』(小林紀晴 1995)は、こうした旅行記としては類い稀な五万部をすぐに突破するという売れ行きを示した(『AERA』一九九六年一一月一八日号、三五頁)。この本は、小林が「アジアン・ジャパニーズ」と呼ぶ、アジアをさまよう若い日本人バックパッカーを題材にしたフォト・ノンフィクションである。小林は、スポーツ新聞社の写真部での規格化された仕事に嫌気がさして退社し、メディアに振り回されてなにもかもがヴァーチャル化しつつある東京を飛び出し、東南・南アジアへと向かう。彼は、そこで自分と同じようにアジアのむき出しで容赦のない生活に向き合うことで、何かを、本当の自分を見つけようとする日本の若者たちに出会う。小林は彼／彼女たちの「美しい姿」に惹かれてシャッターを押し、彼／彼女らの自分探しを書き留める。『アジアン・ジャパニーズ』は、豊かな日本社会から貧しいアジア地域への一時的な現実逃避を美化しているとして批判されるが(例えば、斎藤美奈子 1997；園田 1997)、小林は、それが逃避であることをある程度認めたうえで、逃避のどこが悪いのかと問い直す。逃避もまた日本社会への強烈なしっぺ返しとしての立派な方策であり、彼は「逃げながら戦っている」と自己擁護するのだ。彼の支持者も、「アジアン・ジャパニーズ」は単に逃避しているのではない、アジアの汚い路地はもっと単純で人間らしい生活を送れることを教えてくれると、その啓蒙的、苦行的要素を強調する。一人の女性が言うように、アジアは彼女をときとして叱ってくれる「本来の」親のようなものとして立ち現れているのである(『AERA』一九九六年一一月一八日号、三五頁)。

このような、前近代的アジアへの旅を通して何かをつかもうとする試みは、今に始まったことではない。戦後だけを見ても、少なくとも六〇年代、七〇年代頃から、日本の若者は、他のアジア地域に日本では得られない何かを求めて旅立った(野村1996参照)。確かに、こうした旅は高度に発展した資本主義社会である日本のあり方へ批判的距離を取るという点で、肯定的な要素を含んでいると言える。しかし問題なのは、『アジアン・ジャパニーズ』がオリエンタリスト的なアジアへの眼差しから逃れられていないことに、小林自身が無自覚なことである。西洋の未開なる非西洋他者への眼差しとは異なり、日本のアジアへのオリエンタリスト的な眼差しは、両者間の文化的・人種的類似の認識と密接に関わっている。例えば、小林は、アメリカやヨーロッパでなくアジアへ旅立つ理由を次のように記す。

日本から海を越えることで、それまでの現実はクリアされる。すべては新しいこと、新しい何かの始まりで、知らない自分を感じえるのだ。そしてアジアは、どこまでも日本からの延長線上にある。日本を始点に、糸を引っ張っているという気がする。

そして先進国への旅は、どこかで日本を感じてしまう。テレビも、電話も、最新の音楽だってなんだってある。そしてそれは、情報としてすでに知っている。それがアジアとなると、なにもわからない。なにも知らない。（小林紀晴 1995: 4-5）

ここでは、日本とアジアがどこかで結ばれているという感覚が、歴史的な同時間性の否定と矛盾なく両立していることがわかる。小林は、アジアと欧米それぞれに対照的なやり方で違和感と親近感を表明する。欧米は文化・人種的にはあまり共通点はないが、日本と同じように高度に発展した消費主義、メディアのなかで生きる退屈さという現代性で結ばれている。一方、日本にとってのアジアは、本質的に何かを共有しながら、その前近代さは小林にとって異次元空間としての魅力に満ちている。ここでは、日本とアジアとの間に流れる発展的時間差は凍結されたまま、文化的・人種的近さが心地よく体感され、アジアは、あくまで日本人が見果てぬ「真」の自分探しに没頭できる神秘的な空間／混沌として消費される。「アジアン・ジャパニーズ」にとって、アジアは好きなときに、息がつまりそうな日本を抜け出して行ける癒しの地であるが、それは日本の「今」と決して交差することのない外部空間であり、日本の日常とは無縁のものであり続けるのである。

失われた近代化のエネルギー

九〇年代半ばに、束の間の精神的再生の場が、ツーリスト・リゾートからバックパッカーの苦行へと移る一方で、日本のノスタルジア的アジア表象にもう一つの重要な変化が見られた。前述したような、社会・経済的危機感と将来への悲観論が日本に渦巻くなかで、アジア地域の目覚ましい経済成長が日本の人々の目を惹きつけた。高度な近代化を急速に遂げつつある他のアジア地域に多くの日本人がノスタルジックに転位したものは、過去に日本の経済発展のなかで放たれていた社会全体のエネルギーであり、また当時持ちえた輝かしい未来への希望であった。例えば、週刊誌の次のようなコメント。「バンコクや香港などを歩いたとき、とにかく人々のエネルギーに圧倒された。おそらく高度成長期の日本が持っていただろう生のエネルギーだ」(『DIME』一九九三年九月一六日号、一九頁)。

そうしたアジアが放つ近代化・産業化の活力へのノスタルジアは、メディア・テクストのなかにも多く現れた。一九九六年一〇月から一二月まで放送された人気テレビドラマ『ドク』(フジテレビ系)では、主人公の二十代の日本人女性が、ヴェトナムへの旅行がきっかけでそれまでの自らの退屈な人生から一歩踏み出そうと決心する。ドラマは、会社を辞めて、東京で日本語教師になった主人公とヴェトナム青年とのラブストーリーであるが、その宣伝文句は「アジアの夢はきっとかなう――彼女は日本語を教え、彼は夢と希望を教えた」とされている。第一話冒頭のハノイ市内のシーンで、主役の日本人女性は、市内の混沌とした交通のなかで、道路も満足にひとりで渡れない自分に情けなさを感じ、その反面、ヴェトナム人の活力に溢れた姿に魅了される。それは彼女の日常とあまりに対照的なものであった。ハノイに住む友人の言葉に彼女ははっとする。

この国の人たちっていうのはさ、何かすごいのよ。エネルギーがあるっていうか、とにかく前向きなの。前しか見ていないって感じ。メゲルこと知らないんじゃないかって思うぐらいでさー。一緒にいるとね、何かこっちまでそんな風になれちゃうんだよね。（近くの少女の笑顔を見ながら）いい笑顔だよね。ねー、あんな風に笑っていたいと思わない？　いくつになっても、いつまでもさ。

ヴェトナム人の活力は、日本が失ってしまったものであり、また取り戻したいものでもある。そして、ヴェトナムの青年ドクに助けられてハノイの道を渡りきるシーンが象徴するように、主人公の日本女性は日本へ留学してきたドクに接することで自らの人生に新たな息吹を与えようとする。しかし、ここでも、そのエネルギーや未来への希望が、貧しさと同居していることは無視され、日本が享受している裕福さや日本とヴェトナムの搾取的な関係は隠蔽されてしまう。ヴェトナムによって体現される「アジア」は、もはや前近代とは捉えられてはいないものの、依然として同時間を生きているとは認識されていない。それは「ある種、他者に一体化しながらもその同時間性を否認するような共感であり、他者をオリエンタル化する際の根幹をなしている類いのもの」である(Dirlik 1991: 46)。古き良き日本は、絶え間なく成長し続けるアジアという景観のなかに見出され、日本のアジアは永遠なる時間差のなかに生き続ける。

同じようなノスタルジアは、サントリーのウーロン茶のテレビコマーシャルにも表象された。サントリーは、一九九一年から中国の素朴で牧歌的な生活を日本のかつての流行歌の中国語版にのせて、この商品のコマーシャルを作ってきたが、九七年のシリーズは、純真無垢な中国の新米スチュワーデスの生き生きとした新鮮さを描いた。フライトの準備の慣れない化粧、機内でのぎこちない働きぶり、急速に都市化される上海の雑踏を闊歩するシーンを通して、二人の新米スチュワーデスの希望に満ちた明るい表情が映し出される。このシリーズのテーマソングは六〇年代に日本で一世を風靡したアニメ『鉄腕アトム』の中国語版であり、「空をこえて、ラララ星のかなた……」というお馴染みの部分が使われている。ここでは、近代化のなかの希望と活気に満ちた生活が、日本のかつての姿のように元気に空羽ばたく中国女性の姿を通して、羨望、そしておそらく日本と同じ過ちを繰り返さないようにという、資本主義者的ノスタルジアとともに表象されている。

岩井俊二監督の人気映画『スワロウテイル』(一九九六年)では、ノスタルジアに日本の無法者としてたくましく生きるアジア(中国系)移民の姿に投射されている。映画は、強力な日本経済に惹かれて一攫千金を夢見て日本へとやってきたものの、日本社会に受け入れられず挫折し、メガシティー東京周辺の無法地帯、"Yen Town"に住み着く中国移民たちの物語である。この映画のモチーフは、このような状況のなかで、あらゆることをしてでも生き抜き、成功してやろうという中国移民たちの生きざまである。映画では日本の多文化的混沌状況が描写され、中国語、日本語、英語、そして移民たちが操る架空のハイブリッド言語が無秩序に交錯する。日本円は、日本社会の差別的な編制のなかで持つ者と持たざる者との格差を絶望的なまでに広げ、移民の間での暴力・抗争を激化させていく、不平等で破壊的なグローバル資本主義を象徴しているかに見える。しかし、日本の多文化状況が描かれているのにもかかわらず、映画では実際の「日本人」と「アジア移民」の生が交錯することはほとんどない。おそらくそのようなリアリズムは監督の岩井にとってどうでもよいことであり、彼はむしろ文化的他者たる移民たちを通して、日本がそして自分が「失ってしまったバイタリティー」を、懐かしくもいとおしく追い求めている。

ある時東京は至れり尽くせりの病院みたいな町だと思えた。生き物が本来持っている自己防衛本能を全然発揮しなくても、とにかく生きていられる。そんな東京にとても息苦しさを感じていて、何か違う突破口がないかと思ったときに、円を求めて国を捨てる人もいれば、家族のためにやって来る人たちに元気があるじゃないかと単純にあこがれた。それを何とか物語にしたかった。(『キネマ旬報』一九九六年一〇月上旬号、四四頁)

つまり、『スワロウテイル』は、実は「我々」の物語であり、岩井が言うように"Yen Town"は、岩井自身が楽しい一時を味わえる一種の「アミューズメント・パーク」なのである。そこでは、架空の移民たちが挫折しながらも、夢に溢れた生に満ちた日々を送っているが、その夢も、実は夢を失った日本人のものである。他の表象と同じように、このノスタルジアはかつて日本がまだ活気のある「アジア」であったときに向けられているが、そこではその活力こそが他のアジア諸国を軍事的そして経済的に侵略し、搾取した源となったこと、さらにはその関係はいまだに続いていることが隠蔽されてしまう。つまり「アジア」は同等の対話者としてだけでなく、歴史的な従属者としてもその他者性が二重に否認されてしまっているのである。映画は冒頭とラストシーンでセピア色の東京の俯瞰をバックに、「昔、まだ円がとても強かった頃……」という独白がスーパーとともに語られる。この未来的であると同時にひどくノスタルジックな映画では、日本の文化他者はそこで日本の失った夢の楽園を束の間再現してくれる消費記号におとしめられてしまっている。

同じような近代化の活力へのノスタルジアは、東アジアのポップアイドルたちの表象にも色濃く表れた。九〇年代に入って日本のメディア産業が、アジア市場にその活動を広げるとともに、それらの地域におけるポップスの活況ぶりが日本メディア（特に男性雑誌）にしばしば紹介されるようになった。ここでもやはり、アジアン・アイドルの出現は、日本と他のアジア諸国との対照的な経済成長の浮き沈みに関係づけられている。「アイドルは社会が元気なところに出現する。日本とアジアのアイドル市場の差は日本経済と社会の沈滞を示している。経済のようにアジアのアイドルたちは日本アイドル市場を脅かしている」（『DIME』一九九五年一〇月五日号、他にも『Views』一九九四年三月二三日号、『DENiM』一九九四年四月号、一九九五年九月号、『Hanako』一九九五年四月一三日号）。「元気なアジア」が、アジアポップスを語るうえでもキーワードとなったのである。

この背景には、八〇年代半ばに絶頂をきわめた日本のアイドルシステムと歌謡曲がその後急速に衰退し、より直接的に西洋ポップスの影響を匂わすバンド音楽やダンス音楽にその場を奪われたことがある。そのなかで、他のアジア市場で活気づく音楽シーンは、日本と「アジア」との間のわずか数年ながらも決して縮まることのない時間差の現れとして了解され、懐古的なデジャヴのように日本メディアのなかで語られていった。そして、このような見方は、他のアジア地域の女性アイドルたちへの男性主義的視線と結びついていく。音楽評論家の内本順一（1995: 20）は、日本人が東・東南アジアの女性アイドル歌手に惹かれる理由を、彼女たちの歌のタイトルが「新しくも懐かしい」からだと言う。彼女たちは、日本の音楽シーンで失われた、日本人の情緒に訴えるような「歌らしい歌」を歌うので、日本人の胸に響くのだというのだ。同じように『BART』(一九九三年六月二七日号)の特集記事でも、あまりに西洋化しすぎてしまった日本のポピュラー音楽は、アジアの芳香、アジアン・メランコニーをなくしてしまったが、そのような「日本が忘れたアジアの歌」を他のアジアの女性歌手たちが歌っていると紹介されている。こうした日本の忘れた歌を、他のアジア女性シンガーが受け継ぐという図式では、安易に「アジア」の現在が日本の過去と同一視されて、オリエンタリスト的眼差しによって女性化された他者として表象され、他のアジアのポピュラー音楽は正当な評価を受けることはない。

ここまで本章では、主に日本におけるアジアとアジアン・ポップス表象の二つのパターンを論じてきた。一つは、他のアジア地域の文化混合をあくまで日本と対等な関係のものとして捉えるものである。それは、相異なるモダニティーのあり方を認識し、日本における日本・アジアの二項対立図式を打ち破って、日本が経験してきたモダニティーを自省的に捉えなおそうという試みであった。しかし、そのような視点に対して、アジアを常に永遠に遅れているものとして捉えようとするオリエンタリスト的見方が、執拗に頭をもたげてくる。この傾向は、アジア経済の台頭とともに、日本の「主流」商業メディアが「アジア」を盛んに語り始め、日本におけるアジア文化消費の裾野が広くなるにつれて顕著になった。前章で論じたように、台湾の視聴者が日本のテレビドラマに感じた共鳴は、同時代を生きているという感覚と文化的・人種的近似性の認識が、縮まる経済格差と瞬時に国境を越えて流通するメディア発展の文脈のなかで節合化されていた。日本におけるアジアポップスとアジア社会・文化の表象は、近隣地域のモダニティーがそれとは極めて異なる形の時空間的な認識とともに消費されていることを指し示している。

しかし、これから見ていくように、メディア表象から日本ファンの香港ポピュラー文化の消費に目を転じると、この図式は、一見したよりも複雑であることがわかってくる。そこでは、ノスタルジア的感情が見え隠れしながらも、上記の二つの「アジア言説」のモードが切り離すことができないまま、錯綜した形で混じり合っているのである。

「おしゃれな香港」を売る

ノスタルジックなアジア表象と並んで九〇年代半ばの日本のポピュラーアジア消費における大きな傾向は、香港のポピュラー文化が盛んに売り出されたことであった(例えば、『日経エンタテインメント！』一九九七年一二月号参照)。東アジア域内のメディア産業・

市場が相互連携を深めるなかで、台湾における日本ドラマのように、香港のポピュラー文化も日本のメディア産業の販売促進戦略の対象と化したのである。しかし、香港文化の主な売り文句は、ノスタルジアではなく現代的で「おしゃれ」なイメージが強調される傾向があった。こうしたイメージは、香港が、発達した経済力と高度な映画制作能力を既に持っていることを反映したものだと言える。同時にこれは、消費者層を拡大することに躍起になった日本のメディア産業が、これまでのカンフー映画やどこか「あか抜けない野暮ったい」ような香港のイメージを払拭させようと展開した市場戦略のためでもあった。香港映画の配給会社、プレノンアッシュの戦略は、この点で典型的なものであった。一九九五年に、プレノンアッシュは王家衛《ウォン・カーワイ》監督の映画『重慶森林』を日本で公開し、アジア映画としては驚異的な成功を収めた。香港を舞台に、二組の男女の恋愛をオムニバス形式で斬新なカメラワークと音楽(「夢のカリフォルニア」)でポップに綴った『重慶森林』は、アジア映画として初めて、アジアの異国情緒に訴えずに、パリなどのヨーロッパ先進国の都市を見ているのと同じような「ファッショナブル」な感覚を与えて、日本や欧米の視聴者・批評家に支持された(枝川 1997)。その成功の裏には、作品自体の質の高さに加えて、意図的に映画を「香港映画」として売らず、現代的でかっこいいものというイメージ作りに専念した、プレノンアッシュの宣伝戦略が挙げられる(『日経エンタテインメント!』一九九七年一二月号、五三頁)。日本でのタイトルには二〇〇〇を越す候補のなかから、『恋する惑星』という元のタイトルとはかけ離れたものが採用され、それまで香港映画を敬遠していた層をとにかく映画館に足を向けさせようとした。プレノンアッシュはまた、香港飲茶倶楽部《ホンコンヤムチャクラブ》という香港映画ファンクラブを運営し、東京青山の一等地にシネシティー香港を開店させ、しゃれた雰囲気のなかで香港映画情報を楽しめる空間を提供している。

王家衛の洗練されたコラージュ映像の商業的成功とともに、一九九七年の香港の中国返還という歴史的イベントが迫るなかで、おしゃれで現代的な香港のポピュラー文化のイメージが、日本において一層宣伝されることになった。資生堂は、新商品のイメージモデルとして二人の香港スター、ミッシェル・リーとケリー・チャンを日本人女優とともに採用。二人は日本人に似ていながらもどこか雰囲気の違う、遠からず近からず、という「現代的なアジアンビューティー」の魅力を体現するものとして表象された（『Elle Japon』一九九七年八月号）。ケリー・チャンは、二十代の時代の先端を行こうとする女性をターゲットにした新しい月刊誌『Ginza』の表紙モデルとしても採用された。しかし、香港のポピュラー文化への関心は、男性主義的眼差しに独占されたものではなく、むしろ女性たちがその消費の中心となったのであった。王家衛映画には、ジャッキー・チュン、アンディー・ラウ、レスリー・チャン、金城武などの男性ポップ歌手が出演しているが、日本におけるファン層の拡大とともに次第に彼らは頻繁に日本のメディアに登場するようになり、一九九五年からは香港の四大天王(ジャッキー・チュン、アンディー・ラウ、レオン・ライ、アーロン・クオック)らが、次々と日本でコンサートを開き満員のファンを魅了した。日本のプロダクション会社、アミューズは、敏速に金城武などの香港・台湾スターの日本でのマネージメント契約を交わし、それを機に、彼らの日本メディアでの露出を大幅に増やすことに成功した(『日経トレンディ』一九九七年六月号)。また、九五年には、二つのアジアン・ポップス雑誌『Pop Asia』と『Asi-pop』が創刊した。両誌とも順調に販売数を伸ばすが(『Asi-pop』二万部、『Pop Asia』四万部)、それは、主にタイトルにアジアを掲げながらも、実は香港の男性スターを中心に据えるという編集方針が功を奏したものであった。『Pop Asia』はアジア全般の音楽を取り扱ってはいるが、九八年の編集者とのインタビューでは、女性読者層の拡大を目指して編集方針を香港スター中心に転換したということで、女性読者は全体の八五%を占めるようになったという(『AERA』一九九八年三月九日号、五二頁も参照)。

それに呼応して、女性雑誌も香港男性スターをトレンディーなものとして紹介し始めた(他にも『CREA』一九九六年一月号、一九九七年一月号、『クリーク』一九九六年五月二〇日号、『鳩よ!』一九九六年五月号。新聞では『日本経済新聞』一九九四年七月七日、一九九五年一〇月二一日、一九九七年四月一九日、『朝日新聞』一九九七年五月二四日など参照)。例えば『Elle Japon』は、一九九七年に、アジア男性スターに関する二つの特集を組んだ。一つは、香港の中国返還が差し迫った六月号。そして「アジアのセクシーな男たち」と題された一一月号の記事では、タイ・インドネシア・フィリピンのスターたちも扱われているものの、香港スターの魅力に焦点が当てられている。

凛々しくて、色っぽくて、それでいながら母性本能をくすぐる繊細をもっていて……。そんないい男も条件をすべて備えているのが、アジアのスターたちだ。アジア全域のみならず、世界中で注目されている彼らには、スターならではの圧倒的なオーラと、あふれるようなエネルギーがある。（八九頁）

香港及びアジアの芸能人への興味は、一部の熱狂的マニアだけでなく、一般の若い女性にも浸透しつつある。フェミ男だらけになってしまった軟弱な日本男児に辟易している。特に時代の流れに敏感な女性たちは経済成長とともにカッコよく美しくなるアジアの男に、日本人にはない男の色気を感じている。（九五頁）

この香港スターたちへの賛辞が示唆しているのは、九〇年代半ばに、女性誌においても、アジアに対する関心が、東南アジアから東アジアへ、「純朴さ」から「現代的カッコよさ」へと移っていったことである。例えば、九四年の『CREA』一一月号では、バリやプーケットの魅惑的青年が特集されていた。そこでは、彼らの魅力はバリやプーケットの自然美と重ね合わされ、「純粋で優しい瞳」、「静かに自然と会話をしている」、「都市の雑音に汚されていない純粋な心」などと描かれている。同様に、『Elle Japon』

も一九九四年の三月五日号で、「いま、アジアに熱いまなざし！」と題されたアジアの映画・音楽の特集をしているが、そこでもアジアの魅力は、「素朴なしなやかさ」、「混沌のなかの力強さ」と表現されていた。しかし、上記の九七年の記事にはそのような資本主義的ノスタルジアは消えている。代わって強調されているのは新しいトレンドをしるす、香港男性の現代的魅力である。

筆者が一九九七年と九八年に東京で行なった、香港ポピュラー文化ファンの実地調査でも、このような日本メディアにおける香港ポピュラー文化の売り出し方は、その受容のされ方に様々な形で影響を及ぼしていた。ひとつには、現代的でトレンディーな香港の強調は、消費者に目新しさとしての価値を感じさせていた。多くのファンたちの香港映画やスターたちへの興味の裏には、たとえ部分的にせよ、彼女たちが、流行の先を行く洗練された嗜好を持っていることを証明したいという願望があるようであった。この点で注意に値するのは、王家衛映画は比較的に幅広い観客層に支持されたのに対して、香港ポピュラー文化の主な消費者は、日本のメディアのプロモーションにもかかわらず、比較的少数の熱烈な「ファン」に限られていることだ。日本のメディアが、香港ポピュラー文化情報を頻繁に扱うようになってきたとはいえ、その情報は、日本のアイドルたちのものと比べると依然として限られたものでしかない。そのため、より詳細な情報を獲得し、多くのメディア商品に接するには、様々なファンクラブに加入し、数少ない香港ポピュラー文化商品を扱う店に通い、インターネットなどで情報を集めなければならない。そうした労力とコストを通して、香港、もしくは台湾のポピュラー文化のファンであることを自任するようになり、また、世間にも「趣味の良さ」を公表することとなるのである(様々なファンクラブの情報については『Pop Asia』二〇号、一九九八年参照)。

日本の香港ファンが、同好の士と映画やスターたちについて語り、共に情熱をかき立てることに快楽を見出しているという点では、台湾における日本のテレビドラマの消費と同じである。しかし、台湾では、クラスメートや職場の同僚と日常的にこうした会話ができるのに対し、日本の場合は、香港映画やスターに関しての同じ趣味・話題を回りの人間と共有するのが容易ではないため、ファンクラブなどに加入して同好の士と出会うことが必要となっていた。ジェンキンス(Jenkins 1992)は、アメリカの『スタートレック』ファンの観察から、ファン・コミュニティーに属する心理的欲求を次のように論じている。

関心を共有し、またファンであることによって生じる様々な問題に直面する同好の志たちとともに、グループの一員であることを自任することで、ファンは、精神的に強くなり勇気を得る。ファンであると認めることで社会の文化ヒエラルキーの下部に属すと見なされ、また常に関係各位から侮蔑され批判にさらされることを覚悟しなければならない。しかし、そうすることで、集団としてのアイデンティティーをもって発言し、その趣味を他のファンとともに擁護し、変態的であるとか異常であるというレッテルを取り去ることもできるようになる。(Jenkins 1992: 23)

確かに、社会的なコミュニケーションの確立は、日本の香港ファン・コミュニティーにおいても重要な役割を果たしている。多くのファンは、私とのインタビューで、友人や同僚には香港映画やスターの魅力をなかなか理解して貰えず、それらが好きだというと、変な趣味を持っていると思われることさえあると言っていた。しかし、社会からあるレッテルを貼られたファン・コミュニティーの連帯感を、いささかロマン化するジェンキンスの議論は、日本の香港スターファンたちには当てはまらない。トンプソン(Thompson 1995: 222)は、メディアが高度に発展した現代社会では、何らかのメディア・テクスト、ジャンル、有名人を熱心に消費することは、我々の日常生活の一部となっており、その意味では「ファン」であるということはごくありふれたことになったと言う。この説はいささか誇張がすぎるとしても、インターネットなどのメディア技術の進歩によって、多様なメディア商品消費のニッチマーケットが存在するなかで、様々なファンがその趣味の「特異性」をもってメディアに踊らされる「主流」から距離を置こうとすることが、ごくありふれた光景になっていることは否定できない。フィスク(Fiske 1992: 33)が言うように、「ファンであることは、文化的欠乏感を埋めて文化的資本にまつわる社会的威信や自負心を植えつける」機能を果たしており、ファンを自任する人々は、そうすることで社会的、文化的差異化をしようとしているのである(Bourdieu 1984)。

同様に、日本のファンについても、香港やアジアのポピュラー文化を消費することをもって、いまだ主流とはなっていない香港文化をいち早く評価したことに誇りを持っているように思えるケースが少なくなかった。趣味の「特異性」は、「先進性」へと転換されているのである。このことは、例えば日本のファンが抱く、香港ポピュラー文化が「主流」になっていくことへの屈折した気持ちに表れている。一方で、彼女たちは、ほかの多くの人に香港スターたちの魅力を知ってもらい、理解して欲しいと思っている。それは、彼女たちの趣味のよさを証明することにもなるからだ。しかし、他方、彼女たちの魅惑の対象を、隠された秘密としておきたいという気持ちをどこかに持っている人も多い。この願望は明らかに、使い捨てのアイドルを次から次へと乱造する日本の主流のエンターテインメント・システムへの彼女たちの不信感を反映していた。香港のスターたちが、日本のメディア産業によって商品化されることで、彼らの魅力が表面的に消費され、「本来」の持ち味が損なわれてしまうことに危惧感を抱いているのであった。日本人と台湾人を両親に持ち、香港映画で活躍する金城武ファンの二十代後半の女性は、一九九七年に日本で制作・発売された写真集にふれて、この点を力説していた。

あの本では金城君はただ見た目がいいだけ、それだけ。彼のいいところは、どこかぼーっとしてるけどたくましいところなのに、その魅力は写真集には全く出ていない。日本の出版社は、金城君の本当のよさを理解しないで、ただの安っぽい商品にしてしまっている。

金城武が単なる使い捨て商品になってしまうことへの彼女の危機意識は、その主な熱心なファン層が、まだものの善し悪しが判断できない、俗悪趣味の十代の女性に広がっていることによって、さらに高められる。彼女は、十代女性向け雑誌『Olive』が金城武の特集記事を掲載し、他の十代女性誌では、彼が読者が選ぶ最も素敵なアイドルの四位にランクされたことにショックを受けたという。

金城君は『Olive』なんかに出ちゃいけない。まだ高校生の読者は若すぎて、彼の本当のよさはわかりっこない。あの子たちは、金城君を日本の他のアイドル達と一緒くたにしちゃっている。

どこかエリート主義的なこうした見方は、香港スターが日本のメディア文化の主流からはずれていることで、かえって、少数の「趣味のよい」ファンの一人であるという自負心を産んでいることを示している。香港や他のアジアのスターたちが、日本で有名になる前からファンになることの重要性は、しばしば聞かれたコメントであった。二十代前半の香港や他のアジアポップスが好きだという女性のコメントは、この点を鮮明についている。

私の香港や他のアジアのポップスへの興味は、音への共感とはあまり関係ないような気がしますね。多分、マスメディアによって与えられるものとは違う、私だけの世界を築きたいんだと思うんですよ。何か、すべてが標準化されてしまっている日本社会にいると自分の個性を失っている様な気がして。だから、なにかマイナーなものにはまる必要があるんですね、多分。何か他の多くの人が、まだ追っていないものにはまることで、自分自身の個性をなんとか保ちたいんです。

ここでは、自分がどこか特別であるという意識、個性の確認への願望がアジアのポピュラー文化のファンであることに伴う様々な努力を支えている。いや、むしろ、情報集め、ファンクラブへの加入、日本のテレビでは放送されないメディアテクストの収集という、ファンであることにつきまとう困難さこそが、マスメディアの操り人形たちとは一線を引くこととなり、文化的洗練者になる悦びを高めていると考えられるのである。

しかしながら、実際には、彼女たちが蔑《さげす》む操り人形たちと、彼女たちのメディア消費行動の間にどれほどの差があるのかは疑問である。前述したように、多くの香港ファンたちは王家衛映画と一九九七年の中国返還へのメディアの関心が高まりはじめたのに呼応するように、九五年頃から香港ポピュラー文化に目を向けている(足立 1998: 16–22)。メディアでのさらなる露出は、彼女たちの趣味のよさ、時代を先取りすることへの自負心を高めてくれたのだ。香港の中国返還直前の九七年四月に、二十代後半の女性はこう言った。

香港の中国返還が、今やメディアにしょっちゅう出るようになって、香港に関心が集まっているでしょ。そうすると、いままでは無名だった香港や台湾のスターを、私はもっと前から知っていたんだぞというふうに自慢しちゃう。

主流メディアの与える情報に踊らされる洗練していない消費者と差別化をしようという試みは、その動機そのものがやはり「主流」メディアの動向によって形づけられているという意味で、現代メディアシステムの外に完全に位置づけることはできないのである。

アジアン・モダニティーへのノスタルジア

このように、日本の文化産業のプロモーションによって香港ポピュラー文化がメディア露出をしたことが、部分的にせよ、新奇性のあるものを先物買いしようとするファン心理を高めたことは否めない。しかし、香港ポピュラー文化に魅了された日本の女性ファンは、メディア社会でなんとか自己差別化を図るという、サブカルチャー愛好者のお馴染みのストーリーでは終わらない。香港映画や男性スターを好む日本の女性ファンの年齢は比較的高い。正確な統計はないものの、ファン層は十代から五十代にわたっており、その中心層は二十代後半から三十代であると思われる(原 1996; 足立 1998)。これは日本のアイドルのマーケットが主に十代のものであるのに対して、香港スターたちが主に三十代であることが大きな理由で、こうした女性ファンたちのなかには、香港スターの魅力を、彼女たちが十代から二十代前半のときに味わった日本のアイドルシステムの最盛期に重ね合わせている人が多いのも事実であった。そして、ここでもジェンダーは倒置されているものの、ここでも日本のアジア消費が、他者へのノスタルジックな眼差しに衝き動かされていることに気づかされるのである。

この、「トレンディー」と「懐かしい」が並置される一見矛盾した状態は、上述の『Elle Japon』の香港男性スターの表象でも見られた。そこでは、時間差ではなく現代的同時代性が強調されてはいるものの、この現代性は以前、日本にもあったものとして表わされる。例えば、「柔《やわ》なフェミ男だらけになった日本男性に辟易した日本女性」といった文句は、アジアン・スターの魅力を経済成長と結びつける言質と相まって、日本の喪失を暗示する。それは、やはり日本がより高次元の経済力を身につける過程で失われた日本男性の男らしさと結びつけられ、その意味で香港は現代的にあか抜けはしたとされてはいるものの、わずかながらも厳然と横たわる、日本との発展的時間差が暗黙のうちに了承されてしまう。

この現代的香港文化におけるノスタルジックな消費という側面は、女性ファンとのインタビューでも明らかであった。もっとも多く聞かれた香港スターの魅力とは、彼らのスターとしてのカリスマ性であった。彼女たちによれば、香港スターは真の意味でプロフェッショナルであるという。彼等は、歌と踊りに磨きをかけ、常に自分がスターであることを意識して仮面を被りながら、ファンと聴衆にプロのエンターテイナーとして多大のサービスをする。香港スターが、一人一人のファンをとても大切にし、いやな顔をせずに好意的かつ親身になって接してくれることも、真のスターの要素として高く評価されていた。言うまでもなく、これらは使い捨て商品の割にファンサービスをあまり重視しない日本のアイドルたちと日本のエンターテインメント産業へのアンチテーゼである。第四章で、アイドルとスターを区別する要因がメディアを通して感じさせる親近さにあると述べたが、彼女たちによれば、メディア表象で隣にいるような男の子といったイメージを強調しながらも、日本のプロダクション事務所は過度にアイドルたちを保護するため、実際にファンと接することは、頻繁には行なわれず、また、決して好意的なものではないというのである。日本のメディア産業によって作られる、そのような表面的な親密さだけをまとったアイドル像は、二十代後半以降の女性たちにとってはもはや薄っぺらで人為的にしか映らなくなっているようであった。

多くのファンは、こうした「本来」のスター性は、日本にもかつては存在したと認識していた。例えば、三十代中頃の女性は、彼女が香港スターに傾倒しはじめたのは一九九〇年頃で、この時期は日本のアイドル歌謡曲が衰退して、代わってバンド・ダンスミュージックが主流になりつつあり、彼女はそれには距離を感じていたという。そのとき、彼女は香港で急速に発展した音楽界に、彼女が八〇年代中頃まで享受していた日本のなつかしきアイドル歌謡の世界を見つけ、飛び上がって喜んだのだ。香港スターたちは、日本のエンターテイナーたちがもはや持ち合わせていないスター性に、自分が没頭した時間をもう一度甦らせたいという彼女の願望を満足させてくれたというのだ。レオン・ライのファンクラブ会長が言うように、「香港明星たちは、私達の世代が忘れかけていたヒーローを思い起こさせてくれた」のである。そのような失われたヒーロー像とは、「今ほど過激でない曲調、照れずに自分の世界を作るナルシスト度、親近感を与えながらもファンの理想像を裏切らないキャラクター」であり(花岡 1997：63)、こうした若き頃に味わった、(より若いファンにとっては見知らぬ伝説の)輝かしい日本のアイドル黄金時代が、現在の香港スターたちによって呼び起こされているのである(原 1996；村田 1996)。

香港の男性スターが喚起するノスタルジックな思慕はまた、日本社会への幻滅・不満とも深く結びついている。日本メディア表象について見たのと同じように、香港映画のスターが放つ魅力は、日本社会が失った活力、元気さ、そして人間らしさなどと関連づけられて、女性ファンによって表明された。例えば、二十代後半と三十代後半の女性のコメント。

日本のテレビドラマは、何か夢とかパッションがないよね。たまに見てたのしむのにはいいんだけど、日本の役者にしてもかっこいいけど、(香港のスターと比べて)どこか基本的なパワーとか人生のハングリーさがなくて物足りない。(二十代後半)

王家衛の映画は、いつも、なんて人間て素敵な生き物なんだろう、恋愛や他人への愛情って私たちが生きていくのにどんなに大切なのかを教えてくれるんです。こういったことって、私たち日本人がどこかで失って忘れてしまったものでしょう?(三十代後半)

香港ポピュラー文化を消費することで、日々の生活で失いがちな元気や希望を取り戻すことができると、別の二十代半ばと三十代後半の女性が言う。

何か、香港の人たちって、本当に人生に肯定的だと思うんです。私のイメージだと、たとえすぐに死ぬと言われても、決して悲観的にならないというような。それって、今の日本と対照的でしょ。だから、香港映画やポップスターのビデオを見ていると、私まで元気になってくるんですよ。香港やその映画は、私の「元気の素」みたいなものですね。(二十代半ば)

レスリー(チャン)を見ていると、私があきらめてしまったこと、自分のすばらしさに気がつくんです。自分が忘れていたもの、二十代になしえたことを、レスリーを

通して再び手に入れる。……エネルギーを呼びさます何かがあるんです。レスリーは私にとって麻薬ですね。（三十代後半）

このような、香港の現在を日本の喪失した過去と重ね合わせる態度は、前述のメディア表象と同じように、両者が同時間を生きていることを否定していると見なすことができる。しかし、ファンの話に耳を傾けるにつれて、私は、消滅したポップスのスタイルや社会活力への切望は、必ずしもタイムラグの認識に根ざしていないことに気づかされた。それは、また香港と日本の間にある文化的モダニティー編制の相違を女性ファンたちが感じとっていることを示していると考えられるのである。つまり、「日本が失ったもの」への郷愁と「日本のモダニティーが到底なしえなかったもの」への憧れがごちゃ混ぜになって、異なるアジアの近・現代性へのノスタルジックな願望という両義性が、表されているのではないのか。彼女たちにとって問題となっているのは日本の喪失だけでなく、日本の欠如でもあるのである。

インタビューしたほとんどの日本女性ファンは、台湾の日本ドラマファンと同じように、容貌や文化的な近さから、香港スターはハリウッドスターよりも感情移入しやすいと述べていた。西洋のポピュラー文化は、彼女たちの日常とはやはり距離があると感じられているようであった。しかし、台湾の場合と異なって、文化的・人種的近似性の認識は、日本女性ファンに、日本と香港の文化的差異を改めて際だたせることとなった。

そして、ここで重要なのは、日本と香港の間の消えゆく発展的時間差こそが、そのような差異の認識を助長していることである。例えば、二十代後半の女性の発言。

香港映画は、とてもパワフルで元気にあふれていますね。香港の人たちって、見た目は日本人と似ているけど、文化的には全然違いますよね。だって、香港も日本とおなじように高度経済成長を遂げたけど、それでもまだ、日本には(もはや)ないバイタリティーを持っているんですから。

彼女は、日本は経済的には依然として香港よりも少し上をいっていると認めながらも、香港が、まさに「私たち」と同程度の経済発展を果たしているからこそ、香港が日本のように大切なものを失って、「私たち」のようになるとは思えないというのである。

このように認識される香港の文化的差異は、本質的なものでも、直線的発展軸上の距離上に置かれたものでもない。むしろ、香港と日本の差異は双方の近代化の過程で節合化されたものであり、それは、とりもなおさず西洋近代との交渉の仕方に現れていると受け取られていた。昨今の日本における香港文化への関心の高まりは、両者の文化編制が、「借り物の美学」に貫かれていることに共振する日本の若い世代が徐々に増えてきていることを示しているという見方がある(樋口 1997)。しかし私が行なった日本の香港ファンの聞き取り調査に関する限り、彼女たちが香港ポピュラー文化に肯定的に見出しているのは、日本とは異なるモードのアジアン・モダニティーのあり方であり、その対照として、日本のモダニティのあり方に、彼女たちが強い違和感を抱いていることを照らし出していた。それは例えば、日本の西洋文化の吸収の仕方に向けられる。

日本は、あまりに西洋を向きすぎている。多くの日本の人がアジアを馬鹿にしているけど、これは現実とはマッチしていないと思う。日本文化は、西洋の影響が強すぎて独自の道を失ってしまったでしょ。でも、香港は、まだ自分のスタイルとかシステムとかを持っているように見えるんです。その意味では、香港は文化的には日本の上をいっているんじゃないかと思うんです。

二十代後半女性のこうした見方は、日本の批評家がディック・リーに魅了されたことと重なる。つまり、西洋近代との交渉のなかから生まれてきた香港の文化的モダニティーは、アジアの土壌における、その独自の匂いを失うことを拒むが、日本のそれは、そうした匂いを持つこともなければ、西洋のようになりきることもない。日本は、体裁だけを近代的に整えているに過ぎないと見なされている。他の三十代前半の女性が言ったように、香港は、経済発展を果たした後でも、古くてよいものと近代的なものがうまい具合に両立しているが、日本は伝統的な良いところを捨て去り、すべてが中途半端な西洋の物まねみたいになってしまったと考えられているのである。

さらには、日本における西洋文化の吸収の仕方は、日本社会や文化を孤立させてしまったとも考えられていた。それに比べて、香港はとても「コスモポリタン」なのであり、そのことは香港のスターたちが、日本のそれよりも広くアジア全域で活動していることにも現れているという。二十代後半の女性によれば、

日本が香港よりも優れているなんて思わない。逆でしょ。だって、香港では、東洋と西洋がいつも接触していながら、互いに融け合って見えなくならずにうまく混ざっているけど、日本は、西洋文化を都合のいいように吸収して「日本化」して来た結果、日本文化は閉じてしまって、他の文化との接点がなくなっちゃった。私はこれはやばいと思う。何か、日本は今や一種のどん詰まり状態で、もう未来なんてないように見えてしまう。

ここでも、これまで見てきた日本文化プロデューサーや知識人のコメントが繰り返されていることに気づく。シンガポールのように長らく英国の統治下にあった香港は、常に「強制的」に異文化との生の遭遇を余儀なくされてきたのに対し、日本は外との接点を均質化して、その国境の枠内へと押し込もうとしてきた。香港の「開放性」が西洋植民地支配の暴力によってもたらされたことにあまり自覚的ではないにせよ、日本の女性ファンたちは巧みな西洋文化の土着化を基盤とした結果、日本の文化モダニティーは、今や香港のそれに匹敵しなくなっていると認識しているのである。このように、彼女たちは日本のナショナル・アイデンティティーとしてのハイブリディズムへの強い疑念を表明するとともに、香港ポピュラー文化に接することで、自己充足してしまおうとする

社会での偏狭な日常を脱し、外の世界とつながりを持って、よりコスモポリタンたろうとする。日本と他のアジア諸国との関係を自省的に見つめるという営為は、日本の知識人だけによって実践されているのではない。それは、「普通」の香港ポピュラー文化消費者にも、身をもって体感されているのだ。香港ポピュラー文化消費を通して、日本女性ファンたちは、日本が香港などの他のアジア社会より優っているという傲慢な見方は、単に「政治的に正しくない」ような言質ではなく、感情的にまた文化的にも現実に支持されえないことに気づいているのである。

ここで強調したいのは、日本の女性ファンが、香港ポピュラー文化消費を通して香港に感じる同時間性は、日本近代への批判的眼差しと、それに伴う自己変革への努力という形で現れているということだ。こうした姿勢は、トンプソン(Thompson 1995: 175)の言うように、自分が経験しているものとは違う生活、文化のイメージ、情報がメディアから溢れ出るなかで、自らが置かれている生活の時空間的文脈に対して、我々がごく日常的に記号学的距離を感じるようになってきていることを示している。トランスナショナルに駆けめぐる、様々な国・地域・文化の情報、イメージ、アイデアの氾濫は、自らが位置する社会や文化に対して、我々が健全で自省的な距離を保つことを促すことにもつながるのである(Appadurai 1996)。三十代前半の女性は、香港ポピュラー文化を通していかに彼女の様々な見方が変わったかを力説した。

もちろん、一〇〇%すべて香港にのめり込むことは無理です。香港映画やスターを消費している自分を、冷静に眺めちゃうようなこともありますし。多分、私はそこから今の退屈な会社生活では味わえない何かを見つけようとしているんでしょうね。でも、香港映画を見て、スターのファンになって、私は以前よりも積極的で前向きになれたんです。私の日本への考え方も大きく変わりましたね。私たちはいかにすぐ前のことしか見ていないのかとか、私たちは豊かになったけど、多くの大切なことを犠牲にしてきたということにも気づいたんです。……今では広東語を習うだけでなく、日本の戦争の歴史や香港や(他の)アジアへの偏見についてもっと勉強して知りたいと思うようになりました。

もちろん、こうしたファンの意見は一般化できないし、また彼女にしても、例えば実際にバリなどの他のアジア社会へ移住していった人たちと違って、現実にある生身のアジアの文化他者と直接遭遇することで自己変革を遂げることを目指してはいない(山下1996;野村1996参照)。にもかかわらず、女性ファンのなかには、香港ポピュラー文化にふれることで、日本の近代経験や帝国主義的歴史に批判的に目を向けるようになった人たちが、少なからず存在している。そこでは個的な生活感情が日本の帝国主義の歴史と、たとえわずかであろうとも、重なり合う瞬間が生まれている。そして、その香港の文化的近・現代性を同時間的に評価する眼差しは、第三者的観察にとどまらず、内省的な自己変革への社会的実践を伴っているのである。

東アジアにおける資本主義的同時間性

これまで見てきたように、九〇年代の日本におけるアジア表象・消費は、日本が失ってきたものを、なんとか、たとえ東の間でも再現したい、取り戻したいという衝動に突き動かされていた。実際に、日本がかつてそのような社会活力を持ちえていたのかは疑問の残るところであり、また、それは突き詰めていけばどうでもいいことなのであろう。ノスタルジアが向けられる対象は、必ずしも過去にあった物事やそのありようを忠実に反映したものではない。ノスタルジアはむしろ、現在における社会的・文化的不確実感や苦悶によって呼び起こされるのであり、現在の語りのなかにしか存在しえない過去を構築するいう意味で、きわめてイデオロギー的なものである(Davis 1979; Stewart 1993)。

急速な近代化、経済発展、グローバライゼーションのなかで、ノスタルジアは日本の文化的真正さやナショナル・アイデンティティーの保持・構築において、重要な役割を演じてきた。これらの過程では日本にとっての緊急の問題は西洋との文化遭遇の激化であり、それから転じてノスタルジアは、「前近代、つまり西洋以前の時間、西洋化の破壊的な刻印が押される前の日本への憧憬」(Ivy 1995: 241)を喚起してきた(他にもRobertson, J. 1998b; Creighton 1997; Graburn 1983など参照)。同様な衝動は、前近代アジアへのバックパッカー旅行紀などにも見受けられるが、香港ポピュラー文化消費においては、ノスタルジアが投射される対象はごく身近な「過去」であり、それは西洋以前ではなく西洋以後、より正確には、すでに西洋に取り込まれ、あるいは、西洋を呑み込んだ「今ここ」である。そこには、西洋の文化的影響をすべて払拭して、本来の「日本」を取り戻すという国民主義的な衝動は見られない。問題となるのは、むしろ西洋主導の資本主義的モダニティーをどう生き抜くのか、現在の日本社会のなかで、自らの生をいかに希望の持てる人間らしいものに変えていくのかという切実な要望である。この切迫感が、ノスタルジアがなぜ現在の他のアジア社会・文化に向けられるようになったかを、たとえ部分的にせよ、説明している。経済不況・社会不安のなかで、未来への展望を失いつつある日本において新たに想像された「アジア」は、窒息感に満ち、閉鎖的で、硬直化された日本社会とは対照的な理想像として立ち現れる。そして、このアジアは、単に日本のかつての姿という意味でロマン化されるのではなく、自己変革にむけてより精神を昂揚させるような、ありうべき代替像として評価されているのである。

この章で、私はこのような自省的なノスタルジアを検討することで、日本のアジア消費は単にオリエンタリスト的な眼差しを再生産しているだけでなく、両義的なものであることを提示してきた。しかしながら、この章を終えるにあたり、日本の香港文化モダニティー評価は、飼い馴らされた文化他者を再生産する危険と常に背中合わせであることを、あらためて強調したいと思う。村井(1990)は、八〇年代後半の日本における「アジア・ブーム」では、日本の消費主義的眼差しは依然としてアジアのエキゾティシズムに支配されており、日本と他のアジア諸国との不平等な関係は忘れ去られ、隠蔽されていると指摘した。この点は九〇年代の状況でも一定の妥当性を持っているのである。

ケルスキー(Kelsky 1996)は、「イエローキャブ」と呼ばれる、外国人(主にアメリカ人)男性を好むとされる日本女性の実証的研究で、彼女たちの文化の国境を越えようとする行為・衝動は、日本女性が従順であるというようなステレオタイプ像を打ち壊した反面、日本と他者との排他的な境界線を新たに引き直してしまっていると論じた。彼女たち自身と知識人・批評家が日本社会やジェンダーに関する問題提起を国内で推し進めるために、外国人男性はある種の記号へと貶められてしまうのである。同じようなことが、日本の女性香港ファンたちにも言えるかもしれない。香港へのノスタルジアが、「我々」と同じ時間を生きる「彼ら」の他者性の評価に取って代わられても、香港が都合のよい、望ましい「アジア他者」に還元されてしまっていることは否めない。スチュアート(Stewart 1993: 146–147)が、みやげものや記念品を収集する行為は時間的《アンティーク》・空間的《エキゾチック》な真正さへの熱望を喚起していると指摘したように、香港の他者性もみやげ品のように、時空間的に「親密な距離内」に都合よく配置されることで、日本の自己陶酔的な真の自分探しのために「奪用され、消費され、そして飼い馴らされてしまう」のである。

日本のファンが表明した、東洋と西洋を巧みに並置させているといった香港礼讃論は、八〇年代から『ブレードランナー Blade Runner』、『ニューロマンサー Neuromancer』などのハリウッドの近未来映画・小説に表象された、ステレオタイプ的な東アジア都市の俗悪さと混沌さのイメージを踏襲している。この点は日本のメディア・テクストにも鮮明に現れている。例えば、アニメーション映画『攻殻機動隊』制作にあたり、監督の押井守は、香港の方が伝統と高度な現代性が入り乱れる混沌とした未来的な電脳都市というイメージに合致するとして、東京が舞台となっていた原作の設定を変えている。より最近では、『クーロンズ・ゲート(九龍風水伝)』というコンピューターゲームが発売され、香港は近代的でありながら猥雑な都市、合理性と非合理性、善と悪、現実と幻想という境が曖昧にされた空間として表象されている(『朝日新聞』一九九七年五月六日)。ゲーム製作者によれば、香港はアジアでもなく西洋でもない、それでいて両者を内包しているという現代日本の原型であるという。日本においては、社会秩序確立の力があまりに強かったため混沌性が管理化されてしまったが、香港は、依然として、様々な両義性的混沌が何か全く新しいものを産み出す可能性を秘めているという(『朝日新聞』一九九七年二月二五日)。日本の香港ポピュラー文化ファンも、このような理想化された混沌都市空間という香港のイメージを共有している。そこには、ハリウッド映画の西洋と東洋、ハイテクと前近代的伝統・卑俗の混沌的共存の表象に見られるような、オリエンタリスト的な想像力(Yoshimoto 1989)が強く働いていることを見逃すことはできないだろう。

さらには、日本の女性ファンによる香港文化のモダニティーの評価は、香港との同時間性を否定する見方を乗り越える可能性を提示する一方で、新たな「遅れた」アジアを再生産してしまっている。これは、九〇年代に現れた日本の新アジア主義が、「もはや物質的裕福さと経済的繁栄を否定せず、むしろ、それは富や繁栄をなんとか異なる形で享受したいという願望を表している」(Morris-Suzuki 1998a: 29)ことと通じている。つまり、日本における西洋文化の影響との交渉の仕方に対して批判的でありながらも、根本的には西洋主導の資本主義的発展を無批判に肯定してしまっているために、日本の女性ファンのメディア消費を通した香港のモダニティーとの対話は、他の欠けたるアジアから二項対立的に想像された資本主義的「洗練さ」を暗黙のうちに了承してしまっている傾向があるのだ。私のインタビューでは、多くの人が「香港」と「アジア」の差別化を強く意識していた。彼女たちは、たとえ扱っている内容がほとんど香港ポピュラー文化であっても、日本メディアが「アジア」という語でひとまとめにしてしまうことに対して懐疑的であり、「香港」と「アジア」との間に一定の距離感を取っていた。こうした態度は、一方では常に全体化されて語られがちな「アジア」という抽象的地理観念を否定して、具体的なレベルで接していこうとしているという点で、肯定的な可能性を差し出している。しかし、すべてのファンに一般化することはできないものの、数多くのファンにとって、「香港」を「アジア」から切り離すのは、後者にまとわりつく「後進」イメージを払拭するために不可欠なことのようであった(足立 1998 も参照)。例えば、香港の中国返還に関して、何人かのファンが、中国が香港の魅力を損なってしまうという危機感を抱いていた。

中国に返還されたら、香港はもっと中国っぽくなってしまうような気がして心配。香港の何でもありみたいな自由な雰囲気が、中国の政治規制で失われて、とても時代遅れな伝統的中国文化に汚染されてしまうのがいやだ。

香港が洗練された特別なコスモポリタンな都市になれたのは、イギリスの存在がやっぱり大きかったですよね。返還のあと、香港は街がなんだか以前よりも汚くなって前の元気さもなくなってきたみたい。

中国への返還後、中国共産党政府の政治統制が香港の開放的でコスモポリタンな魅力を壊してしまうのではないかという懸念は、しばしば日本の論者によって表明されていた(例えば枝川 1997)。しかし、これら日本の香港ポピュラー文化ファンのコメントが示唆しているのは、中国が体現する前近代性こそが、香港にとっての大きな弊害になるという認識である。同時代を生きる近代的で親密感のあるアジアの隣人の認知は、「豊かなアジア」による「後進のアジア」への蔑視という、オリエンタル・オリエンタリズムの再構築と表裏一体をなしているのである。前述の『Elle Japon』にあったように、アジアの男たちが美しく魅力的になってきたのは、あくまでその地域が高度な経済発展を果たした限りにおいてなのであり、他のアジアが「私たちの現代」の領域に入ってくるには、一定の高度経済発展が最低限の条件となっている。一部の日本の香港ポピュラー文化ファンにとって、前近代的なアジアは、資本主義的同時間性を共有することはなく、それゆえ、決して消費する願望など湧くことのない時空間として捉えられているのである。

終章　アジアンドリームワールド

本書ではトランスナショナルなポピュラー文化消費の諸相（言説、メディア表象、市場戦略、視聴者受容）を通して、日本の「似ているが優れている」、「内にして超」といったアジア認識が再び顔をもたげ、あらためて主張され、そして揺らいできていることを見てきた。一九九〇年代の日本のアジア回帰をポピュラー文化の流れから見て気づかされるのは、いかにそれが多面的かつ矛盾に満ちたものであるかということである。しかし、こうした複雑性は、日本の世界観、トランスナショナルな想像力を抑制する「アジア」と「日本」（そして「西洋」）の二項対立の強い求心力によって、不明瞭なままにされてしまう。日本のアジアにおける文化的存在感、影響力に関する言説を見ても、その多様性（肯定的なもの否定的なもの、自己礼讃的なもの自己批判なもの、明確なもの曖昧なもの）は最終的には「アジア」というすべてを覆い尽くしてしまう概念に吸収され、さらなる二項対立論への原動力へと転換されてしまいがちであった。

もちろん、日本で使われている「アジア」という包括的な語は、単に言説上の概念であり、何の実質性も伴っていないと理論的に一蹴して、「アジア」などは存在しないのだと言うことは可能である。しかし、そうすることは問題の所在を取り違えてしまうことになりかねない。問題は、「アジア」という概念が適切かどうかで終わるものではない。「アジア」という一般化、抽象化したものを語ることが不可能であることを最初に認識した上で、その概念に対しての心的投企が日本において一九九〇年代に活発化したのはどのような文脈においてなのかを問わなければならないのである。

それに対する最も手軽な答えは一九九〇年代に台頭した地域統合論、文明ブロック化論に求められるであろう。確かに、日本であらたに高まったアジアへの関心は文化的・人種的共通性の認識、長い政治、経済、文化的交渉の歴史のなかで育まれてきたアジア近隣諸国との深い関係性と切り離すことはできない。しかし、二〇世紀終わりの日本のアジア回帰を特徴付けているのは、商業化されたトランスナショナルな文化交通が「日本のアジア」という文化境界線を形作るのに大きな役割を果たしていることであった。保守的知識人は文化圏の最大公約数としての文明ブロックを本質主義的に規定するのに没頭しているようだが、地域的な文化市場の形成にあたり文化的近さや親密性の感覚が資本化されるなかで具体的に立ち表れてきた「日本のアジア」の実際の範囲は、伝統的な文化・文明的共通性によるものとは一致していない。

本書でみてきたように、資本主義的消費・ポピュラー文化が主な共通項となるにつれて、日本の国を超えた文化的共鳴感、想像力をかき立てるアジアは徐々にその地理的範囲が縮まってきている。岡倉天心の汎アジア主義が「非」西洋という否定的定義によってアラブ諸国やインドまでをも含んでいたなら、一九九〇年代初頭のアジアは東・東南アジアの新興経済地域に限られ、二〇世紀終わりにはさらに香港、台湾、韓国という東アジアの近代的資本主義地域に集中しようとしている。この東アジアにしても中国文化の影響をうけた儒教圏という伝統的文化共通項で括ることは不可能ではないものの、肝心の中国は、現在急速に資本主義化されてはいながらも、その市場の巨大さの魅力という点以外では、依然として東アジアにおける文化交通において比較的マイナーな役割しか果たしていない。このことは、東アジア域内におけるポピュラー文化のトランスナショナルな生産、流通、消費が、西洋(特にアメリカ)に支配された資本主義／消費主義とその文化編制のありかたによって深く規定されていることを示唆している。その文化的浸透力から見て、「西洋」を他者化の対象としてアジアの全体像を描くことは妥当性を欠いているのであり、その資本主義的近・現代性の普及により、「西洋」はいまや世界に遍在しているのである。

この新たにたち現れた東アジアの資本主義空間において、日本は資本、文化商品、想像力の混沌としたトランスナショナルな流れ(Appadurai 1996)に適応しながら、他のアジア諸国との文化的共通性をあらためて都合良く主張することとなったのである。この意味で、多様性と矛盾を抱え込んだアジアというまとまった文化地理は、物事がこうあってほしいと想像された状態としての「ドリームワールド」として、日本のトランスナショナルな心象地図に立ち返ってきたのである。「ドリームワールド」という語を最初に使ったのはベンヤミンである。一九三〇年代のパリに資本主義的欲望をかき立てるデパートやアーケードが誕生したのに際して、彼は資本主義的、近代的な新奇性への衝動によって常に新しいものに取りかえられていく、陳列商品のめまぐるしく移り変わる光景に遭遇した。ベンヤミンは、そこに様々な連想を起こさせ半ば忘れかけていたような幻影、めまぐるしく移り変わる光景＝ファンタスマゴリア(phantasmagoria)が呼び起こされ、それが「政治的覚醒を伴うような夢的イメージの源となっていく可能性を見出した(Fetherstone 1991: 23)。一九九〇年代の日本において、「アジア」はこれまで以上に活発化するトランスナショナルな文化交通をナショナルな枠組みのなかにとどめておくことの限界と矛盾をたとえ一時的にせよ超越させてくれるような、ファンタスマゴリックな資本主義的ドリームワールドの想像力をかき立てたのである。

アジア地域におけるスペクタクル性のある資本主義的発展や絶えず変化する都市風景は、日本がアジアにつながることへの希求を様々な形で奮い立たせた。保守的知識人にとっては、近代資本主義アジアは日本の文化的影響力を汎アジアに広げるという長年のナショナリスティックなプロジェクトを実現する絶好の場であった。ここでは日本のポピュラー文化輸出は単に国粋主義的プライドをくすぐるだけでなく、日本の侵略の歴史の傷を癒す外交的役割をも果たしてくれる。日本の文化産業にとって、「アジア」は日本のポピュラー文化編制のノウハウがどこまで国を越えて通用するのかを試すビジネス機会を与えてくれた。それは日本の主導権で汎アジア、そしてグローバルなポップスターを産み出すという成就されえない幻想を思い起こさせたのだ。そして、他のアジア地域のポピュラー文化に魅せられた日本の批評家、メディア、消費者は、かつての日本の資本主義的発展の全盛期への郷愁をかき立てられた。トランスナショナルにうごめく、搾取的な資本のダイナミックスが日本列島から他のアジア地域へと移る中で、「アジア」は日本で生きる人々に忘れかけていた日本の社会的活力と明日への希望を思い起こさせてくれた。

これらが示すのは、グローバライゼーションが進展して、日本の文化的方向性や問題設定を国の境界線内にだけとどめておくことがますます難しくなっているなかで、日本のアジアンドリームワールドが新たに立ち上げられ、節合化されてきたということである。日本のアジア回帰プロジェクトは、この意味でトランスナショナルな文化交通が国文化の境界線を揺るがすと同時に再規定されることを実証している。コミュニケーション技術の進歩と文化市場のグローバルな統合・連結は、ポピュラー文化のあらゆる境界を越えようとする傾向を助長した。アイデア、イメージ、商品が瞬時にグローバルに送られると同時に、ローカルにおいて想像を越えた方途で異種混淆化されるなかで、それらの文化的起源を辿ることは徐々に困難になり、また無意味なものとなっている。しかし、こうした文化の異種混淆化に内包される越境的衝動は、ナショナルな力学の制約から決して自由にはなりきれてはいない。あらゆる普遍性の主張は何らかの支配的意志と結託しているのであり、日本のアジアンドリームワールドの節合化もその例外ではない。本書で見てきたように、日本の文化輸出への関心の高まりは、ポピュラー文化編制に日本の固有性を見出すと同時に、アジアにおける日本の文化的優位性を確立するという衝動に強く駆り立てられているのである。

ここで重要なのは、このようなナショナルな企ては単にイデオロギーや言説上のこととは片づけられないことである。それは、脱中心化されたグローバライゼーション過程のなかで、日本のトランスナショナルな文化権力が高まってきたという構造的要因に後押しされている。トムリンソン(Tomlinson 1997)は、文化帝国主義言説がグローバライゼーションの視座によって捉え直される必要性があるとして、三つの理由を挙げている。すなわち、(1)西洋文化商品の世界的な好意的受容と遍在性への疑念、(2)絶え間ない文化混合によって示される、グローバル―ローカルの弁証法的連結、(3)西洋の文化的ヘゲモニーの脱中心化である。これらの点はすべて、皮肉にも日本メディア産業の台頭によって証明されているように思える。アジア市場への日本メディア商品の流入は西洋メディア商品の絶対性を覆し、またローカライゼーション戦略はグローバル―ローカルの文化交渉のダイナミックスを認識したうえで、巧みに利用しようとした。そして、日本のアニメ産業や多国籍企業がグローバルに活動するメディア複合企業に積極的な役割を果たしていることは、確かに西洋文化へゲモニーの脱中心化を示している。つまり、日本のメディア産業は、グローバライゼーションの脱中心化過程のなかでその存在力をグローバル、リージョナル、ローカルのすべての次元で増しているのである。しかし、日本のみならず世界各地でトランスナショナルに活動するメディア産業は、国民国家の枠組みを軽々と越えていきながらも、その本拠地は依然としてごく限られた数の先進国に集中しており、その企業活動による利潤の恩恵の享受はそれらの国の境界線内で行われていることは強調されるべきである(Hirst & Thompson 1996)。不均衡なグローバル文化交通の分析においても、国民国家の枠組みは、言説的に規定された地理であるだけでなく、利益や権力が産み出され還元される空間を管理する統合体として、決してその重要性を失ってはいない(Sreberny-Mohammadi 1991; Ang & Stratton 1996)。

一方で、本書が明らかにしたのは、アジア資本主義のファンタスマゴリアはナショナルな思考のなかにきっちりと収まりきることはありえないのであり、それはより進歩的なトランスナショナルな想像力を喚起する潜在力をも内包しているということである。アジアというドリームワールドはめまぐるしく変化するアジア近代との具体的な(実際的そしてメディアに媒介された）遭遇の場をこれまで以上に作り出している。それは、幾層にも織りなされた「トランスナショナル　コネクション」(Hannerz 1996) のなかで、日本に生きる人々が自らの生活空間と他のアジア諸国の文化状況がますます身近になり、深く相互に関連し、直接的につながってきているのかを認識させる契機となっている。これまで我々は、アジアは多種多様であり日本のアジアとの関係も一括りにすることはできないと少なくとも理論的に知っていた。日本のアジアンドリームワールドは、そうした多様性が実際にどのように作用して、日本のナショナルな企てがトランスナショナルな文化遭遇のなかで（部分的にせよ）切り崩されているかを浮き彫りにするのである。

日本文化産業のアジア市場進出の実証的分析は、アジアを一つのまとまりと見なすことの不可能さを照らし出した。様々なアジア文化市場において、現地のプロデューサーと視聴者と直面したことで、日本の文化プロデューサーは、日本が汎アジア文化圏の創設に向けて指揮をとるという発想が幻想であることを（再）確認した。アジア市場の実際の状況は、日本が描いていた自らの影響力の図式とはかけ離れており、日本の文化的影響力は歴史的、政治的、経済的、そして文化的文脈によって地域ごとに大きく変わることをあらためて日本文化産業に思い知らせることともなった。そして、これらを通じて日本文化産業は他のアジアの国・地域が日本とは異なったやり方でグローバルな文化交通と交渉しているという点で、能動的な主体性を持っていることを実感することにもなったのだ。

日本におけるアジアのポピュラー文化との個別的な出会い(つまり王家衛《ウォン・カーワィ》の『恋する惑星』であり、レスリー・チャンであり、アジア映画・音楽という一般化されたものとは区別されたもの)はまた、日本とアジアとの関係が対等でないという認識はもはや現実に合致していないという自社会に批判的な自覚をもたらした。日本の、主に女性の、アジアポピュラー文化のファンは、多かれ少なかれ日本の支配的言説に表象されるアジアという包括的概念を否定して、特定のアジアメディアテクストに文化的固有性を、日本とは異なる形態のアジアの文化的モダニティーを見出して評価した。ここでは資本主義的なアジアンドリームワールドは、メディア文化消費を通じてこれまで一般的に知られていた「アジア」と日本の関係性を単に再確認するにとどまらないような方法で、トランスナショナルな地域的想像力をかき立てている。実感として、日本がアジアより文化的に優れているという考えは疑問視され、他のアジア地域のモダニティーが体現する同時間性が認識される。他のアジア地域のポピュラー文化との出会いは自己変革の実践や自文化の再定義を試みる契機にもなりうるのであり、そこにはより対話的な「アジア」との関わり方がたち現れている。

アッパデュライ(Appadurai 1996)は、コミュニケーション技術の発展と人々の国境を越えた移動の飛躍的増加がトランスナショナル文化交通を加速化するなかで、我々の日常生活において社会的想像力が果たす役割が大きく変化していることを指摘した(García Canclini 1995も参照)。世界中の人々が日常のメディア消費から多種多様な生き方の可能性を知るようになるにつれ、トランスナショナルに流通するファンタジーや想像が社会的実践やアイデンティティー構築過程に深く刻み込まれるようになったのだ。ここでアッパデュライ(Appadurai 1996: 55)は、「想像力と社会的生活のつながりは、ますますグローバルなものになり脱地域化されている」と論じるが、本書が明らかにしたのは、そうしたトランスナショナルな想像力はやはり特定の文化的地理において節合化されているということであった。その意味で、日本のテレビドラマの台湾における受容と日本におけるポピュラーアジア消費の考察は、アジア地域内の文化的モダニティーの相互消費を分析するには、西洋メディアの絶対的存在を前提とする従来の近代化・グローバライゼーション理論では不十分であり、新たな分析道具を発明することが求められていることを示唆している。

非西洋国は長い間、理想化された「西洋」に照射されたタイムラグとして自らの「近代」の位置、距離を判断することを強いられてきた。西洋の支配的眼差しのもとでの異文化遭遇においては、非西洋の文化的差異は発展軸における時間的距離の視座から本質的かつ劣等なものとして認識されてしまう。しかし、いくつかの非西洋諸国は西洋中心の近代との分の悪い交渉のなかで独自の近・現代性を構築してきたのみならず、それをとおして他の非西洋地域との対話が活発になってきている。東アジアの「近代化」された国々の人々の間では、西洋という参照点を通り越して他のアジアのモダニティーに相違を認めながらも一定の共鳴感を覚えるようになってきているのである。もちろん、この共鳴は、「アジア的価値論」において主張されたような、「西洋」に対比させることで「アジア」をあらためて本質主義的かつ排他的に作り出す種類のものとは異なり、近代化・グローバル化という動的過程のなかでの同時間的経験・感覚の認識に基づいている。それは文化的隣国も、西洋に強く影響された資本主義的近・現代性を土着化・現地化していることの発見であり、そこに現れる差異に文化的模倣、対抗、社会的実践の契機を見出していこうとする意志・願望でもある。この意味で、トランスナショナルメディア消費は日本において「人々が積極的かつ自省的に自らの文化と他者の文化をとらえなおしていけるような新しい社会的・コミュニケーション的空間」(Gillespie 1995: 206)を誕生させているのである。そこでは人々が抱いていた「我々」と「彼ら」の近代体験観という二項対立的図式の変容が促されることとなる。文化的境界線は簡単に消滅することはないにしても、それは分割、排除するためのものではなく、互いに向き合ってトランスナショナルなつながりを構築するために存在するものと認識し直される可能性が生まれているのである(Buell 1994: 341)。

そうはいいながらも、繰り返せば、ポピュラー文化消費が実際にどの程度、トランスナショナルな建設的対話をもたらすのかは疑問の余地の大きいところである。日本から台湾、香港から日本へという二つの流れを見ただけでも、メディア文化の流通量とその消費を通じて喚起されるトランスナショナルな想像力というものが、いかに不均衡なもので不平等に経験されているかに気づかさせる。アジア地域における文化共鳴感の資本化は紛れもなく日本に有利な不均整をあらたに作り上げている。グローバライゼーションが構造的不平等を助長する過程である限りにおいて、同時的メディア・情報のトランスナショナル流通がもたらしているのは対話というよりもモノローグの増殖なのかもしれない。

日本と他のアジア諸国との関係が、より対話的、平等的になるという将来を保証してくれるものは何もない。にもかかわらず、メディアを通してのアジアの他者／隣人との出会いは今後も増えていき、様々なトランスナショナル想像力を喚起していくであろう。ベンヤミンが資本主義的ドリームワールドに政治的覚醒をもたらすような弁償法的イメージを見出そうとしたように(Buck-Morss 1983: 215)、ポピュラー文化消費が、予測もできないような過激なトランスナショナル想像力と社会的実践を産み出す可能性をあらかじめ放棄する理由もまた何処にもない。アッパデュライ(Appadurai 1996: 7)がいうように、メディア商品に体現されたファンタジーが呼び起こす想像力は、単に私的に所有されるだけでなく何か新しい表現方法の前兆を示すような投影的感覚を持つ集団的な想像力にもなりうるのである。その意味で、「想像力は今日において単に逃避のためだけでなく行動の足場となっている」のだ。独白的な社会的想像力を対話的に変え、私的ファンタジーが自己変革・社会変化という現実的プロジェクトに向けての手段になっていくという楽観的希望を捨てないためには、トランスナショナルな相互連結・相互貫通が作りだし続ける不均衡性から目をそらさず批判的に対峙していくことが、その基本的前提として求められているのである。

一九九〇年代は様々な意味でアジアの一〇年であった。目を見張るような経済成長で幕を明け、香港の中国返還という歴史的イベントが世界の関心を呼び、そして突然の通貨危機・経済不況がアジア各国を襲った。日本の長引く景気後退とアジア経済危機は日本におけるアジア熱を一時に比べて冷却させたことは否めない。それでも、日本のアジアとの関係性は手を変え品を変えながら活性化し続けている。本書で論じてきた東アジアでの文化交通の諸相は、新たな装いのなかで再生産され続けてきている。もちろん、ポピュラー文化は一過性をその特徴としているうえに、変化のスピードが加速化している現在において、本書で分析してきた現象が長らく有効性を持つと考えるのには無理がある。急速に資本主義化されている中国が、果たして近い将来にアジア地域のポピュラー文化生産の拠点となりうるのかどうかも予測がつかない。しかし、(西洋に支配された)資本主義的な文化編制とそれが体現するモダニティーは、二一世紀も「アジア」であることの意味を様々な文脈において節合化していくであろう。本書はあくまで、これまで蔑ろにされてきたグローバライゼーションをアジア域内のトランスナショナルな文化交通をとおして分析することへの第一歩である。悲観的にせよ楽観的にせよ、机上できちんと整理された瞑想では、矛盾に満ちて予測ができないトランスナショナル文化交通過程を十分に理解することはできないであろう。東・東南アジア域内の文化交通、文化共鳴感が貪欲に資本化され続けるなかで、どのような不平等性が多層的に(再)生産されていくのか、とりわけ、ドリームワールドアジアのファンタスマゴリアが日本のトランスナショナルな想像力をどのように魅惑し続けるのかを批判的に検証するためには、現実の世界で何が起こっているのかを今後も丹念に見据えていくことが求められている。

付章　メディア文化がアジアをひらく
――方法としてのトランスアジア――

二一世紀初頭以降、本書が論じた日本と他のアジア地域とのメディア文化をとおしたつながりには、いくつかの大きな変化が見られた。それらが示すのは、まさにめまぐるしく変化する時代のなかで、日本とアジアとの関係性は絶え間なく変容しており、「アジア」というドリームワールドは、開かれたものだけでなく閉じたものを含めて、新たな想像力と情動を多くの人々に駆り立てていることである。

アジア地域でのメディア文化の相互受容と、メディア産業の連携や共同製作はますます活発となっている。韓流に代表されるように、日本におけるアジア地域のメディア文化受容も大幅に増えた。アジア域内でのメディア文化の越境流動が進展するなか、自分が経験しているものとは違う生活、文化のイメージ、情報をとおして、近さと遠さの混在した親密感や見覚えのある違いと見慣れぬ同質性を体感させ、心的距離をもって自己と自らの社会や他者との関係性を省みる越境対話の機会を多くの人々に与えている。

同時に、メディア文化のさらなる市場化は新たな包摂と排除をもたらしており、国境を越えるメディア文化をとおした邂逅やつながりを内向きに閉じさせる力学が強く作動するようにもなっている。さらには、歴史認識と領土問題を巡る軋轢によって、とりわけ中国と韓国との関係性が悪化し、反感の連鎖が見られるようになった。そのなかで日本においては、韓流をはじめとする東アジアのメディア文化をとおした越境的なつながりが社会で後景化し、それに関する研究も海外に比べると下火となっている。以下では、対話的な関係性のさらなる発展を阻むいくつかの力学について指摘するとともに、いかにそれを越えて「アジア」をひらくことができるのかを視野において、トランスアジアなメディア文化のつながりの研究をあらためて活性化させるための方向性についていくつかの提言をしたい。

市場化と包摂・排除

アジア域内におけるメディア文化をとおしたつながりは、歴史的に構築された権力関係に深く刻印されながら、世界各地で不均衡を助長するグローバル化の過程のなかで深まっている。国境を蔑ろにするメディア文化の流動を促進している主体は、一握りの先進国に本拠を置く(多国籍)メディア企業であることはあらためて強調されるべきだろう。

アジアのメディア文化の台頭は、絶対的な文化的覇権を特定の国(＝アメリカ)に見出すことを困難にする一方、世界各地のメディア文化産業の連繫をとおして多様な生産・流通・マーケティングが推進されていることを示している。産業と資本の国境を越えた提携と協力が推し進められることで、グローバル・リージョナル・ナショナル・ローカルと様々なレベルの市場を射程におさめる柔軟で広汎なネットワークが形成された。トランスナショナルなメディア複合企業は著作権と流通網を寡占するとともに、より廉価な労働力や制作コストを求めて国際文化労働分業を推進している。アジアのメディア文化産業がこうしたグローバル連繫にどのように関わっており、協働と連携を深めながら地域内の文化の商品化や労働分業を推し進めているのかについての大規模かつ精緻な政治経済学的研究が待たれる。

アジアのメディア文化産業の連繫と市場の力学が推進するメディア文化のつながりは、あらたな包摂と排除を伴っている。根源的な問題としては、メディアアクセス環境が整っていない多くの国・地域・人々・文化がそこにはいまだ含まれていない。また、地域内での流通・消費が促がされているメディア文化の多くは、一部の国や地域の主流マスメディアが制作するものに偏っている。それらはそれぞれの国において支配的な価値観やものの見方を表象しているものが多く、ジェンダー、セクシャリティ、エスニシティ、階級などの点で社会の周縁的な位置に置かれる人々の声や、社会の支配的な価値観に対抗的な表現はあまり含まれていない。自省をこめていえば、これまでの研究はアジアの越境メディア文化が対話的・自省的に受容されていることに焦点をあてすぎており、越境が奨励されるメディア文化が社会で周縁化されている人たちをどう表象しているのか、あるいは蔑ろにしているのかについての検証は比較的なされていない。また、インターネットやソーシャルメディアの急速な発展は周縁化された声や関心を発信し共有する場を飛躍的に増やしているが、それがはたしてどのようにトランスアジアな連繫や対話の進展と関わっているのかについての考察も今後一層進められるべきであろう。

ブランド・ナショナリズムの高まり

この点に関連していえば、グローバル化はネーションというシンボリックな境界線を実際に揺るがすのではなく、それを再配置し新たな意義を付与することで強化させている。ユネスコなどの国際機関による文化多様性の承認にとどまらず、映画祭、スポーツイベント、展示会、テレビ販売見本市、ツーリズムなど、ナショナルな文化を相互に陳列、競争、評価する場が九〇年代から飛躍的に増加した。これらの場は、グローバルに共有される文化フォーマットをとおして標準化された差異を展示し合い、比較し評価し合い、そして競い合うことを促すことで、ネーションがグローバル化における文化交流の〈市場〉単位であることを広く浸透させるとともに、そうした〈国・際〉主義の眼差しをとおしてネーションをいわばブランドとして相互に認識させる「グローバルスクリーン」として作用している(Urry 2003)。それに呼応するかのように一九九〇年代中頃以降、ネーション・ブランディングの重要性が世界各地で注目されるようになり、日本においても、メディア文化の発信による日本のイメージ向上をさらに推進することを目指した、ソフトパワーや文化外交、そしてそれらを束ねる「クール・ジャパン」の議論が二一世紀初頭から一層盛んになった。それは文化を資源として政治的、経済的な国益を上げることの重要性が世界各地で認識され推進されていることを反映している。経済構造がより情報・コンテンツ・サービス産業に重点を置くものへと移行し、国際政治の場においてメディア発信をとおしたイメージ戦略の重要性が広く認識されるようになるなかで、実利的かつ便宜的にメディア文化を利用して国際的なネーション・ブランディング向上に専心する「ブランド・ナショナリズム」が世界各地で台頭している。

こうした政策が効果的に国のイメージを上げることに結びつくかどうかについては大きく疑問が投げかけられている。しかし、より根源的な問題は、国益増進に向けてメディア文化を活用しようという議論が、グローバル化の複雑な過程がもたらしている文化をめぐる重要な問題への取り組みを文化政策論から取りのけてしまうことである。クリエイティブ産業やコンテンツ産業のような国内の文化産業奨励に向けた政策論議は、アニメなど既に一定の人気が確立した文化商品をさらに売り込むことを目指しており、前述したような(多国籍)企業による市場化、著作権寡占、労働搾取の問題に取り組み、制作者の創造力を底上げする環境作りをしようとはしていない。また、文化外交の議論は交流を謳いながらも、海外でのより好意的な日本理解推進、そしてアジア地域における「不幸な歴史」の超越に向けた一方的なイメージ投射が主な関心であり、メディア文化をとおして市民の間の対話と相互理解をどのように育むのかという視点が欠落している。国の枠組みをよりひらかれたものとし、国境を越えた対話的な関係性の構築こそが国益に資するという発想をもって、どのようなメディア文化奨励の政策を展開することが求められているのかについて、幅広い人を巻き込んだ議論を展開するべきであろう。

内向き排外主義の負の連鎖

国家間のソフトパワー競争が激しくなったことで、「国民文化」をめぐる序列化や保護規制の動きが顕在化している。中国では違法の「海賊版」製作が横行しており、質の低い「パクリ」商品を生産し続けている、という報道が日本のメディアで繰り返されている。それらは中国の民主化の程度の低さ、文化力の貧弱さ、そして国際的な著作権を無視する野蛮な国家=「劣った他者」というイメージと結びついており、いわば「コピーライト・オリエンタリズム」といえるものだ。中国や台湾などでは、自国メディア文化の奨励のため韓流商品の規制に乗り出したが、日本においてもフジテレビが韓国ドラマを放送しすぎていることに反発するデモが行われるなど、韓国のメディア文化流入への反感が高まり、マスメディアでの韓国ドラマやポピュラー音楽の露出頻度に影響を及ぼした。

しかし、反韓流の議論は韓国のメディア文化自体に対する批判ではなく、歴史問題と領土問題をめぐる軋轢がその土台にある。韓国や中国でも反日感情が高まり、それに呼応して日本でも「嫌韓」や「嫌中」の言説がインターネットやそれと連関した書籍をとおして展開された。二〇一二年に作家の村上春樹が警鐘を鳴らしたようにナショナリズムという安酒に多くの人が酔いしれ、相互の排外的なナショナリズム情動の負の連鎖が促されている。反感によって溜め込まれた負のエネルギーはわかりやすい敵を見つけることで吐き出される。日本では韓流の高まりへの反発であり、さらには国内に暮らす在日コリアンへのヘイトスピーチとしてそれは現れた。

韓国のメディア文化を好んで受容している人たちのなかには、排外的ナショナリズムの渦に取り込まれて受容するのをやめた人もいるかもしれない。あるいは、政治的な関係がどうであれ、韓国のメディア文化を楽しみ続けている人も多いだろう。また、韓国のメディア文化は好きだけど歴史認識や領土問題については韓国の主張には同意できないと思う人もいるだろう。しかし、その疑問の矛先を自国にも向けて越境対話を深めることの必要を感じ取っている人、さらには、ヘイトスピーチに対抗すべく、メッセージを発信し行動を起こしている人も多いはずだ。内向き排外主義が際立つなか、この二〇年の間に進展してきたメディア文化をとおした越境交流がそれに対抗する想像力をどう醸成しているのかに目を凝らして検証し、それを社会のなかで前景化する必要がある。

越境と文化多様性

アジアにおけるメディア文化の越境流動が人の流動とどう関わっているのかは本書では取り扱えなかった重要なテーマである。アジア域内での人の越境移動がより活発となるなか、移民やディアスポラのトランスナショナルなメディア消費の考察は一層緊要となっている。それとともに求められているのは、国境を越えるメディア文化のつながりが〈国・際〉の枠組みによって理解され推進されるなかで、それが国境内部の文化多様性をめぐる包摂と排除の力学とどう交錯しているかの考察である。

ソフトパワーやブランドイメージ向上への関心は、国内の市民構成が多様化する現状を反映させるような包含的な社会のあり方を目指す文化政策の大きな目的を凌駕してしまう。この点は、二〇〇九年に拡充強化された「国際放送」をめぐる議論において、クール・ジャパン推進の多文化社会にふさわしいメディアシステム構築への視点を押さえ込んだことにも明確に見られた。あるいは、移民やディアスポラの「母国」の文化が現在住んでいる国において好意的に受容されるとき、エスニック・マイノリティとしての彼女ら彼らの差異も肯定的に認識されるようになる一方で、その存在は〈国・際〉主義の枠組みによって国と国との間の関係のなかに置き換えられて理解されてしまう。別稿(岩渕 2007)で論じたように、韓国のメディア文化受容の進展は、韓国とともに在日コリアンの人たちのイメージも改善したが、日本で生まれ育った多くの在日コリアンの人々が経験する植民地主義の歴史に刻印された苦難や差別、アイデンティティーの葛藤が十全に理解されているとはいえない。歴史的な認識を欠いたまま在日コリアンの人たちの存在や彼ら彼女らが抱える問題を、現在の韓国の社会、文化、人々のレンズをとおして理解させ、同じ社会の構成員たる市民として承認することを阻むような、〈国・際〉文化交流の力学が作動している。また、前述した、在日コリアンが反韓国・韓流の攻撃の的となったことも、同じ力学がより暴力的なかたちで作動することを示している。

「越境」という言い方には、そもそも越えるべき境界の存在が前提とされているが、その境界は所与に存在するものではなく、社会のなかで構築・再生産・変容されるものである。東アジアにおけるメディア文化の越境というと、国境を越えた外部たる東アジアとの関係を思い起こしがちとなるが、越境の視座はそれだけに限定されるべきではない。メディア文化の越境について考えるとは、単に現存する国境を越える文化移動についての分析にとどまらず、メディア文化が構築してきた境界そのものを批判的に捉え直すことが求められる。その意味で、「アジア」におけるメディア文化の越境を考えるとき、その射程は、例えば日本と韓国といった国民国家の間に引かれた境界にとどまらず、必然的に日本と韓国の社会の内部にも引かれる境界とそれと密接に連関する多文化政治にも同時に目を向けることが求められるのである。

アジアをひらく——方法としてのトランスアジア

企業・市場と国家政策の協働が推進する閉じられた〈国・際〉主義とブランド・ナショナリズムの推進、歴史認識と領土問題がもたらす相互的な内向き排外主義の台頭、メディア文化の越境流動がもたらす包摂と排除。アジアにおけるメディア文化をとおした越境的つながりのさらなる進展は、それが私たちの意識と想像力を既存の境界を越えてひらくという営為に必ずしも結びつかないことをあらためて示している。九〇年代以降の状況を見通して気づかされるのは、対話的な関係性や想像力を喚起するメディア文化をとおしたつながりと、その潜在力を押さえ込もうとする力の、絶え間ない相克である。デジタルメディアの発展は人々の間の情報や意見の共有を劇的なまでに可能(sharable)

としたが、それがすなわち人々が共に問題に取り組んでいること(shared)を意味してはいない(Silverstone 2006)。ある特定の越境と共有の仕方を促し、対話的なつながり方を阻む力学がどのように作動しているのかを、めまぐるしく変化する歴史的社会的文脈において常に問い直し続けなければならない。

さらには、越境的なメディアのつながりをどのようにさらに発展させていくのかを模索し実践することも重要だ。文庫化にあたってサブタイトルを一部変更したことに示したように、それはアジアをつなぐ状態の考察を、アジアをひらく実践に結びつける「方法としてのトランスアジア」の取り組みである。「トランス」という接頭辞が意味するように、それは、アジア地域を「横断し」、「貫く」メディア・資本・人の移動とそれがもたらすつながりをグローバル化の文脈に位置付けながら多層的に検証して、排他的で固定化されたナショナルな枠組みを「超越」し「いまここにない別の状態へ」変えていくことを目指す。メディア文化の越境流動がますます錯綜するなか、ローカル・ナショナル・グローバル、そして、過去・現在・未来の時空間軸を横断して見渡しながら、国境を越えて共有される問題への取り組みや対話を発展させるために、メディア文化をとおしたつながりがどう資するのかを批判的かつ創造的に考案し実践することがますます求められている。「方法としてのトランスアジア」は、様々な境界を架橋して相互の学びを促進する、対話的な公共空間の形成に向けて、メディア文化のつながりが越境対話を育む力を真剣に受けとめ、その展開の仕方に目を凝らして積極的に介在していく。そのためには、研究者にとどまらない様々な立場の人たちと国境を越えて協働的な実践を展開していくことが不可欠である。その土台となるのは、メディア文化がアジアをつなぐ状況についての研究から得られた批判的知見であり、それによって突き動かされる、日本を、そしてアジアをひらいていくことを見据えたしなやかな意志である。

あとがき

本書が品切れとなったあと多くの方々から再版を望む声をいただいた。此の度、念願が叶い、岩波現代文庫から再出版されたことを心から喜んでいる。文庫化の作業は、この二〇年間のアジア地域のメディア文化のつながりを取り巻く状況の劇的な変化とそれに伴う自らの研究関心の変遷を総括する絶好の機会となった。あらためて気づいたのは、研究の基底にあるのは越境的なつながりから対話が生成する過程とそれを閉じた関係性に封じ込めようとする力学への関心であり、そして、その批判的考察を、越境対話を育んでいく実践にいかに結びつけられるのかが自分のなかで徐々に重要な位置を占めるようになってきたことである。

二〇一二年に、諸般の事情から私はメルボルンの大学に移った。それは奇しくも、日本と韓国および中国との政治的関係性が悪化し、韓流への反動がより顕著となり、そして、文化を狭隘な国益の推進に活用しようとする政策が一層活発となるなかで、草の根で脈々と育まれ続けているメディア文化をきっかけとした東アジアの越境的なつながりや対話的な関係性が日本社会のなかでさらに後景化されるようになった時期と重なる。

それに対して、研究者にとどまらず多くの人たちが様々な立場から排他的な境界を越えて日本と他のアジア諸国とを柔らかでひらかれた関係性に発展させていくことを目指した批判的かつ創造的な協働実践を行っている。この四年間、日本の外からそれを遥か共鳴と感銘をもって追い続けて、日本を訪れる際には直接的な刺激を受けてきた。本書が少しでも多くの人たちに読まれ、いかにこの二〇年の間にメディア文化のつながりをとおして、不均衡ながらも越境的な対話の可能性が東アジアで芽生え育まれてきたのかを今一度思い起こしたり、見直したりする契機となり、そうした協働実践のさらなる進展に何らかのかたちで関わることができるのなら、それほど嬉しいことはない。

本書の文庫化は岩波書店編集部の中山永基さんの尽力なしではありえなかった。昨今の状況に照らし合わせて、サブタイトルを「つなぐ」から、より動的な「ひらく」に変更することを提言してくれたのも中山さんである。それによって、文庫化の意義について自分なりに掘り下げて考えることができたと思う。心からお礼を申し上げたい。そして、原著の出版ならびにそれ以降の研究活動をいろいろなかたちで支えてくれた多くの方々にも深く感謝申し上げたい。みなさん、本当にどうもありがとうございました。

岩渕功一

二〇一六年八月三〇日　メルボルンにて

本書は小社より二〇〇一年二月に刊行された『トランスナショナル・ジャパン――アジアをつなぐポピュラー文化』を、増補・改訂したものである。

岩波現代文庫の発足に際して

新しい世紀が目前に迫っている。しかし二〇世紀は、戦争、貧困、差別と抑圧、民族間の憎悪等に対して本質的な解決策を見いだすことができなかったばかりか、文明の名による自然破壊は人類の存続を脅かすまでに拡大した。一方、第二次大戦後より半世紀余の間、ひたすら追い求めてきた物質的豊かさが必ずしも真の幸福に直結せず、むしろ社会のありかたを歪め、人間精神の荒廃をもたらすという逆説を、われわれは人類史上はじめて痛切に体験した。

それゆえ先人たちが第二次世界大戦後の諸問題といかに取り組み、思考し、解決を模索したかの軌跡を読みとくことは、今日の緊急の課題であるにとどまらず、将来にわたって必須の知的営為となるはずである。幸いわれわれの前には、この時代の様ざまな葛藤から生まれた、人文、社会、自然諸科学をはじめ、文学作品、ヒューマン・ドキュメントにいたる広範な分野のすぐれた成果の蓄積が存在する。

岩波現代文庫は、これらの学問的、文芸的な達成を、日本人の思索に切実な影響を与えた諸外国の著作とともに、厳選して収録し、次代に手渡していこうという目的をもって発刊される。いまや、次々に生起する大小の悲喜劇に対してわれわれは傍観者であることは許されない。一人ひとりが生活と思想を再構築すべき時である。

岩波現代文庫は、戦後日本人の知的自叙伝ともいうべき書物群であり、現状に甘んずることなく困難な事態に正対して、持続的に思考し、未来を拓こうとする同時代人の糧となるであろう。

（二〇〇〇年一月）

トランスナショナル・ジャパン
―ポピュラー文化がアジアをひらく

2016年9月16日　第1刷発行

著　者　岩渕功一《いわぶちこういち》

発行者　岡本　厚

発行所　株式会社　岩波書店
〒101-8002 東京都千代田区一ツ橋 2-5-5

案内 03-5210-4000　営業部 03-5210-4111
現代文庫編集部 03-5210-4136
http://www.iwanami.co.jp/

印刷・精興社　製本・中永製本

ISBN 978-4-00-600354-8　　Printed in Japan

引用文献(日本語)

相田洋(1991)『電子立国　日本の自叙伝』(全4巻)日本放送出版協会.
青木保(1988)『文化の否定性』中央公論社.
──(1990)『日本文化論の変容』中央公論社.
──(1993)「アジアジレンマ」『アステイオン』27号.
アクロス編集室(編)(1995)『世界商品の作り方──「日本メディア」が世界を制した日』PARCO出版.
浅井正義(1997)「アジア衛星放送市場に出遅れた日本」『新聞研究』551号.
足立美樹(1998)『「香港」の記号消費──現代日本の「アジア」消費の一考察』東京大学文学部社会学科卒業論文.
アンサール，オリヴィエ他(1994)「自分を理解させることが不得手な日本」『外交フォーラム』11月号.
五百旗頭真(1994)「新世界無秩序論を越えて」『アステイオン』31号.
五十嵐暁郎(編)(1998)『変容するアジアと日本──アジア社会に浸透する日本のポピュラーカルチャー』世織書房.
石井健一，渡辺聡(1996)「台湾における日本番組視聴者──アメリカ番組視聴者との比較」『情報通信学会年報8』.
石田雄(1995)『社会科学再考──敗戦から半世紀の同時代史』東京大学出版会.
石原慎太郎，一橋総合研究所(1998)『宣戦布告 'No' と言える日本経済』光文社.
市川隆(1994)『アジアは街に訊け！』東洋経済新報社.
──(1996)「隠喩としてのチャイニーズポップス」『中国ビジネ

ス大競争時代』『中央公論』10 月特別号.
稲増龍夫(1993)『アイドル工学』ちくま文庫.
井上章一(1996)『グロテスク・ジャパン』洋泉社.
今田高俊(1994)『混沌の力』講談社.
今村洋一(1995)「日本発ソフトのハードル」『放送批評』307 号.
岩井俊二(1997)「日本人が失ったパワーを喚起する架空都市「円都」」『新調査情報』3 号.
岩渕功一(編著)(2004)『越える文化、交錯する境界 ── トランス・アジアを翔るメディア文化』山川出版社.
──(2007)『文化の対話力 ── ソフトパワーとブランド・ナショナリズムを越えて』日本経済新聞出版社.
──(編著)(2011)『対話としてのテレビ文化 ── 日・韓・中を架橋する』ミネルヴァ書房.
上田信(1994)「脱近代, 脱欧脱亜, 脱日本 1 ── アジア？　アジアとは何か」『現代思想』1 月号.
──(1996)「脱・アジアサット圏」『記号学研究』16 号.
──(1997)「アジアという差別」栗原琳(編)『講座 差別の社会学 3　現代世界の差別構造』弘文堂.
上野千鶴子(1999)「「女の時代」とイメージの資本主義 ── ひとつのケース・スタディー」花田達朗他(編)『カルチュラルスタディーズとの対話』新曜社.
上野俊哉(1996a)「ラグタイム ── ディアスポラと「路地」」『現代思想』3 月号.
──(1996b)「ジャパノイド・オートマトン」『ユリイカ』8 月号.
上山春平(1990)『日本文明史の構想 1　受容と創造の軌跡』角川書店.
内本順一(1995)「魅惑のエイジャン・ガール・ポップ」『BART』10 月 9 日号.
梅棹忠夫(1957)「文明の生態史観序説」『中央公論』2 月号.

梅棹忠夫，川勝平太(1998)「日本よ，縦に飛べ！」『文藝春秋』8月号.
枝川公一(1997)「香港文化は東京の頭を飛び越えた」『潮』8月号.
NHKインターナショナル(編)(1991)『世界は「おしん」をどう観たか』NHKインターナショナル.
えのきどいちろう(1994)「国辱映画のめくるめく世界」『マルコポーロ』5・6月号.
大江健三郎(1995)『あいまいな日本の私』岩波新書.
大澤真幸(1992)「オタク論――カルト・他者・アイデンティティー」アクロス編集室(編)『ポップ・コミュニケーション全書』PARCO出版.
大塚英志(1993)「コミック世界制覇」『SAPIO』7月8日号.
大友克洋(1996)「アニメ」『AERA』4月8日号.
大畑晃一(1996)「アニメリカへの招待」『ユリイカ』8月号.
岡田斗司夫(1995)「アニメ文化は超カッコイイ!!」『AERA』10月2日号.
――(1996)『オタク学入門』太田出版.
――(1997)『東大オタク学講座』講談社.
――(2000)「日本のクリエーターが消滅する前に」『中央公論』9月号.
岡野宏文(1994)「007から「日昇」へ――S.コネリーの笑える日本イメージ」『鳩よ！』4月号.
岡村黎明(1996)「メディア王・マードックの「デジタルな企て」」『潮』9月号.
小川博(1988)『音楽する社会』筑摩書房.
小熊英二(1995)『単一民族神話の起源』新曜社.
小倉和夫(1993)「「アジアの復権」のために」『中央公論』7月号.
――(1999)「新しいアジアの創造」『Voice』3月号.

押井守，伊藤和典，上野俊哉(1996)「映画とは実はアニメーションだった」『ユリイカ』8月号.
小田桐誠(1996)「日本製ソフト進出の実態」『放送批評』5月号.
小野耕世(1992)「世界で消費される日本のTVアニメ」『調査情報』404号.
──(1998)「日本マンガの浸透が生みだす世界」小川功(編)『日本漫画が世界ですごい！』たちばな出版.
加藤周一(1979)『加藤周一著作集7　近代日本の文明的位置』平凡社.
門田修(1998)「解説：鶴見さんへの手紙」鶴見良行『アジアの歩きかた』ちくま文庫所収.
金光修(1993)「多国籍番組「アジアバグース！」から見たアジアテレビ事情」『AURA』100号.
賀茂美則(2000)「ポケモンが輸出した「クール」な日本と日本人」『朝日新聞』1月20日夕刊.
柄谷行人(1994)「美術館としての日本」『批評空間』第II期第1号.
川勝平太(1991)『日本文明と近代西洋』日本放送出版協会.
──(1994)『新しいアジアのドラマ』筑摩書房.
──(1995)『富国有徳論』紀伊国屋書店.
川勝平太，濱下武志，角山榮，青木保，福原義春(1998)『アジア経済の将来と日本文化』読売ぶっくれっと.
川上英雄(1990)「極東アジアと日本の大衆音楽交流」『WAVE #27　ポップ・エイジア』
──(1995)『激動するアジア音楽市場』シネマハウス.
川崎賢一(1993)「日本の発信するポピュラー文化とは」『世界』12月号.
川竹和夫(1994)「日本を中心とするテレビ情報フローの現状と問題点」『情報通信学会誌』12(1).

――(1995)「アジア共通のテレビ文化構築に向けて」『広告』5・6月号.
川竹和夫, 原由美子(1994)「日本を中心とするテレビ番組の流通状況」『放送研究と調査』11月号.
河村望(1982)『日本文化論の周辺』人間の科学社.
川村湊(1993)「大衆オリエンタリズムとアジア認識」大江志乃夫他(編)『岩波講座 近代日本と植民地7 文化のなかの植民地』岩波書店.
姜尚中(1996)『オリエンタリズムの彼方へ』岩波書店.
菅野朋子(2000)『好きになってはいけない国――韓国J-POP世代が見た日本』文藝春秋.
木下長宏(1973)『岡倉天心』紀伊国屋書店.
久保田麻琴(1990)「チャンプルー・ミュージックは世界をめざす」『WAVE #27 ポップ・エイジア』.
隈元信一(1993a)「スターウォーズからソフトウォーズへ」『AURA』100号.
――(1993b)「日本の「メディア力」をどう拡げるか」『世界』12月号.
倉沢愛子(1996)「「ドラえもん」vs中産階級――インドネシアにおけるジャパニメーション」『ユリイカ』8月号.
――(1998)「アジアは「和魂」を受容できるか?」青木保, 佐伯啓思(編)『「アジア的価値」とは何か?』TBSブリタニカ.
黒木靖夫(1995)「日本のモノ作りは世界に影響を与えているか」アクロス編集室(編)『世界商品の作り方』PARCO出版.
児井英生(1989)『伝・日本映画の黄金時代』文藝春秋.
鴻上尚史, 筑紫哲也(1992)「対談 アジアとどうつきあうか」凱風社編『サザンウィンド――アジア映画の熱い風』凱風社.
厚東洋輔(1998)「ポストモダンとハイブリッドモダン」『社会学評論』192号.

小坂井敏晶(1996)『異文化受容のパラドックス』朝日新聞社.
小林昭美(1994)「テレビ番組の国際移動」『国際交流』64号.
小林紀晴(1995)『アジアン・ジャパニーズ』情報センター出版局.
——(1996)『アジアン・ジャパニーズ2』情報センター出版局.
——(1997)『ASIA ROAD』講談社.
駒込武(1996)『植民地帝国日本の文化統合』岩波書店.
斎藤明人(1990a)「アジアのポップ」『WAVE　#27 ポップ・エイジア』.
——(1990b)「ディック・リー」『WAVE　#27 ポップ・エイジア』.
斉藤英介(1997)「小室哲哉の音楽世界戦略は成功するか?」『世界』6月号.
斉藤英介, スリチャイ・ワンゲロ, 鄭大均, 五十嵐暁郎(1995)「ボーダレス化するアジアの大衆文化」『潮』10月号.
斉藤恵子(1993)「「ライジング・サン」はステレオタイプだと怒る前に」『中央公論』12月号.
斎藤美奈子(1997)「会社を辞めて若者達が西をめざして行く理由」『鳩よ!』3月号.
佐伯啓思(1998)「「アジア的価値」は存在するか」青木保, 佐伯啓思(編)『「アジア的価値」とは何か?』TBSブリタニカ.
酒井直樹(1996a)『死産する日本語, 日本人』岩波書店.
——(1996b)「序論　ナショナリティーと(母)国語の政治」酒井直樹(編)『ナショナリティーの脱構築』柏書房.
佐藤毅(1999)「日本におけるカルチュラルスタディーズ」花田達朗他(編)『カルチュラルスタディーズとの対話』新曜社.
佐藤光(1998)「「文明の没落」のなかのアジア的価値」青木保, 佐伯啓思(編)『「アジア的価値」とは何か?』TBSブリタニカ.
沢木耕太郎(1986a)『深夜特急1』新潮社.

── (1986b)『深夜特急 2』新潮社.
── (1992)『深夜特急 3』新潮社.
篠崎弘(1988)『カセット・ショップへ行けば，アジアが見えてくる』朝日新聞社.
── (1990a)「アジアを覆う「昴」「北国の春」文化圏」『WAVE #27 ポップ・エイジア』.
── (1990b)『僕はマッド・チャイナマン』岩波ブックレット.
島桂次(1994)「もはやアジアは手遅れだ」『放送批評』7月号.
白幡洋三郎(1996)『カラオケ・アニメが世界をめぐる』PHP研究所.
関川夏央(1984)『ソウルの練習問題』情報センター出版局.
園田茂人(1997)「話題の本を読む 「アジアン・ジャパニーズ 1&2」」『世界』10月号.
高橋一男(1991)「一人歩きする世界の「おしん」」NHKインターナショナル(編)『世界は「おしん」をどう観たか』NHKインターナショナル.
── (1994)「世界の「おしん」現象」『国際交流』64号.
竹内好[1961](1993)『日本とアジア』ちくま学芸文庫.
武田徹(1995)『メードインジャパンヒストリー ── 世界を席捲した日本製品の半世紀』徳間文庫.
竹中平蔵(1995)「日本はアジア太平洋時代の「グリュー」となれ」『アステイオン』33号.
武邑光裕(1996)『デジタルジャパネスク』NTT出版.
張競(1998)「文化が情報になったとき」『世界』4月号.
津田浩司(1996)「国境を越える日本映像ビジネスの現状」『創』2月号.
角山榮(1995)『アジアルネッサンス』PHP研究所.
角山榮，川勝平太(1995)「東西文明システムと物産複合」川勝平太『富国有徳論』紀伊国屋書店.

鶴見和子(1972)『好奇心と日本人』講談社.
鶴見良行(1980)『アジア人と日本人』晶文社.
——(1982)『バナナと日本人』岩波新書.
電通, 電通総研(1994)『映像ソフト輸出振興研究会報告書』未出版.
東京 FM 出版(編)(1995)『アジアポップス辞典』東京 FM 出版.
中沢新一(1990)「いとしのマッド・チャイナマン」『ユリイカ』5月号.
中空麻奈(1994)「「放送番組ソフト」の国際流通状況」『情報通信学会誌』8月号.
ナーワーウィチット, プサディー(1994)「著作権法の強化が日本文化ブームに与える影響」『外交フォーラム』11月号.
西正(1997)『放送ビッグバン』日刊工業新聞社.
西野輝彦(1996)「本来の意味の「アイドル」がどんどん遠のいていく」『AURA』115号.
野田正彰(1990)「もう一つの日本文化が世界を変える」『Voice』7月号.
野村進(1996)『アジア定住——11カ国18人の日本人』めこん.
橋爪大三郎(1994)『崔健——激動中国のスーパースター』岩波ブックレット.
服部宏, 原由美子(1997)「多チャンネル化のなかのテレビと視聴者：台湾ケーブルテレビの場合」『放送研究と調査』2月号.
花岡貴子(1997)「独占！　街のウワサ25　国際的追っかけも出現, 大人の女性がはまる「香港明星」の魅力とは」『週刊文春』7月3日号.
浜野保樹(1999)「日本アニメーション興国論」『中央公論』4月号.
——(2000)「質・量のみの日本製アニメ」『中央公論』9月号.
原智子(1996)『香港中毒』ジャパンタイムス社.

哈日杏子(2001)『哈日杏子のニッポン中毒――日本にハマった台湾人トーキョー熱烈滞在記』小学館.
樋口尚文(1997)「日本のメディアのなかの香港」『キネマ旬報』7月号.
平野健一郎(1994)「文明の衝突か，文化の摩擦か？――ハンチントン論文批判」『比較文明』10月号.
古木杜恵，樋口正博(1996)「「衛星黒船」の襲来で眠っていられなくなったテレビ局」『放送文化』7月号.
ベフ・ハルミ(1987)『増補 イデオロギーとしての日本文化論』思想の科学社.
ボッシュ，マーク(1997)「日本による密かな「植民地化」」(嶋崎正樹訳)『世界』2月号.
本多史朗(1994)「東アジアに広がる日本のポピュラー文化」『外交フォーラム』9月号.
前川健一，大野信一(1997)「一般書としてのアジア本が出て欲しい――日本での出版事情」『温々』7号.
マハティール・モハマド，石原慎太郎(1994)『「No」と言えるアジア』光文社.
丸川哲史(2000)『台湾，ポストコロニアルの身体』青土社.
丸目蔵人(1994)「アジアのスーパーアイドル63人」『DENiM』4月号.
丸山真男(1961)『日本の思想』岩波新書.
――(1984)「原形，古層，執拗低音」武田清子(編)『日本文化のかくれた形』岩波書店.
水越伸(1998)「アジアのメディア，メディアのアジア」島田厚，柏木博，吉見俊哉(編)『情報社会の文化3　デザイン・テクノロジー・市場』東京大学出版会.
――(1999)『デジタルメディア社会』岩波書店.
水越伸，ペク・ソンス(1993)「アジア・メディア文化論覚書――

逆照射される日本」『AURA』100号.
南博(1994)『日本人論――明治から今日まで』岩波書店.
村井吉敬(1988)『エビと日本人』岩波新書.
――(1990)「日本のなかのアジア，アジアのなかの日本」『窓』夏号.
――(1993)「おしん，ドラえもんは架け橋となれるか」『Views』3月10日号.
村井吉敬，城戸一夫，越田稜(1983)『アジアと私たち』三一書房.
村田順子(1996)「アジアNアイドル事情」『AURA』115号.
――(1997)「新明星伝説 No. 20」『月刊カドカワ』8月号.
群ようこ(1994)『亜細亜ふむふむ紀行』新潮文庫.
莫邦富(1999)「日本家電メーカー神話の崩壊」『中央公論』4月号.
毛利嘉孝(1996)「ジャパニメーションとジャパナイゼーション」『ユリイカ』8月号.
森枝卓士(1988)『虫瞰図で見たアジア』徳間書店.
盛田昭夫／下村満子，E. ラインゴールド(1987)『Made in Japan――わが体験的国際戦略』(下村満子訳)朝日新聞社.
盛田昭夫，石原慎太郎(1989)『「No」と言える日本』光文社.
門間貴志(1998)「外国映画の日本オタク的アプローチ」小川功(編)『日本漫画が世界ですごい！』たちばな出版.
山形浩生(1993)「欧米未邦訳本に見る　この楽しく歪んだ日本人像！」『週刊朝日』12月24日号.
山口文憲(1979)『香港旅の雑学ノート』ダイヤモンド社.
山崎正和(1995)「「脱亜入洋」のすすめ」『論座』7月号.
山下晋司(1996)「「南」へ――バリ観光のなかの日本人」青木保他(編)『岩波講座 文化人類学7　移動の民俗誌』岩波書店.
山室信一(1998)「「多にして一」の秩序原理と日本の選択」青木保，佐伯啓思(編)『「アジア的価値」とは何か？』TBSブリ

タニカ.
湯浅赳男(1994)「21 世紀における諸文明の関係」『比較文明』10 月号.
郵政省(1997)『平成 9 年度版通信白書』郵政省.
郵政省・放送ソフトの振興に関する調査研究会(1997)『放送ソフトの振興に関する調査研究会報告書』郵政省.
吉岡忍(1992)「手の届きそうな日本」『Voice』9 月号.
── [1989](1993)『日本人ごっこ』文春文庫.
葭原麻衣(1994)『シンガポール路地裏百科』トラベルジャーナル社.
吉見俊哉(1997)「アメリカナイゼーションと文化の政治学」井上俊他(編)『岩波講座 現代社会学 1　現代社会の社会学』岩波書店.
── (1998)「「メイド・イン・ジャパン」── 戦後日本における「電子立国」神話の起源」島田厚, 柏木博, 吉見俊哉(編)『情報社会の文化 3　デザイン・テクノロジー・市場』東京大学出版会.
龍桃介(1996)「放送界「岐路」に立つ」『放送批評』9 月号.
鷲田清一(1996)「同時性という感覚 ── 上海／都市の様態」『国際交流』70 号.

引用文献(英語他)

Aksoy, Asu. and Robins, Kevin.(1992) 'Hollywood for the 21st century: Global competition for critical mass in image markets', *Cambridge Journal of Economics* 16.

Anderson, Benedict.(1983) *Imagined Communities*, London: Verso.

Ang, Ien.(1985) *Watching Dallas: Soap opera and the melodramatic imagination*, London: Methuen.

—— (1996) *Living Room Wars: Rethinking media audiences for a postmodern world*, London: Routledge.

Ang, Ien. and Stratton, Jon.(1996) 'Asianizing Australia: Notes toward a critical transnationalism incultural studies', *Cultural Studies* 10(1).

Appadurai, Arjun.(1990) 'Disjuncture and difference in the global cultural economy', *Public Culture* 2(2).

—— (1996) *Modernity at Large: Cultural dimensions of globalization*, Minneapolis: University of Minnesota Press.

Ashcroft, Bill., Griffiths, Gareth. and Tiffin, Helen.(1998) *Key Concepts in Post-Colonial Studies*, London: Routledge.

Atkins, Will.(1995) '"Friendly and useful": Rupert Murdoch and the politics of television in Southeast Asia, 1993–1995', *Media International Australia* 77.

Barber, Benjamin R.(1996) *Jihad vs. McWorld*, New York: Ballantine Books.

Barker, Chris.(1997) *Global Television: An introduction*, Malden: Blackwell Publishers.

Barnet, Rochard. and Cavanagh, John.(1994) *Global Dreams: Imperial corporations and the new world order*, New York: Simon & Schuster.

Barrett, Jamas. (1996) 'World music, nation and postcolonialism', *Cultural Studies* 10(2).

Bartu, Friedmann. (1992) *The Ugly Japanese: Nippon's economic empire in Asia*, Singapore: Longman.

Baudrillard, Jean. (1981) *For a Critique of the Political Economy of the Sign*, St Louis: Telos Press.

— (1983) *Simulations*, New York: Semiotext(e).

— (1988) *America*, London: Verso.

Beilharz, Peter. (1991) 'Louis Althusser', in P. Beilharz (ed.) *Social Theory: A guide to central thinkers*, Sydney: Allen & Unwin.

Bell, Philip. and Bell, Roger. (1995) 'The "Americanization" of Australia', *The Journal of International Communication* 2 (1).

Benjamin, Walter. (1973) *Illuminations*, London: Fontana.

Berland, Jody. (1992) 'Angels dancing: Cultural technologies and the production of space', in L. Grossberg et al. (eds.) *Cultural Studies*, New York: Routledge.

Berry, Chris. (1994) *A Bit on the Side: East-West topographies of desire*, Sydney: Empress.

Bhabha, Homi. (1985) 'Of Mimicry and Man: The ambivalence of colonial discourse', *October* 28.

— (1990) 'The Third Space', in J. Rutherford (ed.) *Identity: Community, Culture Difference*, London: Lawrence & Wishart.

— (1994) *The Location of Culture*, London: Routledge.

Bourdieu, Pierre. (1984) *Distinction: Social critique of the judgement of taste*, trans. by R. Nice, Cambridge: Harvard University Press.

Boyd, Douglas A., Straubhaar, Joseph D. and Lent, John A. (1989) *Videocassette Recorders in the Third World*, New York: Longman.

Brannen, Mary Yoko. (1992) '"Bwana Mickey": Constructing cultural consumption at Tokyo Disneyland', in J. Tobin (ed.) *Remade in Japan: Everyday life and consumer taste in a changing society*, New Haven: Yale University Press.
Bratton, John. (1992) *Japanization at Work: Managerial studies for the 1990s*, London: Macmillan Press.
Buck, Elizabeth B. (1992) 'Asia and the global film industry', *East-West Film Journal* 6(2).
Buck-Morss, Susan. (1983) 'Benjamin's Passanger-werk: Redeeming mass culture for the revolution', *New German Critique* 29: 211-240.
Buell, Frederick. (1994) *National Culture and the New Global System*, Baltimore and London: The John Hopkins University Press.
Caughie, John. (1990) 'Playing at being American: Games and tactics', in P. Mellencamp (ed.) *Logics of Television*, London: British Film Institute.
Chakrabarty, Dipesh. (1992) 'Postcoloniality and the artifice of history: Who speaks for "Indian" past?', *Representation* 37: 1-26.
Chambers, Iain. (1990) 'A miniature history of the Walkman', *New Formations* 11.
— (1994) *Migrancy, Culture, Identity*, London: Routledge.
Chan, Joseph Man. (1996) 'Television in Greater China: Structure, exports, and market formation', in J. Sinclair et al. (eds.) *New Patterns in Global Television: Peripheral vision*, New York: Oxford University Press.
Chatterjee, Partha. (1986) *Nationalist Thought and the Colonial World: A derivative discourse?*, London: Zed Books.
Chen, Kuan-Hsing. (1996) 'Not yet the postcolonial era: The (super) nation-state and transnationalism of cultural studies: response to Ang and Stratton', *Cultural Studies* 10(1).

Ching, Leo. (1994) 'Imagining in the empire of the sun: Japanese mass culture in Asia', *boundary* 2 21(1).

— (1998) 'Yellow skin, white masks: Race, class, and identification in Japanese colonial discourse', in K-H Chen (ed.) *Trajectories: Inter-Asian cultural studies*, London: Routledge.

— (2000) 'Globalizing the regional, regionalizing the global: Mass culture and Asianism in the age of late capital', *Public Culture* 12(1).

Choi, Il-nam. (1994) 'Japan: America of Asia', *Korea Focus* 2(2).

Chow Rey. (1993) 'Listening otherwise, music miniaturized: A different type of question about revolution', in S. During (ed.) *The Cultural Studies Reader*, London: Routledge: 382.

Chua, Beng-Huat. (1998) 'Globalization: Finding the appropriate words and levels', *Communal/Plural* 6(1).

Classen, Constance., Howes, David. and Synnott, Anthony. (1994) *Aroma: The Cultural History of Smell*, London: Routledge.

Creighton, Millie. (1992) 'The Depāto: Merchandising the West while selling Japaneseness', in J. Tobin (ed.) *Re-made in Japan: Everyday life and consumer taste in a changing society*, New Haven: Yale University Press.

— (1997) 'Consuming rural Japan: The marketing of tradition and nostalgia in the Japanese travel industry', *Ethnology* 36 (3).

Dale, Peter. (1986) *The Myth of Japanese Uniqueness*, London: Croom Helm.

Davis, Fred. (1979) *Yearning for Yesterday: A sociology of nostalgia*, New York: The Free Press.

Dirlik, Arlif. (1991) 'Culturalism as a sign of the modern', in A. R. Jan-Mohamed and D. Lloyd (eds.) *The Nature and Context of Minority Discourse*, New York: Oxford University Press.

— (1994) *After the Revolution: Waking to global capitalism*, Hanover: Wesleyan University Press.

Dohse, Knuth., Jurgens, Ulrich. and Malsch, Thomas.(1985) 'From "Fordism" to "Toyotism"? The social organisation of the labour process in the Japanese automobile industry', *Politics and Society* 14(2).

Dore, Ronald P.(1973) *British Factory-Japanese Factory: The origins of diversity in industrial relations*, Berkeley: University of California Press.

Dower, John W.(1986) *War Without Mercy: Race and power in the Pacific War*, New York: Panthenon Books.

du Gay, Paul., Hall, Stuart., Janes, Linda., Mackay, Hugh. and Negus, Keith.(1997) *Doing Cultural Studies: The story of the Sony Walkman*, London: Sage.

Duus, Peter.(1995) *The Abacus and the Sword: The Japanese penetration of Korea 1895–1910*, Berkeley: University of California Press.

Dyer, Richard.(1992) *Only Entertainment*, London: Routledge.

Elger, Tony. and Smith, Chris.(1994) *Global Japanization: The transnational transformation of the labour process*, London: Routledge.

Emmott, Bill.(1992) *Japan's Global Reach*, London: Random House.

Ewen, Stuart. and Ewen, Elizabeth.(1982) *Channels of Desire: Mass images and the shaping of American consciousness*, New York: McGraw-Hill Book.

Fabian, Johannes.(1983) *Time and the Other: How anthropology makes its object*, New York: Columbia University Press.

Fallows, James.(1989) 'Containing Japan', *The Atlantic Monthly* May.

Featherstone, Mike.(1991) *Consumer Culture and Postmodernism*, London: Sage.

—— (1995) *Undoing Culture: Globalization, postmodernism and identity*, London: Sage.

Featherstone, Mike., Lash, Scot. and Robertson, Roland.(eds.) (1995) *Global Modernities*, London: Sage

Ferguson, Majorine.(1992) 'The mythology about globalization', *European Journal of Communication* 7: 69-93.

Fiske, John.(1992) 'The cultural economy of fandom', in L. A. Lewis(ed.) *The Adoring Audience: Fanculture and popular media*, London: Routledge.

Friedman, Jonathan.(1994) *Cultural Identity and Global Process*, London: Sage

Frith, Simon.(1982) *Sound Effect: Youth: Leisure and the politics of rock'n'roll*, New York: Panthenon Books.

Frow, John.(1991) 'Tourism and the semiotics of nostalgia', *October* 57.

Funabashi, Yoichi.(1993) 'The Asianization of Asia', *Foreign Affairs* 72(5).

—— (1995) *Asia Pacific Fusion: Japan's role in APEC*, Washington: Institute of International Economics.

Ganley, Gladys D. and Ganley, Oswald H.(1987) *Global Political Fallout: The VCR's first decade*, Cambridge: Program on Information Resources Policy, Harvard University, Center for Information Policy Research.

García Canclini, Néstor.(1995) *Hybrid Cultures: Strategies for entering and leaving modernity*, trans. by C. L. Chiappari and S. L. López, Minneapolis: University of Minnesota Press.

Garnham, Nicholas.(1990) Capitalism and *Communication: Global culture and the economics of information*, London: Sage.

Gillespie, Marie.(1995) *Television, Ethnicity and Cultural Change*, London: Routledge.

Gluck, Carol.(1993) 'The past in the present', in A. Gordon(ed.) *Postwar Japan as History*, Berkeley: University of California

Press.
── (1997) 'The end of the postwar: Japan at the turn of the Millennium', *Public Culture* 10(1).
Gomery, Douglas.(1988) 'Hollywood's hold on the new television technologies', *Screen* 29(2): 82–88.
Graburn, Nelson H. H.(1983) *To Pray, Pay and Play: The cultural structure of Japanese domestic tourism*, Aix-en-Provence: Centres des Hautes Etudes Touristiques.
── (1995) 'Tourism, modernity and nostalgia', in A. S. Ahmed and C. N. Shore (eds.) *The Future of Anthropology: Its relevance to the contemporary world*, London: Athlone.
Gupta, Akhil. and Ferguson, James.(1992) 'Beyond "culture": Space, identity, and the politics of difference', *Cultural Anthropology* 7(1).
Hamilton, Annette.(1997) 'Looking for Love (In All the Wrong Places): The production of Thailand in recent Australian cinema', in M. Dever (ed.) *Australia and Asia: Cultural transactions*, London: Curzon Press.
Hall, Stuart.(1991) 'The local and the global: Globalization and ethnicity', in A. King (ed.) *Culture, Globalization, and the World-System*, London: Macmillan.
── (1992) 'The question of cultural identity', in S. Hall, D. Held and T. McGrew (eds.) *Modernity and Its Futures*, Cambridge: Polity Press.
── (1995) 'New cultures for old', in D. Massey and P. Jess (eds.) *A Place in the World? Places, Cultures and Globalization*, Milton Keynes, The Open University and Oxford: Oxford University Press.
── (1996a) 'When was "the post-colonial"? Thinking at the limit', in I. Chambers and L. Curti (eds.) *The Post-colonial Question: Common skies, divided horizons*, London: Routledge.

— (1996b) 'On postmodernism and articulation: An interview with Stuart Hall', in D. Morley and K-H. Chen (eds.) *Stuart Hall: Critical dialogues in cultural studies*, London: Routledge.

Hamelink, Cees. (1983) *Cultural Autonomy in Global Communications*, New York: Longman.

Hannerz, Ulf. (1989) 'Notes on the Global Ecumene', *Public Culture* 1 (2).

— (1991) 'Scenarios for peripheral cultures', in A. King (ed.) *Culture, Globalization, and the World-System*, London: Macmillan.

— (1992) *Cultural Complexity*, New York: Columbia University Press.

— (1996) *Transnational Connections: Culture, People, Places*, London: Routledge.

Harootunian, Harry D. (1993) 'America's Japan/Japan's Japan', in M. Miyoshi and H. D. Harootunian (eds.) *Japan in the World*, Durham, N. C.: Duke University Press.

Harvey, David. (1989) *The Condition of Postmodernity*, Oxford: Basil Blackwell.

Harvey, Paul A. S. (1995) 'Interpreting Oshin: War, history and women in modern Japan', in L. Skov and B. Moeran (eds.) *Women, Media and Consumption in Japan*, London: Curzon Press.

Hawkins, Richard. (1997) 'Prospects for a global communication infrastructure in the 21st century: Institutional restructuring and network development', in A. Sreberny-Mohammadi et al. (eds.) *Media in Global Context: A reader*, London: Arnold.

Hein, Laura. and Hammond, H. Ellen. (1995) 'Homing in on Asia: Identity in contemporary Japan', *Bulletin of Concerned Asian Scholars* 27 (3).

Hendry, Joy.(1993) *Wrapping Culture: Politeness, Presentation and Power in Japan and other societies*, Oxford: Clarendon Press.

Herman, Edward. and McChesney, Robert.(1998) *The Global Media: The new missionaries of global capitalism*, London: Cassell.

Hirst, Paul, and Thompson, Grahame.(1996) *Globalization in Question: The international economy and the possibilities of governance*, Cambridge: Polity Press.

Hobsbawm, Eric J. and Ranger, Terence.(eds.)(1983) *The Invention of Tradition*, Cambridge: Cambridge University Press.

Hoskins, Colin. and Mirus, Rolf.(1988) 'Reasons for the U.S. dominance of the international trade in television programmes', *Media, Culture and Society* 10.

Hosokawa, Shuhei.(1998) 'In search of the sound of Empire: Tanabe Hisao and the foundation of Japanese ethnomusicology', *Japanese Studies* 18(1).

Howes, David.(1996) 'Introduction: Commodities and cultural borders', in D. Howes(ed.) *Cross-Cultural Consumption: Global markets, local realities*, London: Routledge.

Huntington, Samuel P.(1993) 'The clash of civilizations', *Foreign Affairs* 72(3).

Ivy, Marilyn.(1993) 'Formations of Mass Culture', in A. Gordon (ed.) *Postwar Japan as History*, Berkeley: University of California Press.

—— (1995) *Discourses of the Vanishing: Modernity, phantasm, Japan*, Chicago: The University of Chicago Press.

Iwabuchi, Koichi.(1994) 'Complicit exoticism: Japan and its Other', *Continuum* 8(2).

—— (2000) 'Political Correctness, Postcolonialism, and the Self-representation of "Koreanness" in Japan', in S. Ryan(ed.) *Ko-*

reans in Japan: Critical Voices from the Margin, London: Routledge.

—— (2002) *Recentering Globalization: Popular Culture and Japanese Transnationalism*, Durham and London, Duke University Press.

—— (2015) *Resilient Borders and Cultural Diversity: Internationalism, Brand nationalism and Multiculturalism in Japan*, Maryland: Lexington Books.

Iyer, Pico. (1988) *Video Night in Kathmandu*, New York: Knopf.

Jameson, Frederic. (1983) *Postmodernism, or, the Cultural Logic of Late Capitalism*, Durham: Duke University Press.

Jenkins, Henry. (1992) *Textual Poachers: Television fans and participatory culture*, London: Routledge.

Kelly, William W. (1993) 'Finding a place in metropolitan Japan: Ideologies, institutions, and everyday life', in A. Gordon (ed.) *Postwar Japan as History*, Berkeley: University of California Press.

Kelsky, Karen. (1996) 'Flirting with the foreign: Interracial sex in Japan's "international" age', in R. Wilson and W. Dissanayake (eds.) *Global/Local: Cultural production and the transnational imaginary*, Durham: Duke University Press.

Kinder, Marsha. (1991) *Playing with Power in Movies, Television and Video Games*, Berkeley: University of California Press.

Kogawa, Tetsuo. (1984) 'Beyond electronic individualism', *Canadian Journal of Political and Social Theory* 8(3).

—— (1988) 'New trends in Japanese popular culture', in G. McCormack and Y. Sugimoto (eds.) *Modernization and Beyond: The Japanese trajectory*, Cambridge: Cambridge University Press.

Kondo, Dorinne. (1997) *About Face: Performing race in fashion and theater*, New York: Routledge.

Kong, Lily.(1996) 'Popular music in Singapore: Exploring local cultures, global resources, and regional identities', *Environment and Planning D: Society and Space* 14.

Koschmann, Victor J.(1997) 'Asianism's ambivalent legacy', in P. J. Katzenstein and T. Shiraishi(eds.)*Network Power: Japan and Asia*, Ithaca: Cornell University Press.

Kuisel. Richard.(1993) *Seducing French: The dilemma of Americanization*, Berkeley: University of California Press.

Lardner, James.(1987) *Fast Forward: Hollywood, the Japanese, and the onslaught of the VCR*, New York: W. W. Norton & Company.

Lash, Scott. and Urry, John.(1994) *Economies of Signs and Space*, London: Sage.

Lee, Paul S-N.(1991) 'The absorption and indigenization of foreign media cultures: A study on acultural meeting points of East and West: Hong Kong', *Asian Journal of Communication* 1(2).

Lee, Paul S-N. and Wang, Georgette.(1995) 'Satellite TV in Asia: Forming a new ecology', *Telecommunications Policy* 19(2).

Levi, Antonia.(1996) *Samurai from Outer Space: Understanding Japanese animation*, Chicago: Open Court.

Levitt, Theodore.(1983) *The Marketing Imagination*, New York: The Free Press.

Lewis, Glen., Slade, Christina., Schaap, Rob. and Wei, Jing-Huey. (1994) 'Television Globalization in Taiwan and Australia', *Media Asia* 21(4).

Li, Zhen-Yi., Peng, Zhen-Ling., Deng, Li-Qing. and Zhang, Jia-Qi. (1995) *Tokyo Love Story: A study on the reason of the popularity and audience motivations in Taiwan*, unpublished undergraduate research paper of National University of Politics, Taiwan.

Liao, Chaoyang.(1997) 'Borrowed modernity: history and the

subject in "A Borrowed Life"', *boundary 2* 24(3).

Liao, Ping-hui.(1996) 'Chinese nationalism or Taiwanese localism?', *Culture and Policy* 7(2).

Liechty, Mark.(1995) 'Media, markets and modernization: Youth identities and the experience of modernity in Kathmandu, Nepal', in V. Amit-Talai and H. Wulff(eds.) *Youth Culture: A Cross-cultural Perspective*, London: Routledge.

Liebes, Tamar. and Katz, Elihu.(eds.)(1993) *The Export of Meaning: Cross-cultural readings of Dallas*, Oxford: Oxford University Press.

Lii, Ding-Tzann.(1998) 'A Colonised Empire: Reflections on the expansion of Hong Kong films in Asian countries', in K-H. Chen(ed.) *Trajectories: Inter-Asian cultural studies*, London: Routledge.

Lull, James.(1991) *China Turned On: Television, reform and resistance*, London: Routledge.

——(1995) *Media, Communication, Culture: A global approach*, Cambridge: Polity Press.

Mahathir, Mohamad. and Ishihara, Shintarō.(1995) *The Voice of Asia*, Tokyo: Kōdansha International.

Massey, Doreen.(1991) 'A global sense of place', *Marxism Today* June.

Mattelert, Armand., Delcourt, Xavier. and Mattelert, Michelle.(1984) *International Image Markets: Insearch of an alternative perspective*, trans. by D. Buxton, London: Comedia.

Maxwell, Richard.(1997) 'International communication: The control of difference and the global market', in A. Mohammadi(ed.) *International Communication and Globalization: A critical introduction*, London: Sage.

McKinley, Graham E.(1997) *Beverley Hills, 90210: Television, gender, and identity*, Philadelphia: University of Pennsylvania Press.

McNeely, Connie. and Soysal, Yasemin N.(1989) 'International flows of television programming: A revisionist research orientation', *Public Culture* 2(1).

Meyrowitz, Joshua.(1985) *No Sense of Place: The impact of electronic media on social behaviour*, Oxford: Oxford University Press.

Miller, Daniel.(1992) 'The Young and Restless in Trinidad: A case of the local and global in mass consumption', in R. Silverstone and E. Hirsch(eds.) *Consuming Technologies: Media and information in domestic spaces*, London: Routledge.

—— (ed.) (1995) *Worlds Apart: Modernity through the prism of the local*, London: Routledge

Mitsui, Toru. and Hosokawa, Shuhei.(eds.) (1998) *Karaoke around the World: Global technology, local singing*, London: Routledge.

Miyoshi, Masao.(1991) *Off Center: Power and Culture Relations Between Japan and the United States*, London: Harvard University Press.

Mooij, Marieke K. de.(1998) *Global Marketing and Advertising: Understanding cultural paradoxes*, London: Sage.

Morley, David.(1992) *Television, Audiences and Cultural Studies*, London: Routledge.

—— (1996) 'EurAm, Modernity, reason and alterity: or, postmodernism, the highest stage of cultural imperialism?', in D. Morley and K-H. Chen(eds.) *Stuart Hall: Critical dialogues in cultural studies*, London: Routledge.

Morley, David. and Robins, Kevin.(1995) *Spaces of Identities: Global media, electronic landscapes and cultural boundaries*. London: Routledge.

Morris-Suzuki, Tessa.(1993) 'Rewriting history: civilization theory in contemporary Japan', *positions* 1(2).

—— (1995) 'The invention and reinvention of "Japanese culture",

The Journal of Asian Studies 54(3).
—— (1998a) 'Invisible countries: Japan and the Asian dream', *Asian Studies Review* 22(1).
—— (1998b) *Re-inventing Japan: Time, space, nation*, New York: M. E. Sharpe.
Mouer, Ross. and Sugimoto, Yoshio.(1986) *Images of Japanese Society: A study in the structure of social reality*, London: Routledge and Kegan Paul.
Nacify, Hamid.(ed.) (1999) *Home, Exile, Homeland: Film, media, and the politics of place*, New York: Routledge.
Negus, Keith.(1997) 'The production of culture', in P. du Gay (ed.) *Production of Culture/Cultures of Production*, London: Sage.
Newitz, Annalee.(1995) 'Magical girls and atomic bomb sperm: Japanese animation in America', *Film Quarterly* 49(1).
Nye, Joseph S. Jr.(1990) *Bound to Lead: The changing nature of American power*, New York: Basic Books.
Okakura, Tenshin.(1904) *The Ideal of the East with Special Reference to the Art of Japan*, 2nd edition, New York: E. P. Dutton & Co.
Oliver, Nick. and Wilkinson, Barry.(1992) *The Japanization of British Industry: New developments in the 1990s*, Oxford: Blackwell.
Ong, Aihwa.(1996) 'Anthropology, China and modernities: The geopolitics of cultural knowledge', in H. L. Moore (ed.) *The Future of Anthropological Knowledge*, London: Routledge.
Ōno, Shinichi.(1996) 'Asia in print', *Pacific Friend* 23(12).
O'Regan, Tom.(1991) 'From piracy to sovereignty: International video cassette recorders trends', *Continuum* 4(2).
—— (1992) 'Too popular by far: On Hollywood's international popularity', *Continuum* 5(2).
Oxford Dictionary of New Words, compiled by S. Tulloch.(1991)

Oxford: Oxford University Press.

Papastergiadis, Nikos.(1995) 'Rentless hybrids', *Third Text* 32.

Parry, Anita.(1987) 'Problems in current theories of colonial discourse', *Oxford Literary Review* 9(1-2): 27-58.

—— (1994) 'Signs of our times: A discussion of Homi Bhabha's The Location of Culture', *Third Text* 28/29.

Peattie, Mark.(1984) 'Japanese attitudes toward colonialism', in R. Myers and M. Peattie(eds.) *The Japanese Colonial Empire*, Princeton: Princeton University Press.

Pieterse, Jan Nederveen.(1995) 'Globalization as hybridization', in M. Featherstone et al.(eds.) *Global Modernities*, London: Sage.

Pieterse, Jan Nederveen. and Parekh, Bhikhu.(1995) 'Shifting imaginaries: Decolonization, internal decolonization, postcoloniality', in J. N. Pieterse and B. Parekh(eds.) *The Decolonization of the Imagination: Culture, knowledge and power*, London: Zed Books.

Pollack, David.(1986) *The Fracture of Meaning*, Princeton: Princeton University Press.

Pratt, Mary Luise.(1992) *Imperial Eyes: Travel writing and transculturation*, London: Routledge.

Ritzer, George.(1993) *The McDonaldization of Society*, London: Sage.

Robertson, Jennifer.(1998a) *Takarazuka: Sexual politics and popular culture in modern Japan*, Berkeley: University of California Press.

—— (1998b) 'It takes a village: Internationalization and nostalgia in postwar Japan', in S. Vlastos(ed.) *Mirror of Modernity: Invented traditions of modern Japan*, Berkeley: University of California Press.

Robertson, Roland.(1990) 'After nostalgia? Wilful nostalgia and the phases of globalization', in B. S. Turner(ed.) *Theories of*

Modernity and Postmodernity, London: Sage.

—— (1991) 'Japan and the USA: the Interpenetration of national identities and the debate about Orientalism', in N. Abercrombie et al.(eds.) *Dominant Ideologies*, London: Unwin Hyman.

—— (1992) *Globalization: Social theory and global culture*, London: Sage.

—— (1995) 'Glocalization: Time-space and homogeneity-heterogeneity', in M. Featherstone et al.(eds.) *Global Modernities*, London: Sage.

Robins, Kevin.(1997) 'What in the world's going on?', in P. du Gay (ed.) *Production of Culture/Cultures of Production*, London: Sage.

Robinson, Richard. and Goodman, David S. G.(eds.) (1996) *The New Rich in Asia: Mobile phones, McDonald's and middle-class revolution*, London: Routledge.

Rosaldo, Renato.(1989) 'Imperialist nostalgia', *Representation* 26.

Said, Edward.(1978) *Orientalism*, New York: Vintage.

—— (1994) *Culture and Imperialism*, New York: Vintage.

Sakai, Naoki.(1988) 'Modernity and its critique', *South Atlantic Quarterly* 87(3): 475–504.

Sakamoto, Rumi.(1996) 'Japan, hybridity and the creation of colonialist discourse', *Theory, Culture & Society* 13(3).

Schiller, Herbert.(1969) *Mass Communication and American Empire*, New York: Beacon Press.

—— (1976) *Communication and Cultural Domination*, New York: M. E. Sharpe.

—— (1991) 'Not yet the post-imperialist era', *Critical Studies in Mass Communication* 8.

Schodt, Fredelik. L.(1983) *Manga! Manga!: The world of Japanese comics*, Tokyo: Kōdansha International.

—— (1996) *Dreamland Japan: Writings on modern manga*,

Berkeley: Stone Bridge Press.

Scott, Alan.(1997) 'Introduction-Globalization: Social process or political rhetoric?', in A. Scott(ed.) *The Limits of Globalization: Cases and arguments*, London: Routledge.

Shiraishi, Saya.(1997) 'Japan's soft power: Doraemon goes overseas', in P. J. Katzenstein and T. Shiraishi(eds.) *Network Power: Japan and Asia*, Ithaca: Cornell University Press.

Shohat, Ella. and Stam, Robert.(1994) *Unthinking Eurocentrism: Multiculturalism and the media*, London: Routledge.

Siji, Alessandro.(1988) *East of Dallas: The European challenge to American television*, London: British Film Institute.

Silverstone, R.(2006) 'Media and communication in a globalized world', in C. Barnette, J. Robinson and G. Rose(eds.) *A Demanding World*, pp. 55-103. Milton Keynes: The Open University.

Sinclair, John.(1991) 'Television in the postcolonial world', *Arena* 96.

— (1997) 'The business of international broadcasting: Cultural bridges and barriers', *Asian Journal of Communication* 7(1).

Sinclair, John., Jacka, Elizabeth. and Cunningham, Stuart.(1996a) 'Peripheral vision', in J. Sinclair et al.(eds.) *New Patterns in Global Television: Peripheral vision*, Oxford: Oxford University Press.

Sinclair, John., Jacka, Elizabeth. and Cunningham, Stuart.(eds.) (1996b) *New Patterns in Global Television: Peripheral vision*, Oxford: Oxford University Press.

Singhal, Arvind. and Udornpim, Kant.(1997) 'Cultural shareability, archetypes and television soups: "Oshindorome" in Thailand', *Gazette* 59(3).

Sklair, Leslie.(1995) *Sociology of the Global System*, 2nd edition, London: Prentice Hall/Harvester Wheatsheaf.

Smart, Barry.(1993) 'Europe/America: Baudrillard's fatal

comparison', in C. Rojek and B. S. Turner (eds.) *Forget Baudrillard?*, London: Routledge.

Smith, D. Anthony. (1990) 'Towards a global culture?', in M. Featherstone (ed.) *Global Culture: Nationalism, globalization and modernity*, London: Sage.

Smith, Michael P. and Guarnizo, Luis E. (eds.) (1998) *Transnationalism from Below*, New Brunswick, N. J.: Transaction Publishers.

Spark, Alasdair. (1996) 'Wrestling with America: Media, national images, and the global village', *Journal of Popular Culture* 29 (4).

Sreberny-Mohammadi, Annabelle. (1991) 'The global and the local in international communications', in J. Curran and M. Gurevitch (eds.) *Mass Media and Society*, London: Edward Arnold.

Stewart, Susan. [1984] (1993) *On Longing: Narratives of the miniature, the gigantic, the souvenir, the collection, reprint*, Durham: Duke University Press.

Straubhaar, Joseph. (1991) 'Beyond media imperialism: Asymmetrical interdependence and cultural proximity', *Critical Studies in Mass Communication* 8 (1).

Stronach, Bruce. (1989) 'Japanese Television', in R. Powers and H. Kato (eds.) *Handbook of Japanese Popular Culture*, Westport: Greenwood Press.

Tanaka, Stefan. (1993) *Japan's Orient: Rendering pasts into history*, Berkeley: University of California Press.

Taussig, Michael. (1993) *Mimesis and Alterity: A particular history of the senses*, London: Routledge.

Thomas, Nicholas. (1994) *Colonialism's Culture: Anthropology, travel and government*, Princeton, NJ: Princeton University Press.

Thome, Katarina. and McAuley, Ian A. (1992) *Crusaders of the*

Rising Sun: A study of Japanese management in Asia, Singapore: Longman.

Thompson, John B.(1995) *The Media and Modernity: A social theory of the media*, London: Polity Press.

Tobin, Joseph J.(1992a) 'Introduction: Domesticating the West', in J. Tobin(ed.) *Re-made in Japan: Everyday life and consumer taste in a changing society*, New Haven: Yale University Press.

—— (ed.) (1992b) *Re-made in Japan: Everyday life and consumer taste in a changing society*, New Haven: Yale University Press.

Todrov, Tzvetan.(1984) *The Conquest of America: The question of the other*, New York: Harper & Row.

Tomlinson, John.(1991) *Cultural Imperialism: A critical introduction*, London: Pinter Publishers.

—— (1997) 'Cultural globalization and cultural imperialism', in A. Mohammadi(ed.) *International Communication and Globalization: A critical introduction*, London: Sage.

Torgovnick, Marianna.(1990) *Going Primitive: Savage Intellects, Modern Lives*, Chicago: Chicago University Press.

Tunstall, Jeremy.(1977) *The Media are American: Anglo-American media in the world*, London: Constable.

—— (1995) 'Are the media still American?', *Media Studies Journal* Fall.

Turner, Graeme.(1994) *Making It National: Nationalism and Australian popular culture*, Sydney: Allen & Unwin.

Urry, John.(1990) *The Tourist Gaze: Leisure and travel in contemporary societies*, London: Sage.

—— (2003) *Global Complexity*, Cambridge: Polity.

Vogel, Ezra.(1979) *Japan as Number One*, Cambridge: Harvard University Press.

Wallerstein, Immanuel.(1991) *Geopolitics and Geoculture*, Cam-

bridge: Cambridge University Press.
Wang, Georgette.(1996) *Beyond media globalization: A look at cultural integrity from a policy perspective*, paper presented to the seminar of(Tele)communications Policies in Western Europe, Bruges, Belgium, August 29–September 1.
Wark, Mackenzie.(1991) 'From Fordism to Sonyism: Perverse reading of the new world order', *New Formations* 15.
—— (1994) 'The video game as an emergent media form', *Media Information Australia* 71.
Waters, Malcolm.(1995) *Globalization*, London: Routledge.
Watson, James L.(ed.)(1997) *Golden Arches East: McDonald's in East Asia*, Stanford: Stanford University Press.
Wee, C. J. W.-L.(1996) 'Staging the new Asia: Singapore's Dick Lee, pop music, and a counter-modernity', *Public Culture* 8 (3).
—— (1997) 'Buying Japan: Singapore, Japan, and an "East Asian" modernity', *The Journal of Pacific Asia* 4.
Weiner, Michael.(1994) *Race and Migration in Imperial Japan*, London: Routledge.
Westney, Elenor D.(1987) *Imitation and Innovation: The transfer of Western organizational patterns to Meiji Japan*, Cambridge: Harvard University Press.
Wilk, Richard.(1995) 'Learning to be local in Belize: Global systems of common difference', in D. Miller(ed.) *Worlds Apart: Modernity through the prism of the local*, London: Routledge.
Williams, Raymond.(1990) *Television: Technology and cultural form*, London: Routledge.
Wolferen, Karel van.(1989) *The Enigma of Japanese Power*, New York: Knopf.
Yamazaki, Masakazu.(1996) 'Asia, a civilization in the making', *Foreign Affairs* 75(4).

Yao, Souchou.(1994) *Mahathir's rage: Mass media and the West as transcendental evil*, Working Paper no. 45, Asian Research Centre, Murdoch University, Perth.

Yoshimoto, Mitsuhiro.(1989) 'The postmodern and mass images in Japan', *Public Culture* 1(2).

—— (1994) 'Images of empire: Tokyo Disneyland and Japanese cultural imperialism', in E. Smoodin(ed.) *Disney Discourse: Producing the magic kingdom*, New York: Routledge.

Yoshino, Kosaku.(1992) *Cultural Nationalism in Contemporary Japan*, London: Routledge.

Young, Robert.(1994) *Colonial Desire: Hybridity in theory, culture and race*, London: Routledge.

Zakaira, Fareed.(1994) 'Culture is destiny: A conversation with Lee Kuan Yew', *Foreign Affairs* 73(2).